BIBLIOTHÈQUE

SCIENTIFIQUE INTERNATIONÁLE

PUBLIÉE SOUS LA DIRECTION

DE M. ÉM. ALGLAVE

LXIV

BIBLIOTHÈQUE
SCIENTIFIQUE INTERNATIONALE

PUBLIÉE SOUS LA DIRECTION

DE M. ÉM. ALGLAVE

Volumes in-8, reliés en toile anglaise. — Prix : 6 fr.
en demi-reliure d'amateur, 10 fr.

DERNIERS VOLUMES PARUS :

Daubrée. LES RÉGIONS INVISIBLES DU GLOBE ET DES ESPACES CÉLESTES.
1 vol. in-8°, avec figures dans le texte. . . . . 6 fr.

Camille Dreyfus. L'ÉVOLUTION DES MONDES ET DES SOCIÉTÉS, 1 vol.
in-8° . . . . 6 fr.

Lagrange. PHYSIOLOGIE DES EXERCICES DU CORPS. 1 vol. in-8° . . . 6 fr.

Romanes. L'INTELLIGENCE DES ANIMAUX. 2 vol. in-8° . . . . . . 12 fr.

Binet et Féré. LE MAGNÉTISME ANIMAL. 1 vol. in-8° avec figures dans le
texte. 2e édition. . . . . 6 fr.

O. Schmidt. LES MAMMIFÈRES DANS LEURS RAPPORTS AVEC LEURS AN-
CÊTRES GÉOLOGIQUES. 1 vol. in-8° avec 51 figures dans le texte. . . 6 fr.

R. Hartmann. LES SINGES ANTHROPOÏDES ET LEUR ORGANISATION COMPA-
RÉE A CELLE DE L'HOMME. 1 vol. in-8, avec 63 figures dans le texte. 6 fr.

Trouessart. LES MICROBES, LES FERMENTS ET LES MOISISSURES. 1 vol
in-8, avec 107 figures dans le texte. . . . . 6 fr.

De Lanessan. INTRODUCTION A LA BOTANIQUE. LE SAPIN. 1 vol. avec
figures dans le texte. . . . . 6 fr.

De Meyer. LES ORGANES DE LA PAROLE. 1 vol. avec 51 figures. . . 6 fr.

Mantegazza. LA PHYSIONOMIE ET L'EXPRESSION DES SENTIMENTS. 1 vol.
avec 8 planches hors texte. . . . . 6 fr.

Stallo. LA MATIÈRE ET LA PHYSIQUE MODERNE. . . . . 6 fr.

Ed. Perrier. LA PHILOSOPHIE ZOOLOGIQUE AVANT DARWIN. 1 vol.
2e éd. . . . . 6 fr.

Sir J. Lubbock. LES FOURMIS, LES ABEILLES ET LES GUÊPES. 2 vol. avec
65 fig. dans le texte et 13 planches hors texte dont 5 en couleurs. . 12 fr.

Young. LE SOLEIL. 1 vol. avec 86 figures dans le texte. . . . . . . 6 fr.

OUVRAGES SUR LE POINT DE PARAÎTRE :

Falsan. LES PÉRIODES GLACIAIRES. 1 vol. avec figures.

Charles Richet. LA CHALEUR ANIMALE. 1 vol. avec figures.

Cartailhac. LA FRANCE PRÉHISTORIQUE. 1 vol. avec figures.

Berthelot. LA PHILOSOPHIE CHIMIQUE. 1 vol.

Beaunis. LES SENSATIONS INTERNES. 1 vol. avec figures.

De Mortillet. L'ORIGINE DE L'HOMME. 1 vol. avec figures.

E. Perrier. L'EMBRYOGÉNIE GÉNÉRALE. 1 vol. avec figures.

Lacassagne. LES CRIMINELS. 1 vol. in-8 avec figures.

G. Pouchet. LA VIE DU SANG. 1 vol. avec figures.

E. Oustalet. L'ORIGINE DES ANIMAUX DOMESTIQUES, 1 vol. avec figures.

L'HOMME
PRÉHISTORIQUE

ÉTUDIÉ D'APRÈS LES MONUMENTS ET LES COSTUMES

RETROUVÉS DANS LES DIFFÉRENTS PAYS DE L'EUROPE

SUIVI

D'UNE ÉTUDE SUR LES MŒURS ET COUTUMES DES SAUVAGES MODERNES

PAR

Sir JOHN LUBBOCK, Bar^t

Membre de la Société royale de Londres
Membre du Parlement britannique, Président de l'Institut anthropologique
et de la Société linnéenne de Londres, etc.

TROISIÈME ÉDITION, REVUE ET AUGMENTÉE

AVEC 228 GRAVURES DANS LE TEXTE

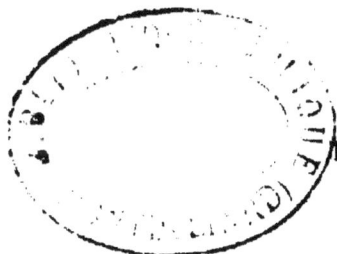

TOME SECOND

PARIS

ANCIENNE LIBRAIRIE GERMER BAILLIÈRE ET Cⁱᵉ

FÉLIX ALCAN, ÉDITEUR

108, BOULEVARD SAINT-GERMAIN, 108

1888

L'HOMME

PRÉHISTORIQUE

CHAPITRE X

LES HOMMES DES CAVERNES

Il ne serait pas possible, dans les limites d'un seul chapitre, de décrire toutes les cavernes dans lesquelles on a trouvé des ossements humains accompagnant ceux de mammifères disparus et appartenant évidemment à la même époque. Je me contenterai donc d'appeler l'attention du lecteur sur celles qui ont été étudiées avec le plus de soin et qui, par conséquent, permettent de tirer des conclusions positives.

Il est inutile d'ajouter qu'un grand nombre de cavernes ont été certainement habitées à des époques postérieures à celle dont nous nous occupons à présent, mais, comme nous l'avons déjà dit, nous avons pour l'âge néolithique d'autres sources de renseignements et des preuves plus satisfaisantes que celles que nous pourrions tirer de l'étude des cavernes.

Quelques écrivains, il est vrai, ont été jusqu'à mettre en question la valeur de ce que nous pourrions appeler les témoignages des cavernes. Ils ont supposé que les ossements d'animaux disparus ont pu être déposés dans les cavernes bien des siècles avant la venue de l'homme; que les débris de la période humaine ont pu y être introduits postérieurement; et que des débris appartenant à des périodes très différentes ont ainsi pu être mêlés ensemble. C'est là, en effet, la conclusion à laquelle arrive M. Desnoyers, dans son article sur les cavernes à ossements publié en 1845 (1). A moins que ces raisonnements ne puissent être réfutés d'une manière satisfaisante, il faut admettre que les preuves qu'on pourrait tirer du contenu des cavernes seraient sujettes à de graves soupçons. J'espère, cependant, pouvoir prouver que tel n'est pas le cas.

Dès 1828, MM. Tournal et Christol avaient trouvé, dans le sud de la France, des fragments de poteries, des dents et des ossements humains mêlés à des restes d'animaux disparus. M. Tournal avait établi avec soin que ces débris n'avaient pas pu être introduits par une catastrophe diluvienne, mais avaient dû s'accumuler graduellement. La présence de la poterie jette, cependant, un doute assez considérable sur l'antiquité supposée de ces débris.

Quelques années plus tard, en 1833 et en 1834, le docteur Schmerling (2) publia les résultats de ses fouilles dans quelques cavernes situées auprès de Liège, en Belgique. Dans quatre ou cinq d'entre elles il trouva des ossements humains, et dans toutes il découvrit des instruments grossiers, principalement des éclats de silex, dispersés de telle manière au milieu des restes du mammouth, du *Rhinoceros tichorhinus*, de l'hyène et de l'ours des cavernes, qu'il leur attribue la même antiquité. On ressent une surprise bien naturelle à la pensée que de tels animaux ont vécu en Angleterre et en France, ont erré dans nos bois et sur les bords de nos fleuves ; mais, quand on ajoute que l'homme est leur contemporain, l'incrédulité succède à la surprise. Cependant, ces fouilles paraissent avoir été faites avec soin, et des découvertes plus récentes ont confirmé les principaux résultats obtenus.

L'hésitation avec laquelle les savants accueillirent les faits avancés par le docteur Schmerling provenait sans doute, en partie, de ce qu'il avait attribué à de fausses espèces quelques débris fossiles découverts par lui, et partie parce qu'en parlant de différentes espèces disparues, et surtout du mammouth, il exprimait l'opinion que les débris avaient été amenés de loin

(1) *Recherches géologiques et historiques sur les cavernes, particulièrement sur les cavernes à ossements.* (*Dictionnaire universel d'histoire naturelle*).

(2) *Recherches sur les ossements fossiles découverts dans les cavernes de la province de Liège*, par le docteur P. C. Schmerling.

et déplacés d'un terrain plus ancien. « Nous n'hésitons point »,
dit-il, « à exprimer ici notre pensée, c'est que nous doutons
fort que l'éléphant, lors de l'époque du remplissage de nos
cavernes, habitât nos contrées. Au contraire, nous croyons
plutôt que ces restes ont été amenés de loin, ou bien que ces
débris ont été déplacés d'un terrain plus ancien et ont été entraînés dans les cavernes. »

Même, si l'on admet, avec le docteur Schmerling, que les
restes humains ont été « enfouis dans ces cavernes à la même
époque, et, par conséquent, par les mêmes causes qui y ont
entraîné une masse d'ossements de différentes espèces éteintes »,
il ne s'ensuit pas que l'homme a vécu à la même époque que
ces espèces éteintes.

Les cavernes de la Belgique ont été récemment explorées
avec soin par M. E. Dupont, chargé de cette mission par le
gouvernement belge (1). Ces cavernes appartiennent principalement à la période du renne et les instruments en silex ne
sont jamais polis. Ainsi sur 30 000 silex travaillés trouvés dans
la caverne de Chaleux, et sur 1 200 trouvés dans la caverne de
Furfooz, pas un seul ne montre la moindre trace de polissage.
Un grand nombre de ces éclats de silex, etc., semblent faits
avec du silex de Pressigny selon le docteur Dupont, dont l'opinion est partagée par M. de Mortillet, ils doivent provenir de
cette localité éloignée. On a découvert dans cette caverne l'hu-
mérus d'un éléphant, mais d'après M. Dupont qui a examiné
cet os avec attention, il doit appartenir à une époque plus
ancienne que les autres débris. On a trouvé des ossements
humains dans plusieurs de ces cavernes. Le trou du Frontal
contenait des ossements provenant de treize individus. Ils
avaient probablement été enterrés dans la caverne dont l'ouverture semble avoir été bouchée avec un gros bloc de pierre.
Ces ossements étaient dans la plus extrême confusion quand
on les a découverts, ce que MM. Dupont et Van Beneden attribuent à l'action des eaux. La forme de la caverne, le fait que
l'ouverture était fermée en partie par le bloc de pierre dont je
viens de parler, me semble de nature à faire repousser cette

(1) *Notices préliminaires sur les fouilles exécutées sous les auspices du gouvernement belge dans les cavernes de la Belgique,* 1867.

opinion et je serais plutôt disposé à attribuer le pêle-mêle des ossements à la visite de renards ou d'autres animaux carnassiers. Le trou de la Naulette contenait une mâchoire inférieure fort remarquable. M. Dupont dit, en parlant de cette mâchoire : « Regardée dans la face interne, elle offre une telle proclivité d'arrière en avant de la partie symphysaire, qu'on est porté à y voir un prognathisme tout animal. Les apophyses ne sont pas indiquées ; les fossettes latérales sont très prononcées et le rebord mentonnier est réduit à son minimum. Les alvéoles des canines, bien que très rapprochées des alvéoles des incisives, et les molaires, nous rappellent la disposition qu'on observe sur la mâchoire du singe. En effet, l'alvéole qui logeait la canine est fort vaste et bouchée à la face externe. Ce qui semble plus étrange encore, c'est que les trois alvéoles des grosses molaires présentent absolument l'ordre typique du maxillaire simien par l'augmentation progressive des alvéoles de la première à la deuxième et à la troisième molaire. »

La célèbre caverne appelée le trou de Kent, près de Torquay, a été explorée par M. Mac Enery dès 1825. Cependant il n'a pas publié les notes prises pendant ces fouilles et elles restèrent manuscrites jusqu'en 1859, époque à laquelle M. Vivian parvint à se les procurer. M. Mac Enery a trouvé dans cette caverne des ossements humains, des éclats de silex, etc., mais tous se trouvaient soit à la surface, soit dans un endroit fouillé déjà, aussi les regardait-il, bien qu'il exprime quelques doutes à ce sujet, comme postérieurs aux restes de l'ours des cavernes, de l'hyène, etc.

En 1840, M. Godwin Austen communiqua à la Société géologique un *Mémoire sur la géologie du sud-est du Devonshire* (1), et, dans sa description du trou de Kent, auprès de Torquay, il dit que les « restes humains et les travaux d'art, tels que pointes de lance et couteaux en silex, se trouvent dans toutes les parties de la caverne et dans toute l'épaisseur de l'argile ; on ne peut remarquer aucune distinction, basée sur la condition, la distribution et la position relative, qui puisse faire séparer les restes humains des autres restes, qui comprennent des ossements d'éléphants, de rhinocéros, de bœufs, de daims,

(1) *Transactions of the Geol. Soc.*, sér. 2, vol. VI, p. 433.

d'ours, d'hyènes et d'un animal de grande taille appartenant à la race féline ». Il ajoute, avec beaucoup de justesse, que la valeur « de semblables constatations dépend beaucoup du soin qu'on apporte à de telles fouilles; je dois donc constater que les recherches que j'ai entreprises ont toujours été faites dans des parties de la caverne qui n'avaient jamais été fouillées, et que, toujours, j'ai tiré les ossements de dessous une couche épaisse de stalagmites; ainsi donc, les ossements et les ouvrages de l'homme ont été introduits dans la caverne avant que cette couche de stalagmites n'ait été formée ». Malgré la grande autorité scientifique de M. Godwin Austen les résultats obtenus attirèrent peu l'attention; et les assertions analogues que fit MM. Vivian, dans un mémoire lu devant la Société de géologie, parurent si invraisemblables, que le mémoire qui les contenait ne fut pas publié.

Ces assertions ont été, toutefois, complètement confirmées depuis par les fouilles systématiques entreprises sous les auspices de l'Association Britannique. Les silex travaillés sont moins abondants dans les couches inférieures que près de la surface, mais plusieurs ont été découverts dans des circonstances telles qu'on est bien forcé de croire qu'ils ont été déposés, en cet endroit, en même temps que les ossements des grands mammifères. Les fouilles sont continuées par une commission composée de sir C. Lyell, M. Busk, M. Evans, le professeur Philipps, M. Vivian, M. Pengelly et moi et les travaux s'exécutent sous les yeux de M. Pengelly et de M. Vivian.

En mai 1858, le docteur Falconer appela l'attention de la Société de géologie sur une caverne récemment découverte à Brixham, près de Torquay, et cette Société nomma une commission pour l'aider dans ses recherches. En septembre 1858, cette commission fit un rapport préliminaire à la Société de géologie; mais il est à regretter que les résultats des fouilles n'aient pas encore été publiés *in extenso*.

Les dépôts dans la caverne étaient, en descendant :

1º Stalagmites d'une épaisseur irrégulière.
2º Terre ocreuse des cavernes avec breccia de pierre calcaire.
3º Terre ocreuse des cavernes avec argile schisteuse pulvérisée.
4º Gravier roulé.

Les débris organiques appartenaient principalement aux espèces suivantes :

1° *Elephas primigenius.*
2° *Rhinoceros tichorhinus.* Dents en quantité considérable et un astragalus.
3° *Bos sp.* Dents, mâchoires et autres os.
4° *Equus sp.* Quelques débris.
5° *Cervus tarandus.* Le Renne. Crâne et bois.
6° *Cervus elaphus.* Bois.
7° *Cervus capreolus.*
8° *Ursus spelæus.* L'ours des cavernes. Mâchoires inférieures, dents, etc.
9° *Ursus ferox.*
10° *Ursus arctos.*
11° *Hyæna spelæa.* Mâchoires inférieures, dents, fragments de crânes et autres ossements.
12° *Felis spelæa.*
13° *Lagomys.*

On trouva, mêlés à ces ossements, des éclats de silex qui, selon toute apparence, remontaient à la même époque. Ils se trouvaient à différentes profondeurs, de 10 pouces à 11 pieds, et quelques-uns étaient dans le gravier, au-dessous de toute la terre ocreuse de la caverne.

Le docteur Falconer a aussi trouvé, dans la grotte de Maccagnone, en Sicile, des traces humaines consistant en cendres et en grossiers instruments de silex dans une brèche contenant des os l'*Elephas antiquus*, de l'hyène, d'un grand *Ursus*, d'un *Felis* (probablement *F. spelæa*), et surtout un grand nombre d'ossements appartenant à l'*Hippopotamus*. Le « ceneri impastate », ou concrétion de cendres, avait autrefois rempli la caverne, et un grand morceau de brèche d'os était encore cimenté au plafond; mais, grâce à quelque changement dans le cours des eaux, la plus grande partie avait disparu. La présence de l'hippopotame prouve suffisamment que les conditions géographiques du pays devaient être bien différentes de ce qu'elles sont aujourd'hui; mais je ne saurais mieux faire que de citer les observations du docteur Falconer lui-même.

« La présence d'un si grand nombre d'*Hippopotami* implique que, à une époque géologique peu reculée, la condition physique du pays doit avoir été bien différente de ce qu'elle est aujourd'hui. Je pense que tous les dépôts situés *au-dessus* de la brèche osseuse ont été accumulés jusqu'à la voûte par des matériaux apportés d'en haut à travers les crevasses du rocher.

et que la couche supérieure, consistant en coquilles, en os
brisés, en objets siliceux, en argile cuite, en morceaux de
charbon, en coprolithes d'hyènes, a été cimentée à la voûte par
des infiltrations stalagmitiques. La présence d'une fragile
Helices entière prouve que ce résultat a été amené par la tranquille action de l'eau et non pas par une action tumultueuse.
Rien n'indique que les différents objets dans la brèche de la
voûte ne sont pas contemporains. Plus tard, un grand changement physique modifiant le cours de l'eau à la surface et des
sources souterraines, toutes les conditions précédemment
existantes furent changées, et tout le contenu de la caverne
s'écoula au dehors, sauf les parties fixées à la voûte. Les débris
de ces *ejecta* sont encore visibles dans les tas de « ceneri impastate » contenant des ossements fossiles au-dessous de l'ouverture de la caverne. Il est certain qu'une longue période a dû
s'écouler pour amener l'extinction de l'hyène, du lion des
cavernes et des autres espèces fossiles, mais il ne nous reste
aucun indice qui nous permette de mesurer cette période.
L'auteur appelle l'attention des géologues sur ce fait que la
caverne de Maccagnone fut remplie jusqu'à la voûte pendant
la période humaine, de telle sorte qu'une couche épaisse d'ossements, de dents, de coquilles terrestres, de coprolithes
d'hyènes et d'objets humains, s'est agglutinée à la voûte par
l'infiltration d'eau chargée de chaux. Que plus tard, et pendant
la période humaine, un si grand changement a eu lieu dans la
configuration physique du district, que le contenu de la caverne
s'est écoulé, excepté les parties cimentées à la voûte et qu'elles
ont été depuis revêtues d'une nouvelle couche de stalagmites. »

L'exploration de certaines cavernes en Espagne a fourni des
preuves semblables de grands changements géographiques
récents. Le rocher de Gibraltar abonde en cavernes contenant
des ossements humains, des ustensiles en pierre, en os et en
bronze, mêlés aux ossements d'animaux domestiques, tels que
la chèvre et le bœuf. M. Busk et le docteur Falconer ont découvert, dans la caverne de Genista à Gibraltar, l'*Hyæna cro-
cuta*, espèce africaine existant encore, le léopard, le lynx, le
serval et le cerf de Barbarie, ainsi que le *Rhinoceros hemitæchus*
et une espèce d'ibex. Mais bien que ce soit fort probable, il ne
semble pas prouvé encore que l'homme ait coexisté avec ces

animaux sur le rocher de Gibraltar. M. Lartet a aussi trouvé des molaires de l'éléphant africain actuel, au milieu de quelques ossements trouvés dans une caverne auprès de Madrid.

M. Lartet (1) a décrit avec son talent ordinaire une grotte, ou petite caverne, fort intéressante, découverte il y a quelques années à Aurignac, dans le sud de la France.

Après un examen attentif, M. Lartet en arriva à la conclusion que cette petite caverne avait été employée comme lieu de sépulture ; il jugea, d'après les restes d'os brisés pour en tirer la moelle et les traces de feu, immédiatement à l'entrée de la caverne, qu'on avait dû y faire des festins funéraires.

La liste suivante indique les espèces trouvés par M. Lartet, ainsi que le nombre approximatif d'individus appartenant à chaque espèce :

	Nombre d'individus.
1º Ours des cavernes (*Ursus spelæus*)	5 — 6
2º Ours brun (*U. arctos*?)	1
3º Blaireau (*Meles taxus*)	1 — 2
4º Putois (*Putorius vulgaris*)	1
5º Lion des cavernes (*Felis spelæa*)	1
6º Chat sauvage (*F. catus*)	1
7º Hyène (*Hyæna spelæa*)	5 — 6
8º Loup (*Canis lupus*)	3
9º Renard (*C. vulpes*)	18 — 20
10º Mammouth (*Elephas primigenius*). Deux molaires et un astragale.	
11º Rhinocéros (*Rhinoceros tichorhinus*)	1
12º Cheval (*Equus caballus*)	12 — 15
13º Ane ? (2) (*E. asinus*)	1
14º Sanglier (*Sus scrofa*). Deux incisives.	
15º Cerf (*Cervus elaphus*)	1
16º Élan irlandais (*Megaceros hibernicus*)	1
17º Chèvre (*C. capreolus*)	3 — 4
18º Renne (*C. tarandus*)	10 — 12
19º Aurochs (*Bison europæus*)	12 — 15

Quelques-uns de ces restes d'animaux furent trouvés dans la grotte, d'autres à l'extérieur ; ces derniers avaient été rongés par quelque grand animal carnivore, sans doute l'hyène, dont on trouva des coprolithes dans les cendres. D'un autre côté, les os, à l'intérieur de la caverne, n'avaient pas été touchés :

(1) *Annales des sciences naturelles*, 1861, p. 177.
(2) Il doit certainement y avoir erreur quant à cette espèce. L'interrogation est dans l'original.

d'où M. Lartet conclut que, après le festin des funérailles, les hyènes vinrent et dévorèrent tout ce qu'avaient laissé les hommes, mais qu'elles ne purent entrer dans la caverne à cause du gros bloc de pierre qui en fermait l'entrée, bloc retrouvé à sa place par celui qui découvrit cette caverne.

Outre l'hyène, les animaux se trouvant sur cette liste et n'existant plus, ou qu'on sait historiquement avoir existé en France, sont : le renne, l'ours des cavernes, le rhinocéros, le lion des cavernes, l'élan irlandais et le mammouth. La contemporanéité du renne et de l'homme est évidente; tous les os ont été brisés pour en tirer la moelle, beaucoup gardent l'empreinte d'instruments tranchants, et, en outre, le plus grand nombre des instruments en os sont faits avec les os ou les cornes de cette espèce. M. Lartet conclut à la contemporanéité de l'homme et du rhinocéros en se basant, d'abord, sur des raisons chimiques, en ce que les ossements de cette espèce, aussi bien que ceux du renne, de l'aurochs, etc., ont conservé la même quantité d'azote que les ossements humains trouvés dans la même localité; secondement, parce que les os paraissent avoir été brisés par l'homme, et dans quelques cas portent les marques de couteaux. En outre, il a ingénieusement fait remarquer que ces os doivent avoir appartenu à un individu récemment tué, parce qu'après avoir été brisés par l'homme, ils ont été rongés par les hyènes, ce qui ne serait pas arrivé s'ils n'avaient pas été encore frais et pleins de leurs sucs naturels.

L'éléphant n'était représenté que par quelques molaires et un calcanéum. Ce dernier os était le seul *rongé*, trouvé à l'intérieur de la grotte. On ne peut pas douter que les molaires aient été séparées exprès, et le calcanéum semble avoir été placé dans la grotte au moment des derniers enterrements; mais il n'y a rien qui prouve qu'il fût alors frais. Le fait qu'il est rongé semble indiquer le contraire.

Les restes de l'*Ursus spelæus* (ours des cavernes) étaient beaucoup plus abondants, et quelques-uns furent trouvés dans la grotte. Un membre tout entier paraît y avoir été renfermé encore recouvert de la chair, car les différents os ont été trouvés tous ensemble. On sait que des aliments et des boissons étaient, dans l'antiquité, fréquemment ensevelis avec les morts, et M. Lartet pense que nous pouvons expliquer de cette manière la présence de certains os de quadrupèdes dans la grotte d'Aurignac.

Dans ce cas donc, il semble que nous nous trouvions en présence d'une sépulture appartenant à l'époque où l'ours des cavernes, le renne, l'élan irlandais, le *Rhinoceros tichorhinus* et le mammouth habitaient encore le sud de la France. Il est fort à regretter, cependant, que M. Lartet n'ait pas été présent quand cette sépulture a été découverte, car s'il avait vu les dépôts avant qu'ils ne fussent dérangés, nous aurions pu affirmer avec plus de certitude que les squelettes humains appartenaient à la même époque que les autres débris.

Un autre exemple fort intéressant est celui de l'antre aux hyènes à Wokey-Hole, auprès de Wells, qui a été exploré avec soin et décrit avec talent par M. Boyd Dawkins (1). Dans ce cas, la caverne était remplie de débris jusqu'à la voûte, et il paraît que l'accumulation des matériaux provenait en partie de la division d'un congloméré dolomitique formant le plafond et les parois de la caverne, et en partie de sédiments apportés graduellement par les pluies et par des petits cours d'eau. Il est évident que les os et les pierres n'ont pas été amenés dans la caverne par l'action de l'eau; premièrement parce qu'aucun des os n'est roulé; deuxièmement, parce que, bien qu'on ait trouvé dans la caverne plusieurs instruments grossiers en silex, on n'y a découvert *qu'un seul silex non travaillé*; et, enfin, parce que, dans quelques cas, des fragments du même os ont été trouvés l'un près de l'autre et que, s'ils avaient été amenés d'une certaine distance, il serait presque impossible qu'il en fût ainsi. En outre, il y a plusieurs couches, l'une au-dessus de l'autre, d'*album græcum*, c'est-à-dire d'excréments d'hyènes. Chacune de ces couches indique, bien entendu, un plancher distinct et, par conséquent, une période d'occupation distincte; de telle sorte que même la présence d'un seul plancher au-dessus des instruments en silex prouve deux choses : 1° que les hyènes qui ont produit l'*album græcum* ont occupé la caverne après les sauvages qui se servaient des instruments en silex; et 2° que ces instruments n'ont pas été dérangés par l'eau depuis les visites des hyènes.

Pendant les dernières années de sa vie, M. Christy a examiné

1) *Geol. Journal*, mai 1862, p. 115.

avec beaucoup de soin, de concert avec M. Lartet, un grand nombre de petites cavernes dans la Dordogne dont quelques-unes avaient déjà attiré l'attention des archéologues (1). Ces cavernes sont particulièrement intéressantes parce que, autant du moins que nous en pouvons juger par les observations déjà faites, elles appartiennent à la période du renne, de M. Lartet, et tendent par conséquent à relier l'âge de la pierre polie à la période des graviers des rivières et des grands mammifères disparus ; elles représentent une époque sur laquelle nous avions jusqu'ici, fort peu de renseignements. Les cavernes qui ont été examinées avec le plus de soin sont au nombre de dix, savoir : Laugerie, la Madelaine, les Eyzies, la Gorge d'Enfer, le Moustier, Liveyre, Pey de l'Azé, Combe-Granal et Badegoule ; j'ai eu l'avantage de visiter la plupart d'entre elles. Quelques-unes, comme, par exemple, les Eyzies et le Moustier, sont à une hauteur considérable au-dessus de la rivière, d'autres au contraire, comme la Madelaine et Laugerie, sont à peu près au niveau de l'eau, ce qui prouve que le niveau de la rivière est aujourd'hui à peu près le même qu'à l'époque où ces cavernes étaient habitées.

Les rivières de la Dordogne coulent dans de profondes vallées creusées au milieu de couches calcaires ; alors que les côtés des vallées, dans les districts crayeux, sont ordinairement inclinés, dans ce cas, à cause probablement de la dureté du rocher, ils sont en général verticaux. On y trouve fréquemment de petites cavernes et des grottes ; en outre, comme les différentes couches possèdent ordinairement un inégal pouvoir de résistance aux influences atmosphériques, la surface du rocher est pour ainsi dire écaillée en bien des endroits, ce qui produit des abris. A une époque fort reculée, ces cavernes et ces abris étaient habités par des hommes qui ont laissé après eux des preuves évidentes de leur présence. Mais, à mesure que la civilisation s'est développée, l'homme, ne se contentant plus des demeures naturelles mais peu commodes qu'il trouvait ainsi de tous côtés, a creusé des habitations, et, dans certains endroits, la surface entière est criblée de trous ; ce sont des portes et des fenêtres s'ouvrant sur des chambres, quelquefois même on voit des étages les uns au-dessus des autres, ce qui suggère

(1) *De l'origine et de l'enfance des arts en Périgord*, par M. l'abbé Audierne.

l'idée d'une Petra française. Dans les temps agités du moyen âge, nombre de ces demeures servirent, sans doute, de refuges commodes ; aujourd'hui même, quelques-unes servent encore de magasins. J'ai vu, à Brantôme, une vieille chapelle taillée dans le roc. Outre l'intérêt scientifique, il est impossible de ne pas jouir de la beauté du paysage qui se déroule sous les yeux pendant que l'on descend la Vézère. La rivière passe, tantôt d'un côté de la vallée, tantôt de l'autre côté, aussi est-elle parfois bordée de riches prairies, ou coule-t-elle tout près de la roche taillée à pic. Çà et là, on rencontre quelque vieux château pittoresque, et quoique les arbres fussent dépouillés de feuilles, à l'époque de ma visite, les rochers étaient, dans bien des endroits, couverts de buis et de lierre ou de chênes toujours verts, dont la verdure s'harmonisait avec les teintes brun doré de la pierre elle-même.

Mais, pour en revenir aux cavernes à ossements, on a trouvé des restes de l'ours des cavernes au Pey de l'Azé, de l'hyène des cavernes au Moustier et à Laugerie, outre un fragment de pelvis. Quant aux deux premières espèces, MM. Christy et Lartet pensent qu'elles appartiennent probablement à une période antérieure à celle des restes humains trouvés dans les mêmes cavernes. On a regardé la présence du pelvis comme une évidence de la contemporanéité du mammouth et des chasseurs de rennes de Laugerie ; il est, en effet, difficile de comprendre pourquoi ces hommes auraient apporté un os de fossile dans leur caverne, d'autant que les os d'éléphants sont si peu résistants qu'il est impossible de s'en servir pour faire des outils. Cependant MM. Christy et Lartet n'expriment aucune opinion, se faisant, disent-ils, « une loi de ne procéder dans leurs inductions qu'en vertu de preuves incontestables ».

Quant au *Felis spelæa*, on a trouvé, dans la caverne des Eyzies, un os métacarpien appartenant probablement à cette espèce ; cet os porte encore les marques de coups de couteau.

Cependant les preuves zoologiques positives de l'antiquité des restes humains trouvés dans ces cavernes reposent principalement sur la présence du renne ; ces preuves, nous pouvons le dire, sont concluantes. Les ossements appartenant à cette espèce ont tous été brisés pour en extraire la moelle ; baucoup portent les marques de coups de couteau, et, aux Eyzies, on a trouvé une vertèbre percée par un éclat de silex. MM. Christy et Lartet sont convaincus que cet os devait être tout frais quand il a été ainsi percé. En outre, comme nous le verrons tout à l'heure, nous avons des preuves encore plus concluantes que l'homme et le renne habitaient ensemble cette localité.

Les preuves zoologiques sont aussi, d'ailleurs, très instructives par leur côté négatif. Selon MM. Christy et Lartet, on n'a pas encore trouvé un seul ossement qu'on puisse attribuer à un animal domestique. On rencontre, il est vrai, des os de bœuf et de cheval, mais il n'y a aucune preuve qu'ils aient appartenu à des espèces domestiques. Les restes du porc sont très rares; or, si ces animaux avaient été réduits à l'état domestique, on les eût trouvés sans doute en plus grande quantité. Le mouton et la chèvre, et, ce qui est encore plus remarquable, le chien, sont entièrement absents. D'un autre côté, les ossements du cheval et du renne, surtout ces derniers, se trouvent en grande quantité, mais MM. Christy et Lartet pensent qu'ils n'ont pas appartenu à des individus réduits en domesticité. M. Rütimeyer semble être d'un avis contraire. Il a dressé la liste suivante des ossements trouvés dans la caverne de Veyrier : gélinotte 31 individus, renne 18, bouquetin 6, cheval 5, cerf 4, lièvre de montagne 4, marmotte 4, chamois 1, loup 1, ours 1, bœuf 1, renard 1, cigogne 1. Il fait remarquer que c'est là une faune alpestre, et il demande pourquoi, si le renne était à l'état sauvage, il ne s'est pas retiré dans les Alpes avec l'ours, le bouquetin et le chamois? La condition des ossements et surtout des cornes nous permettra de répondre quelque jour à cette question, mais nous ne connaissons aujourd'hui aucun peuple qui possède à la fois le renne et le cheval comme animaux domestiques, et nous sommes forcés d'attendre de nouvelles preuves avant de pouvoir résoudre ce problème.

Un coup d'œil jeté sur les collections faites par MM. Christy et Lartet, ou sur celle de M. le vicomte de Lastic de Bruniquel, suffit pour prouver que les débris organiques consistent surtout en dents, en mâchoires inférieures et en cornes. On trouve, il est vrai, d'autres ossements, mais ils ne forment qu'une petite fraction du tout. Nous ne pouvons cependant pas attribuer ce fait à la présence des chiens, parce qu'on n'a pas encore découvert de restes de cette espèce et parce que les os qui restent n'ont pas été rongés; mais surtout parce que les chiens ne mangent que certains os et certaines parties d'os, choisissant en règle générale les parties spongieuses et rejetant les parties solides.

M. Galton a fait remarquer que quelques tribus sauvages de l'Afrique, ne se contentant pas de la chair des animaux qu'ils tuent, écrasent aussi les os dans des mortiers pour en extraire les sucs nutritifs qu'ils contiennent. Selon Leems, les Lapons danois avaient aussi l'habitude de briser avec un maillet les os contenant de la graisse ou de la moelle, puis de les faire bouillir pour en extraire toutes les parties grasses (1). Les Esquimaux écrasent aussi les os pour en tirer la moelle (2). Bien des mortiers, bien des marteaux en pierre, étaient sans doute employés à cet usage dans l'antiquité, et les proportions relatives des différents os nous permettent, je crois, de penser, bien que ce soit là une évidence indirecte, qu'une coutume semblable existait dans le sud de la France.

Si nous passons maintenant aux instruments en silex trouvés dans ces cavernes, nous devons tout d'abord appeler l'attention sur leur immense quantité. On peut, sans aucune exagération, dire qu'ils sont innombrables. Cette quantité augmente, sans contredit, la valeur des conclusions que nous pouvons tirer de leur présence, sans qu'il y ait rien là qui doive nous surprendre. Le silex est si cassant que les instruments devaient se briser facilement, et, dans ce cas, les morceaux devenant inutiles devaient être jetés de côté, surtout dans un district crayeux où le silex est très commun. Bien des instruments, sans doute, sont inachevés, rendus inutiles, soit par un coup mal dirigé, soit par quelque défaut dans le silex. En outre, on doit naturellement s'attendre à ce que, dans de telles brèches osseuses, les instruments en silex soient relativement plus abondants que dans un kjökkenmödding. Chaque huître ne fournit qu'une seule bouchée, de telle sorte que la partie alimentaire forme une plus grande partie du tout chez les mammifères que chez les mollusques. Les kjökkenmöddings, par conséquent, doivent, *cæteris paribus*, s'accumuler plus rapidement

(1) *Account of Danish Lapland*, par Leems, Copenhague, 1767. Traduit dans *Pinkerton's Voyages*, vol. I, p. 396.
(2) Hall, *Life with the Esquimaux*, vol. II, p. 147, 176.

que les brèches à ossements, et, en supposant que les instruments en silex soient également nombreux dans les deux cas, ils doivent être plus rares dans le premier que dans le dernier.

Les principaux objets en pierre trouvés dans les cavernes à ossements, que nous étudions actuellement, consistent en éclats simples et travaillés, en racloirs, en « rognons », en poinçons, en pointes de lance, en instruments tranchants, en marteaux et en mortiers en pierre.

Les éclats simples et travaillés sont, bien entendu, très nombreux, mais ils ne nécessitent aucune observation spéciale. Ils offrent les variétés ordinaires de grandeur et de forme.

Quoique moins nombreux que les éclats, les racloirs (1) sont cependant très abondants. En règle générale, ils me semblent plus longs et plus étroits que le type ordinaire danois. Quelques-uns se tenaient, sans doute, par le milieu, car les deux extrémités sont taillées. D'autres devaient être fixés à des poignées, car l'extrémité opposée au racloir est brisée quelquefois d'un côté, quelquefois de l'autre, quelquefois des deux côtés, de façon à former une pointe qu'on fixait, sans doute, dans un manche en bois, en os ou en corne. Beaucoup d'éclats sont aussi cassés à une extrémité de la même manière. MM. Christy et Lartet n'ont encore découvert aucune trace de manche, peut-être employait-on le bois pour les fabriquer.

Il est évident que, partout où il y avait une fabrique d'éclats de silex, on doit retrouver aussi les rognons qui servaient à les faire. Cependant, j'ai été étonné du nombre trouvé dans ces cavernes; pendant ma courte visite, j'en ai moi-même ramassé plus de quatre-vingt-dix.

Les poinçons et les scies sont beaucoup moins fréquents; on en a découvert, cependant, quelques bons spécimens. Dans quelques stations, on trouve de curieux instruments plats (fig. 181). Nous pouvons conclure de la constance de leur forme, qui, en outre, est quelque peu singulière, qu'on les employait à un but déterminé. En guise de marteaux, les chasseurs de rennes semblent avoir employé des pierres rondes; on en trouve une quantité assez considérable dans les cavernes, et ces pierres portent encore les marques évidentes

(1) Voir fig. 103, 104, p. 96, t. I.

de l'emploi qu'on en faisait. Quelques-unes, toutefois, ont pu
aussi servir de pierres à chauffer. Les Indiens de l'Amérique
du Nord, les Esquimaux et quelques autres sauvages, ne connaissent pas la poterie, et n'ayant que des vases en bois qu'ils
ne peuvent placer sur le feu, ont l'habitude de faire chauffer
des pierres et de les placer dans l'eau qu'ils veulent faire
bouillir. Bien des pierres trouvées dans ces cavernes semblent
avoir servi à cet usage.

Les instruments en silex que nous venons de décrire, et qui

Fig. 181.

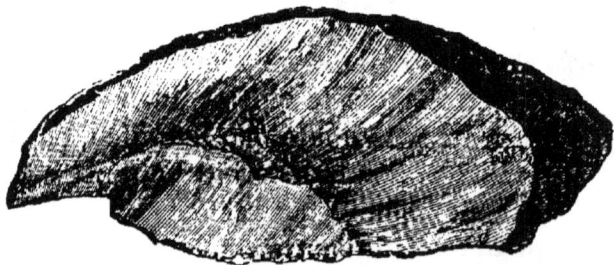

Outil en silex.

sont les plus communs, se trouvent indistinctement dans
toutes les cavernes, mais il y a d'autres types qui semblent
être moins généralement distribués. Ainsi, à Laugerie et à
Badegoule, des fragments de pointes de lance en forme de
feuilles, presque aussi bien faites que celle du Danemark,
sont loin d'être rares. Si donc nous essayions de classer ces
cavernes selon les périodes de leur occupation, nous serions
disposé à attribuer à ces dernières une époque plus rapprochée
de nous qu'aux autres. A en juger, au contraire, par les instruments en silex, la station de Moustier serait la plus ancienne. En admettant, peut-être, qu'il soit encore prématuré
d'essayer une classification, on ne peut douter, cependant,
que le Moustier ne présente quelques types qu'on n'a pas
encore trouvés dans d'autres cavernes et qui ressemblent sous
bien des rapports à ceux du diluvium.

Une de ces formes particulières consiste en ce qu'un des
côtés de l'instrument n'est pas travaillé, apparemment pour
qu'on puisse la tenir dans la main, tandis que l'autre côté a un
bord coupant obtenu par une série de petits coups. Quelques-

uns de ces instruments sont fort grands, et MM. Christy et Lartet supposent qu'on s'en servait pour couper le bois et

FIG. 182.

FIG. 183.

A

FIG. 181.

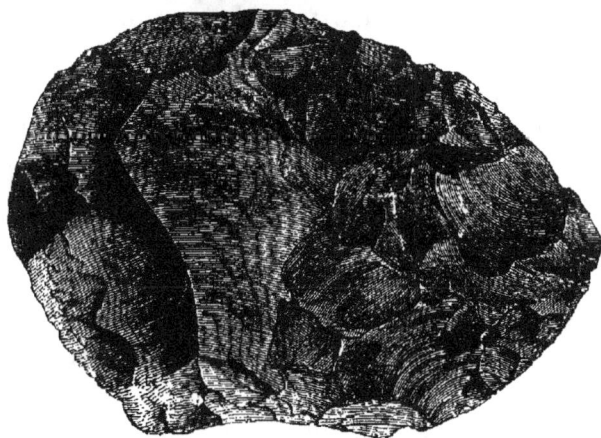

Instrument en silex du Moustier.

peut-être aussi les gros os des mammifères. Les figures 182-184 représentent un autre type fort intéressant. Ce spécimen est travaillé des deux côtés, mais le plus ordinairement un

des côtés reste plat. MM. Christy et Lartet pensent que ce type
est identique aux pointes de lance trouvées dans les dépôts du
diluvium. Je ne suis pas d'accord avec eux à ce sujet. Non
seulement, les spécimens du Moustier sont plus petits, mais
le travail est différent, il est moins hardi. En outre, la surface
plate A n'est pas une particularité individuelle. Elle est très
fréquente, pour ne pas dire générale ; elle se trouve aussi sur
un instrument semblable découvert par M. Boyd Dawkins, dans
le trou des hyènes à Wokey-Hole, et décrit par lui dans le
Geological Journal, mai 1862, n° 70, p. 119. Ce type très intéressant semble plutôt être dérivé des instruments tranchants
que nous avons décrits plus haut, auquel cas la ressemblance
qui existe entre lui et les types du diluvium serait accidentelle
et insignifiante. MM. Christy et Lartet, il est vrai, appellent les
instruments de ce type des « pointes de lance », mais on peut
douter qu'ils fussent employés à cet usage, quoique certainement quelques-uns semblent l'avoir été. En résumé, donc,
quoique ces types du Moustier offrent un grand intérêt, il faut
réfléchir avant d'affirmer qu'ils appartiennent aux formes du
diluvium.

La station du Moustier n'a pas encore produit un seul instrument en os, mais on en a trouvé un assez grand nombre dans
d'autres cavernes. « Ils consistent en instruments carrés affectant la forme d'un ciseau ; d'autres sont ronds, pointus, ressemblant à des poinçons, quelques-uns ont pu servir de hameçons ; des pointes de lance, forme harpon ; des pointes de flèche
simples ou barbelées faites avec un art étonnant ; et, enfin, des
aiguilles en os, très pointues, polies, et dont les trous ronds
sont si petits et si réguliers, que les personnes même qui sont
convaincus de l'antiquité de ces objets auraient pu penser qu'il
est impossible de faire un trou semblable avec une pierre, si
cet observateur si consciencieux, M. Lartet, n'en avait pas
fabriqué une semblable avec les instruments mêmes qu'on a
trouvés auprès de ces aiguilles (1). » Il faut se rappeler d'ailleurs que les indigènes de la Nouvelle-Zélande parviennent,
avec leurs outils en pierre, à faire des trous même dans le
verre (2).

(1) Christy, *Trans. Ethnological Soc.*, N. S., vol. III.
(2) Cook, *First Voyage*, p. 464.

Donc, toutes les preuves que nous ont jusqu'à présent fournies ces cavernes indiquent une période très primitive, plus

FIG. 185.

Dessin représentant un poisson.

ancienne même que celle des premiers villages lacustres de la Suisse ou des amas de coquilles du Danemark.

FIG. 186.

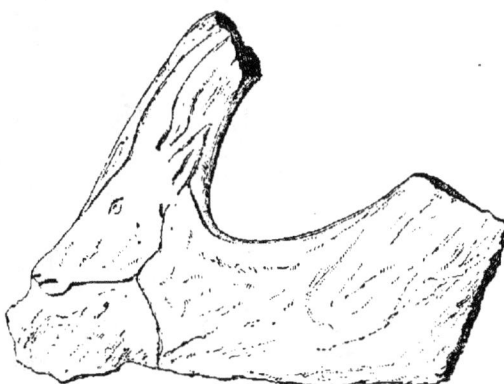

Dessin représentant un bouquetin.

Il y a toutefois, dans ces cavernes, une classe d'objets qui, prise isolément, nous eût conduit à une conclusion toute diffé-

FIG. 187.

Groupe de figures.

rente. On n'a pas encore trouvé dans les amas de coquilles danois, ou dans les villages lacustres de l'âge de la pierre, une

FIG. 187 *bis*.

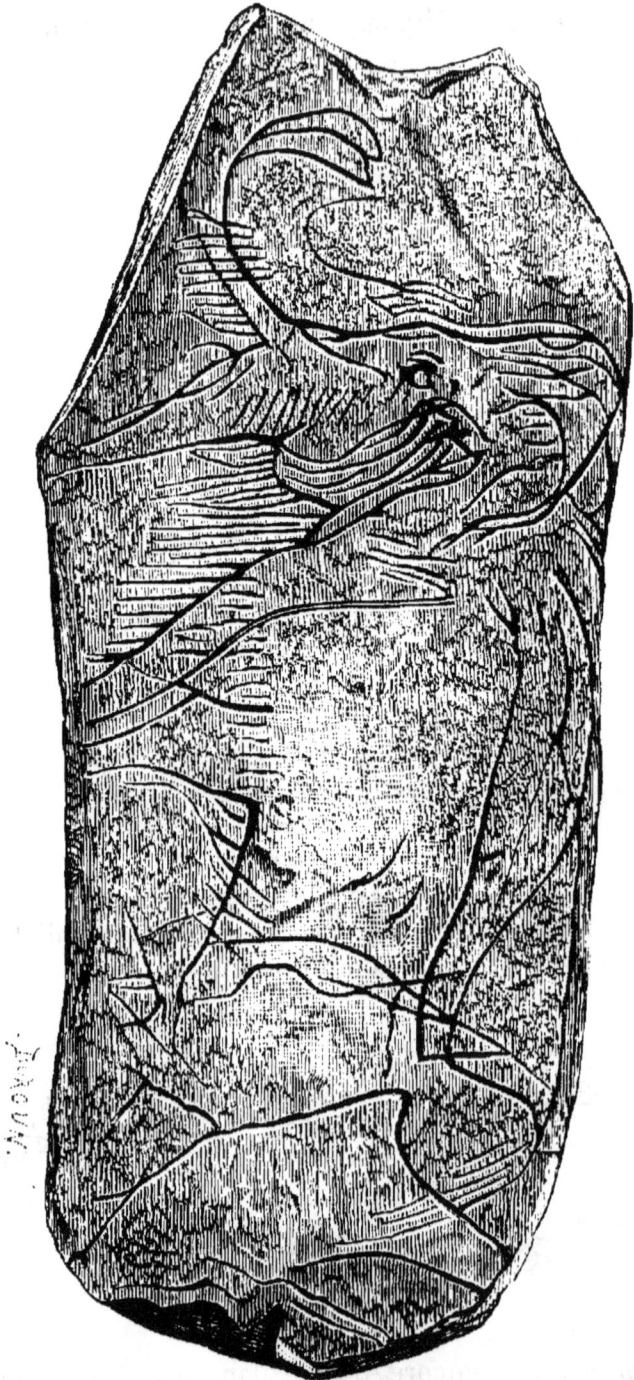

Mammouth trouvé à la Madelaine.

seule figure, quelque grossière qu'elle soit, d'un animal ou
d'une plante. Ces représentations sont si rares, même sur les
objets de l'âge du bronze, qu'il est douteux qu'on en puisse
citer un seul cas authentique. Or on a trouvé dans ces antiques cavernes à ossements un grand nombre de jolies esquisses
faites sur os ou sur pierre, probablement avec la pointe d'un
silex. Dans quelques cas même, on a essayé d'ombrer le dessin.

FIG. 188.

Groupe de rennes.

M. Lartet nous avait déjà fait connaître, dans les *Annales des
sciences naturelles* (1), quelques grossiers dessins trouvés dans
la caverne de Savigné; dans son dernier mémoire, il a décrit
et fait graver plusieurs objets d'une nature semblable.

On a aussi découvert dans les cavernes de la Dordogne plusieurs dessins remarquables, et dans des circonstances telles
qu'on peut garantir leur authenticité. La figure 185 représente
un morceau cylindrique de corne de renne, trouvé à la Madelaine, sur lequel sont gravés deux poissons, un de chaque côté.
La figure 186 représente la tête et la poitrine d'un bouquetin,
gravées sur un morceau de corne de renne. La figure 187 représente un groupe très curieux, comprenant un serpent ou plutôt

(1) *Ann. des sc. nat.*, 1861, vol. XV.

une couleuvre, une figure humaine et deux têtes de cheval. La figure 188 représente un groupe de rennes et la figure 187 *bis* représente, croit-on, un mammouth. Ce dernier dessin, trouvé à la Madelaine, est gravé sur une défense de mammouth.

Mais un des spécimens les plus remarquables, peut-être, c'est un poignard taillé dans un bois de renne (fig. 189). L'artiste a ingénieusement adapté la position de l'animal à la forme du bois. Les cornes sont rejetées en arrière sur le cou, les pattes de devant repliées sous le ventre, et les pattes de derrière sont étendues le long de la lame. Malheureusement, le poignard

Fig. 189.

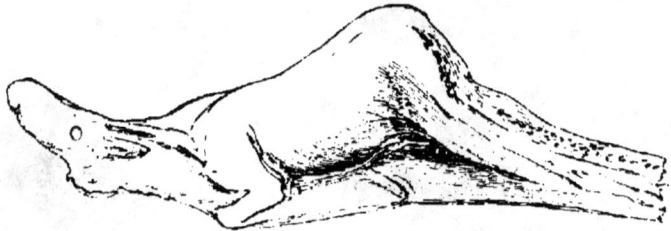

Manche de poignard.

semble avoir été jeté de côté avant d'être tout à fait terminé; mais plusieurs détails indiquent que l'artiste voulait représenter un renne. Bien qu'il soit naturel de ressentir quelque surprise à la vue de ces œuvres d'art, nous trouvons, cependant, chez les sauvages modernes des exemples d'un certain talent de dessin et de sculpture, cependant ils ne connaissent en aucune façon la métallurgie. Les Esquimaux, par exemple, sont fort remarquables sous ce rapport; nous donnerons dans un chapitre postérieur un fac-similé de quelques-uns de leurs dessins.

En considérant la condition probable de ces antiques habitants des cavernes, nous devons reconnaître leur amour de l'art, quelque minime qu'il fût; mais, d'un autre côté, le manque de métal, d'instruments en silex poli et même de poterie (1), l'ignorance de l'agriculture, l'absence apparente de tout animal domestique, même du chien, impliquent certainement une

_____

(1) La poterie est, en outre, très rare dans les ruines des crannoges irlandais, et est fort peu abondante dans les amas de coquilles du Danemark.

civilisation fort peu avancée et une antiquité fort reculée.

Le climat aussi a dû singulièrement changer. Le renne est l'animal le plus abondant, et il formait évidemment le principal aliment; or nous savons que cet animal n'habite plus maintenant que les régions arctiques et qu'il ne pourrait pas vivre dans le sud de la France. La présence du bouquetin et du chamois qui ne se trouvent plus actuellement que sur les sommets neigeux des Alpes et des Pyrénées, ainsi que celle d'une espèce de spermophilus, conduisent à la même conclusion. La présence des deux premières espèces dans quelques villages lacustres de la Suisse n'est pas aussi significative, parce que là elles se trouvent dans le voisinage de hautes montagnes, tandis que les collines les plus élevées de la Dordogne n'atteignent pas une hauteur de plus de 800 pieds.

Une autre espèce fort intéressante, déterminée récemment par M. Lartet, est l'antilope Saïgo de Pallas, qui abonde actuellement dans les steppes du nord-est de l'Europe et de l'Asie occidentale, dans les plaines du Dniéper et du Volga, autour de la mer Caspienne et aussi loin que les montagnes d'Altaï. M. Christy nous dit que les plaines septentrionales de la Pologne et la vallée du Dniéper sont aujourd'hui les limites méridionales de cette espèce.

En outre, l'accumulation des débris organiques dans ces cavernes est, en elle-même, comme M. Christy l'a ingénieusement suggéré, une excellente preuve d'un changement de climat. Nous savons que les Esquimaux laissent se former de semblables dépôts dans leurs demeures; mais cela ne se peut faire que dans les régions arctiques; dans un climat tel que celui qui règne actuellement dans le sud de la France, de semblables accumulations, si ce n'est en plein hiver, deviendraient bientôt des masses en putréfaction.

Jusqu'à présent, les preuves que nous avons entre les mains nous autorisent à penser que cette race d'hommes vivait comme quelques Esquimaux vivent actuellement, et comme vivaient les Lapons il y a quelques centaines d'années; elles semblent indiquer aussi une période intermédiaire entre celle des instruments en pierre polie et celle des grands mammifères éteints et apparemment quelque peu plus ancienne que celle des amas de coquilles du Danemark. Mais si l'on par-

vient à prouver que ces habitants des cavernes ont été les
contemporains du tigre, de l'ours, de l'hyène des cavernes et
du mammouth, dont les restes se trouvent douteusement
mêlés aux leurs, il faudra alors leur attribuer une antiquité
bien plus reculée.

Quant aux hommes des cavernes eux-mêmes, nous n'avons
malheureusement sur eux que fort peu de renseignements.
Car, bien qu'on ait fréquemment trouvé des fragments d'ossements humains, il est fort rare qu'on ait découvert des crânes
dans un état tel que l'on puisse les reconstituer, ou dont l'âge
soit incontestable. Par exemple, des restes humains, bien que
rares dans le loess, ont été décrits par Ami Boué, Faudel,
Crahay. Wurmbrand, Ecker et d'autres; mais, comme l'a suggéré ce dernier lui-même (1), après la composition du loess,
et d'après l'habitude d'y faire des chambres souterraines, qui
font d'excellentes caves, et même des demeures — des demeures de cavernes, — il est difficile d'être assuré que les
restes sont clairement contemporains avec le dépôt du loess.

Aucun crâne se rapportant à la période paléolithique n'a
encore été découvert en Angleterre. Les restes humains les
plus anciens que l'on ait trouvés sur le continent appartiennent
à des types bien marqués, que MM. de Quatrefages et Hamy
ont proposé d'appeler types de Canstatt, de Cro-Magnon, et de
Furfooz. Le premier type, à leur avis, a été le plus ancien. Il
a été dénommé d'après un crâne découvert dès 1708 par le duc
Eberhard de Wurtemberg à Canstatt, près de Stuttgart, mais
qui n'a pas été décrit avant l'année 1835.

Les crânes de ce type sont étroits et bas, avec des arcades
sourcilières très fortes. C'est à ce type qu'appartient le célèbre
crâne trouvé dans une caverne de calcaire dans le Néanderthal,
près de Hochdal, entre Düsseldorf et Elberfeld.

La forme de ce crâne est si remarquable que tant qu'il est
demeuré seul de son espèce, l'on a beaucoup douté, naturellement, et, selon les termes de Busk, l'on se demandait si
« c'était une particularité individuelle ou un caractère typique (2) ». Dans la suite, toutefois, deux autres crânes, pres-

---

(1) *Arch. für Anthropologie*, 1875, p. 99.
(2) *Nat. Hist. Rev.*, 1861, p. 172.

Fig. 190.

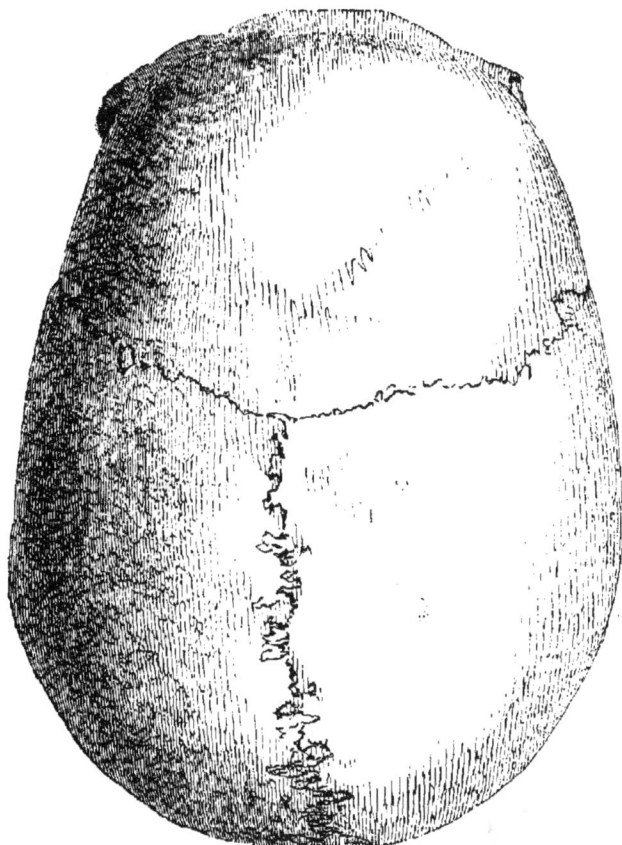

Fig. 191.

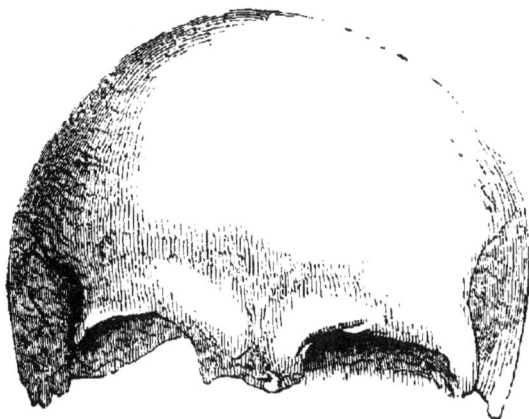

Le crâne d'Engis.

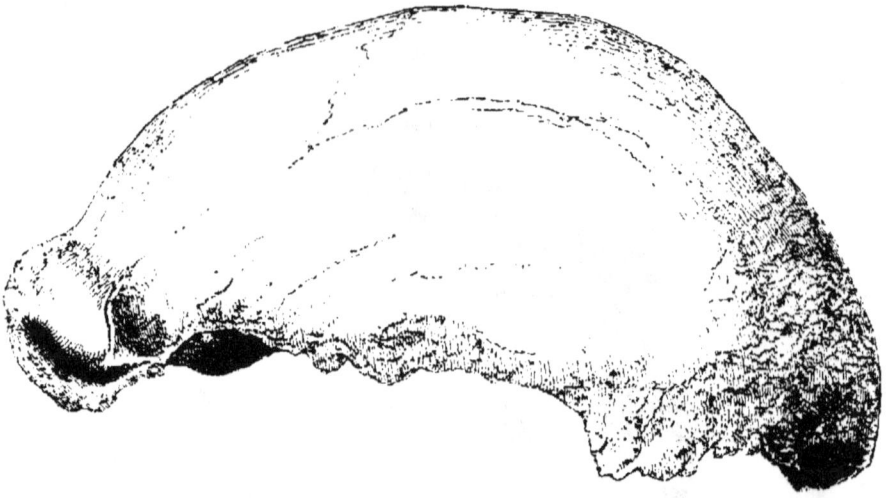

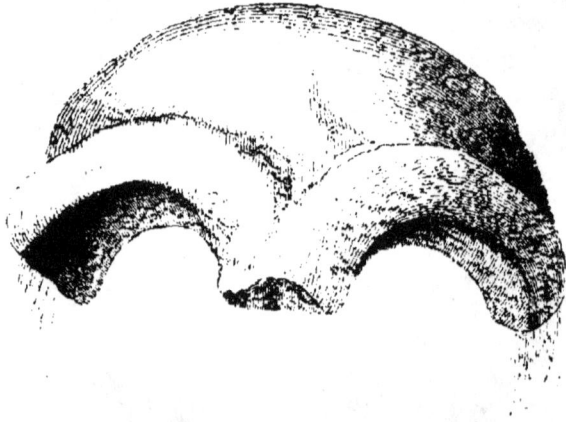

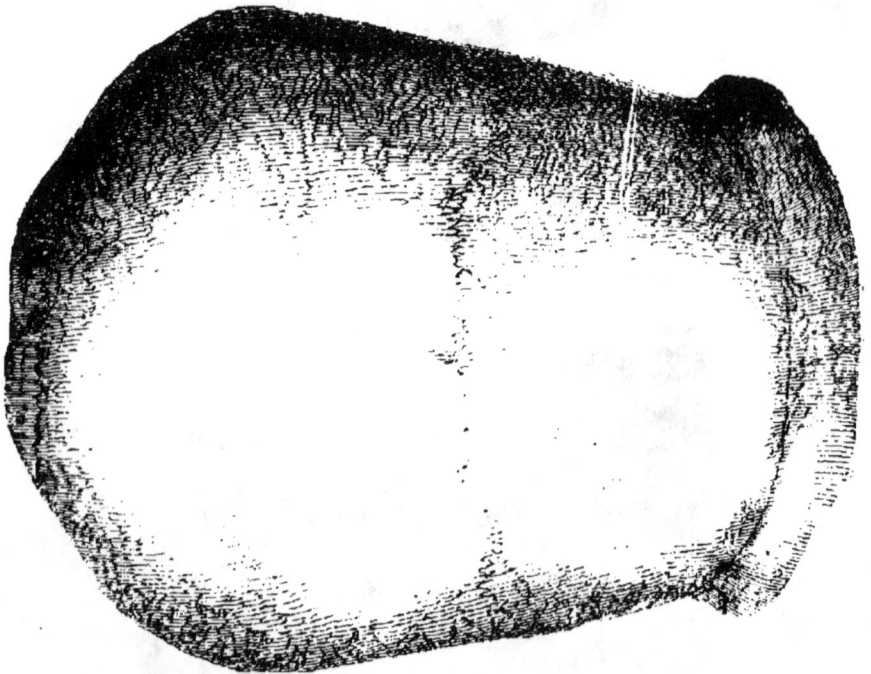

que identiques par la forme, ont été découverts dans le talus entourant une caverne à Spa en Belgique. Ces crânes, bien qu'encore incomplets (1), étaient plus complets que le précédent, et accompagnés d'autres indiquant une race trapue, robuste, prognathe.

Le second, le type de Cro-Magnon ou d'Engis, consista encore en un crâne étroit, mais, à la différence du précédent, haut. A ce type se rattache le célèbre crâne d'Engis, découvert par le Dr Schmerling dans la cave d'Engis près de Liège (fig. 190 et 191) qui — bien que je sois d'accord avec M. Boyd Dawkins pour reconnaître que les conditions dans lesquelles il a été découvert sont trop douteuses pour nous permettre de le rapporter à la période paléolithique — est sans doute d'une haute antiquité. En ce qui concerne sa forme, toutefois, il aurait pu appartenir à un Européen moderne. « Il n'y a de marques de dégradation dans aucune de ses parties. C'est, en fait, un crâne humain d'une bonne moyenne, qui eût pu appartenir à un philosophe ou contenir la cervelle vide d'un sauvage (2) ». A ce type encore se rattachent les crânes trouvés à Cro-Magnon dans la Dordogne (3). L'on a rapporté ces crânes — sans raison suffisante, ce me semble — à l'âge du renne.

Au troisième type, dit de Furfooz, appartiennent plusieurs crânes découverts par M. Dupont dans des cavernes près du village de Furfooz en Belgique. Le crâne est plus arrondi que dans les types précédents, bien qu'il ne le soit point autant que dans les races brachycéphales des périodes plus modernes. Les os des extrémités ressemblent plus à ceux des Européens existants, mais la stature était petite, s'abaissant même au niveau de celle des Lapons. Ainsi, même à une période très reculée, l'Europe était déjà occupée par plus d'une race d'hommes. Dans ces circonstances, comme l'a bien indiqué le professeur Huxley, « les premières traces de la souche originelle d'où l'homme est descendu ne doivent plus être cherchées, par ceux qui adhèrent en quoi que ce soit à la doctrine du développement progressif, dans le tertiaire le plus récent, mais dans une période plus éloignée de l'âge de

(1) Peydt et Lohert, *Ann. Soc. biol.*, Belgique, 1886.
(2) Huxley, *Man's place in nature*, p. 156.
(3) *Reliquiæ aquitanicæ*, part. VI.

l'*Elephas primigenius* que celui-ci ne l'est de notre époque ».

Si l'espace me l'avait permis, j'eusse été heureux de mentionner un grand nombre d'autres fouilles ; celles par exemple du D' Regnoli en Italie ; celles du marquis de Vibraye, de M. Garrigou, de M. Bourguignet, de M. Filhol et de beaucoup d'autres archéologues dans le sud de la France, où ces recherches sont poursuivies avec beaucoup d'énergie et de succès. En un mot, on pourrait écrire un volume entier à ce sujet ; il est donc impossible, dans les limites d'un seul chapitre, de rendre justice à tous les observateurs.

J'espère néanmoins que les preuves accumulées dans ce chapitre suffiront à démontrer que la présence, dans les cavernes à ossements, d'anciens outils et de restes humains auprès de ceux de mammifères éteints ne constitue un phénomène ni rare, ni exceptionnel. Or, si nous examinons cette question au point de vue scientifique, nous pouvons ajouter qu'il n'y a là rien qui doive exciter notre étonnement. Depuis l'époque du remplissage de ces cavernes, les changements qui ont eu lieu ont eu pour résultat l'extinction plutôt que la création de nombreuses espèces. Le cerf, le cheval, le sanglier, le chien, en un mot tous nos mammifères actuels existaient déjà : or ce serait une bien plus juste cause d'étonnement que l'homme seul ne soit pas représenté au milieu de ces animaux.

CHAPITRE XI

GRAVIERS DES RIVIÈRES PRÉHISTORIQUES

Pendant que nous portions nos regards vers l'Orient, suivant avec impatience les fouilles qui se faisaient en Égypte et en Assyrie, la lumière s'est soudainement faite au milieu de nous. Les plus anciens restes de l'homme, découverts jusqu'à présent, ont été trouvés non pas dans les ruines de Ninive ou d'Héliopolis, non pas dans les plaines sablonneuses du Nil ou de l'Euphrate, mais dans les vallées charmantes de l'Angleterre et de la France, sur les bords de la Seine et de la Somme, de la Tamise et du Wavency.

Ces découvertes étaient si inattendues, il était si difficile de les concilier avec l'antiquité la plus grande assignée jusque tout récemment encore à la race humaine, que longtemps on les négligea et qu'on ne les accueillit qu'avec beaucoup de réserve. M. Boucher de Perthes, à qui nous sommes en grande partie redevables de ce grand pas fait dans l'histoire de l'humanité, avait observé, dès l'année 1841, dans des sables contenant des débris de mammifère, à Menchecourt, auprès d'Abbeville, un silex grossièrement façonné en un instrument tranchant. Les années suivantes, on trouva d'autres armes dans des circonstances analogues, surtout pendant la création du Champ de Mars à Abbeville, où l'on dut remuer une grande quantité de gravier, et où l'on découvrit un grand nombre de ces instruments que l'on appela des « hachettes ». En 1846, M. Boucher de Perthes publia à ce sujet son premier ouvrage intitulé : *De l'industrie primitive, ou les Arts et leur origine*. Il annonçait, dans cet ouvrage, qu'il avait trouvé des instruments

humains dans des couches appartenant certainement à l'âge
du diluvium. Dans ses *Antiquités celtiques et antédiluviennes*
(1847), il donna aussi de nombreux dessins de ces armes en
pierre; mais, malheureusement, les figures étaient si grossières qu'à peine pouvait-on reconnaître les originaux. Pendant
sept ans, M. Boucher de Perthes fit peu de convertis; on le
regardait comme un enthousiaste, presque comme un fou.
Enfin, en 1853, le docteur Rigollot, sceptique jusqu'alors, exa-
mina les graviers de Saint-Acheul, près d'Amiens, pays si
célèbre aujourd'hui, trouva plusieurs armes et crut. Cependant
la nouvelle croyance rencontra peu de faveur; nul, dit le proverbe, n'est prophète dans son pays, et M. Boucher de Perthes
ne devait pas faire exception à la règle. Enfin, cependant, le
flot tourna en sa faveur. En 1859, le docteur Falconer visita
sa collection et fit connaître l'important résultat de sa visite
aux géologues anglais. En conséquence, la vallée de la Somme
fut visitée en 1859 et en 1860, d'abord par MM. Prestwich et
Evans, et, peu de temps après, par Sir Ch. Lyell, sir R. Mur-
chison, MM. Busk, Flower, Mylne, Godwin-Austen et Galton;
les professeurs Henslow, Ramsay, Rogers; MM. H. Christy,
Rupert Jones, James Wyatt, et d'autres géologues parmi lesquels
j'étais, faisaient en même temps ce voyage. Aussi M. l'abbé
Cochet, dans son *Rapport adressé à M. le Sénateur Préfet de la
Seine-Inférieure*, 1860, après un juste tribut de louanges à
M. Boucher de Perthes et au docteur Rigollot, ne fait-il que
rendre justice à nos compatriotes en ajoutant : « Mais ce sont
les géologues anglais, en tête desquels il faut placer d'abord
MM. Prestwich et Evans..... qui..... ont fini par élever à la
dignité de fait scientifique la découverte de M. Boucher de
Perthes. »

Je fis ma première visite à la vallée de la Somme en compagnie de M. Busk, du capitaine Galton et de M. Prestwich, et
je communiquai les résultats de cette excursion à la *Natural
History Review* dans un article ayant pour titre : « Preuves de
l'antiquité de l'homme fournies par la structure physique de
la vallée de la Somme (1). » Je ne vois aucune raison de modi-

(1) *On the evidence of the antiquity of man afforded by the physical structure of the Somme valley*, par J. Lubbock, F. R. S. Avec 7 fig. *Natural
History Review*, vol. II.

fier les conclusions générales de cet article dont le chapitre
actuel n'est guère que la réimpression.

Nous examinâmes avec soin, non seulement les armes en
silex, mais aussi les couches dans lesquelles on les trouve
Mes deux compagnons avaient toutes les qualités requises
pour ces recherches : M. Prestwich à cause de sa longue expérience et de sa grande connaissance des couches tertiaires et
quaternaires; M. Evans, parce qu'il avait consacré de longues
veilles à l'étude des instruments en pierre appartenant à ce
que nous devons considérer actuellement comme le second,
ou tout au moins le plus récent âge de la pierre. De retour en
Angleterre, M. Prestwich communiqua les résultats de sa
visite à la Société royale (1), tandis que M. Evans décrivait les
instruments eux-mêmes dans les Transactions de la Société
des antiquaires (2).

M. Boucher de Perthes suggérait dans les *Antiquités celtiques* que quelques carrières à gravier, auprès de Grenelle, à
Paris, devaient, si l'on en jugeait par leur position et leur aspect, contenir probablement des instruments en silex. M. Gosse
a, en effet, trouvé des instruments en silex dans ces carrières;
c'est la première découverte de cette nature dans la vallée
de la Seine, tandis que, dans la vallée de l'Oise, M. Peigné-
Delacourt a trouvé une petite hachette à Précy, près de Creil.

Ces découvertes n'ont pas eu lieu seulement en France. Il y
a depuis longtemps, au British Museum, une grossière arme
en pierre, décrite comme il suit : « N° 246, arme anglaise,
trouvée avec une dent d'éléphant, auprès de Grayes inn lane.
Conyers. C'est un large silex noir qui a reçu la forme d'une
pointe de lance. » M. Evans nous dit, en outre *(loc. cit.,* p. 22),
« qu'un dessin grossier, représentant ce silex, illustre une
lettre sur les antiquités de Londres, par M. Bagford, datée de
1715, imprimée dans l'édition de Hearne des *Collectanea* de
Leland, vol. I, 6, pl. LXIII. D'après son récit, ce silex semble
avoir été trouvé avec le *squelette* d'un éléphant en présence
de M. Conyers. » Cette arme intéressante ressemble exacte-

(1) *On the occurrence of flint implements associated with the remains of
extinct species, in beds of a late geological period,* may 19, 1859. *Philos.
transactions,* 1860.
(2) *Flint implements in the Drift, Archæologia,* 1860-62.

ment à quelques-unes de celles trouvées dans la vallée de la Somme.

M. Evans, à son retour d'Abbeville, vit dans le musée de la Société des antiquaires quelques spécimens exactement semblables à ceux de la collection de M. Boucher de Perthes. Ces instruments en silex avaient été donnés au Musée par M. Frère,

FIG. 195.

FIG. 196.

Instrument en silex trouvé à Hoxne.

qui les avait trouvés, avec des ossements d'animaux éteints, dans une carrière à gravier à Hoxne, dans le comté de Suffolk, et qui les avait décrits et figurés dans les *Archæologia* de 1800. Cette communication a tant d'intérêt, que j'ai cru devoir reproduire ces figures réduites de moitié (fig. 195-198).

En outre, M. Whitburn de Godalming (1), en examinant des

(1) Prestwich, *Geol. Journal*, août 1861.

carrières à gravier entre Guildfort et Godalming, remarqua un

FIG. 197.

FIG. 198.

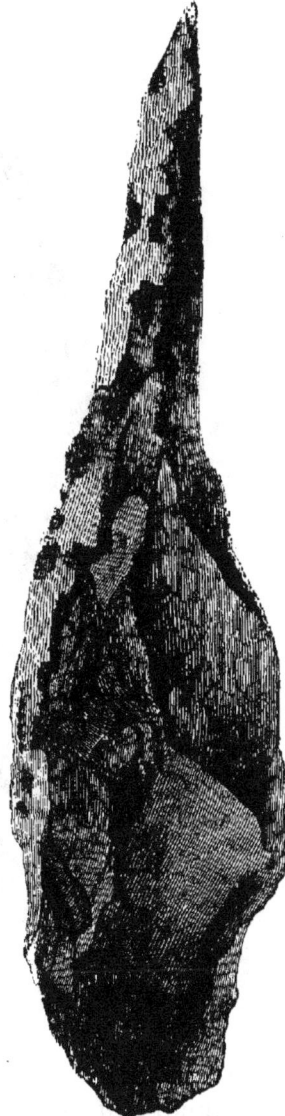

Instrument en silex trouvé à Hoxne.

silex particulier qu'il emporta et qu'il a depuis conservé dans sa collection. Il appartient au type « diluvium », mais est fort grossier. Ainsi, ce type particulier des instruments en silex a

été trouvé, dans différentes occasions, auprès des ossements
du mammouth, pendant ces cent cinquante dernières années!
Toutefois, ces exemples remarquables, tout en corroborant les

FIG. 199.

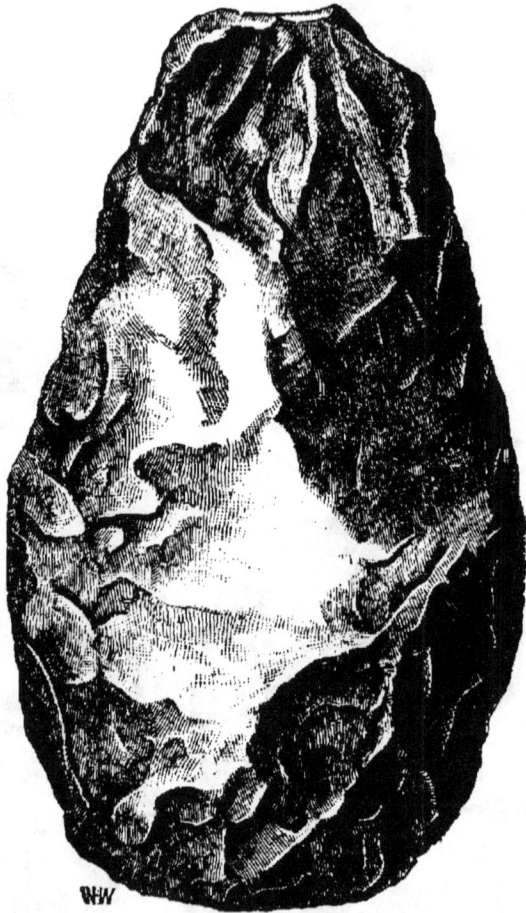

Instrument en pierre. — Madras.

découvertes faites par M. Boucher de Perthes, n'enlèvent rien
à l'honneur qui lui est dû.

Outre les armes dont nous venons de parler, on a déjà trouvé
des hachettes semblables dans différentes autres localités ;
M. Warren, par exemple, en a trouvé à Icklingham : M. Leech,
près de Herne Bay ; M. Evans lui-même à Abbot Langley ;
M. Norman, à Green Street Grenn, dans le comté de Kent ;

MM. Whitaker et Hughes, auprès de Dartford ; en un mot, des
découvertes analogues ont été faites dans la plupart des comtés
du sud-est de l'Angleterre.

M. Wyatt a trouvé, dans le gravier auprès de Bedford, asso-

Fig. 200.

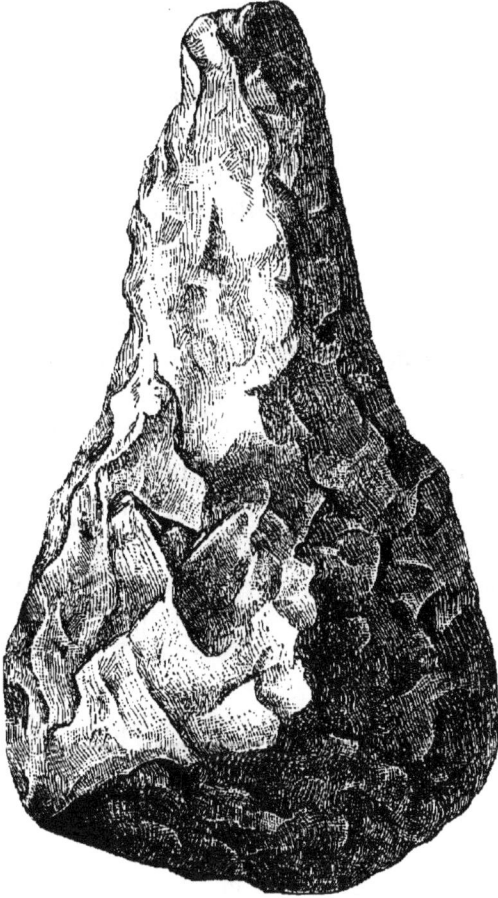

Instrument en pierre. — Madras.

ciés encore aux restes du mammouth, du rhinocéros, de l'hippopotame, du bœuf, du cheval et du daim, des instruments en
silex ressemblant aux deux types principaux d'Abbeville et
d'Amiens (1). Ce cas est très intéressant parce qu'il prouve que

(1) *Flint implements in the Drift,* par J. Wyatt; *Bedfordshire architectu-*
ral and archæological Society, 1862.

les hachettes en silex du diluvium sont postérieures au *boulder clay*; la vallée de Bedford étant creusée dans des collines surmontées par un dépôt de cette période. A Hoxne, la couche contenant les instruments en silex repose aussi sur le *boulder clay*.

Le nombre des localités sur le continent, où l'on a trouvé dans des couches de l'époque quaternaire des instruments en pierre, a aussi considérablement augmenté.

Des instruments en pierre ressemblant plus ou moins à ceux qui caractérisent l'époque paléolithique, ont été aussi découverts dans d'autres parties du monde, comme par exemple en Assyrie, dans l'Amérique septentrionale et dans l'Hindoustan ; bien que, sauf dans ce dernier pays, nous n'ayons aucune raison pour leur attribuer une haute antiquité. M. Bruce Foote (1) a décrit les spécimens indiens ; on les a trouvés dans les districts de Madras et de North Arcot; ils sont en quartzite et ont été découverts dans plusieurs cas par MM. Foote et King *in situ* à des profondeurs de 3 à 10 pieds. Les spécimens représentés (fig. 199, 200) prouvent combien ils ressemblent à nos spécimens européens, et il est intéressant de citer les paroles de M. Foote : « La superficie sur laquelle les formations argileuses étaient répandues a subi, comme nous l'avons dit déjà, de grands changements depuis leur dépôt. Une grande partie de la formation a été enlevée par dénudation, de profondes vallées se sont creusées, et sont occupées aujourd'hui par les alluvions de différents fleuves (2). » Malheureusement on n'a encore trouvé aucun ossement dans ces couches. Des agates travaillées ont été aussi trouvées dans les dépôts de la Nerbudda et dans les couches à ossements du Godavery supérieur, « qui datent sans doute de la même époque que ceux de la Nerbudda ; ils contiennent l'*Elephas insignis*, l'*E. Namadicus*, l'*Hippopotamus palæindicus*, le *Bos palæindicus*, et le *B. Namadicus* (3). »

Les spécimens trouvés dans la vallée de la Somme se rattachent, comme j'essayerai de le prouver, au système fluvial

---

(1) *On the occurrence of stone implements in lateritic formations in various parts of the Madras and North Arcot districts*, par R. Bruce Foote.

(2) *Loc. cit.*, p. 28.

(3) Blandford, *Geol. Magazine*, février 1866.

actuel, et il en est de même pour ceux qu'on a dès l'abord découverts en Angleterre. Des recherches plus récentes, cependant, ont fait connaître des cas où des instruments en silex ont
été trouvés dans des couches de gravier qui n'ont aucune relation avec le système fluvial actuel. M. Flower a appelé l'attention sur plusieurs dépôts semblables dans les comtés orientaux
de l'Angleterre, et j'ai eu l'avantage de les visiter avec lui. La
couche de gravier de Shrub Hill, par exemple, est une petite
colline de gravier d'environ quinze pieds d'épaisseur, s'élevant
au milieu d'un marais près d'Ely et entouré de tous côtés par
un district très bas. Cependant on a découvert dans cette
couche, et surtout dans sa partie inférieure, de nombreux instruments en silex du type paléolithique.

On a aussi trouvé, *in situ*, dans le Hampshire quelques spécimens dans une masse de gravier d'alluvion qui recouvre les
couches tertiaires et qui est traversé par tous les courants d'eau
qui s'écoulent actuellement dans le fleuve, à Southampton.
Cette masse de gravier d'alluvion, d'ailleurs, n'existe pas seulement sur la terre ferme, mais recouvre aussi les dunes de
Foreland à l'est de l'île de Wight, où un instrument ovale en
silex a été récemment découvert par M. E. Codrington. Comme
M. Evans l'a fait remarquer, cette découverte semble prouver
que l'homme habitait ce pays avant que le bassin de Southampton ne fût formé, ou que l'île de Wight ne fût séparée de la
terre ferme; nous pouvons donc regarder ces instruments
comme une des preuves les plus frappantes de l'antiquité de
l'homme, qu'elles reportent à une période beaucoup plus ancienne que celles qui lui avaient été assignées jusqu'ici.

Nous ne pouvons donc nous étonner que les découvertes de
M. Frere aient passé inaperçues pendant plus d'un demi-siècle;
que l'arme trouvée par M. Conyers ait été ignorée pendant plus
d'un siècle; que, pendant quinze ans, on n'ait pas voulu croire
aux découvertes de M. Boucher de Perthes; qu'on ait supprimé,
qu'on ait voulu passer sous silence les exemples nombreux de
cavernes, qui contenaient des restes de l'industrie humaine
mêlés aux restes d'espèces éteintes. Ce sont là des faits qui
prouvent combien était enracinée la conviction que l'homme
appartient à un ordre de choses plus récent; et, quels que
soient les torts que l'on puisse reprocher aux géologues, on ne

pourra pas dire au moins qu'ils ont adopté sans réflexion la
théorie de la coexistence de la race humaine avec les Pachydermata, actuellement éteints, de l'Europe occidentale.

Or, quoique tous les géologues distingués dont j'ai parlé se
soient prononcés plus ou moins ouvertement en faveur de la
grande antiquité de ces armes curieuses, je ne désire cependant
pas les prendre pour juges ; je me réserve seulement le droit de
les appeler en témoignage.

On peut résumer ainsi les questions à résoudre :

1° Les prétendus instruments en silex sont-ils des produits
de l'industrie humaine?

2° Les instruments en silex appartiennent-ils à la même période que les couches dans lesquelles on les trouve, et que les
ossements des animaux éteints auxquels ils sont mêlés?

3° Quelles sont les conditions dans lesquelles ces couches ont
été déposées? Et jusqu'à quel point sommes-nous autorisés à
leur attribuer une haute antiquité?

Les géologues qui ont étudié ce sujet répondent unanime-
ment par l'affirmative aux deux premières questions. « Pendant plus de vingt ans, dit le professeur Ramsay, j'ai manié
tous les jours des pierres façonnées, soit par la nature, soit par
l'homme, et les hachettes en silex d'Amiens et d'Abbeville sont
pour moi aussi évidemment des ouvrages d'art que les couteaux
de Sheffield (1). » Mais, mieux encore, une heure ou deux,
consacrées à examiner les formes extraordinaires de cailloux
de silex, convaincraient qui que ce soit que ces pierres, toutes
grossières qu'elles sont, sont sans contredit le produit du travail de l'homme.

On pourrait supposer, cependant, que ce sont des spécimens
fabriqués par d'ingénieux ouvriers pour tromper des géologues
naïfs. Mais ces silex ont été trouvés par MM. Boucher de Perthes, Henslow, Christy, Flower, Wyatt, Evans, par moi-même
et par bien d'autres, dans des circonstances qui excluent toute
idée de déception. M. Evans décrit ainsi un de ces silex qu'il
a vu *in situ*, bien qu'il ne l'ait pas trouvé lui-même : « Ce silex
reposait dans le gravier à une profondeur de 18 pieds de la
surface, et à 6 pieds 1/2 de la craie. Un côté ressortait un peu.

(1) *Athenæum*, 16 juillet 1859.

Le gravier qui l'entourait n'avait pas été remué et présentait sa face perpendiculaire ordinaire. J'examinai le spécimen avec soin et ne vis aucune raison de penser qu'il ne fût pas dans sa position naturelle, car le gravier est ordinairement si mou, qu'un seul coup de pioche le dérange sur une surface comparativement considérable, et la matrice est trop peu adhésive pour qu'on puisse la reconstruire avec les mêmes matériaux... Plus tard, en enlevant le silex, je vis que c'était le côté étroit qui ressortait, l'autre côté étant beaucoup moins fini et plus épais (1). » Mais les preuves de cette nature, quoique intéressantes, ne sont pas nécessaires; *les silex racontent leur propre histoire.* Ceux qui ont séjourné dans des sables siliceux ou crayeux sont plus ou moins polis, et ont une surface magnifiquement lustrée qui ne ressemble en rien à celle d'un silex nouvellement brisé. Ils prennent une teinte jaune dans les sables ocreux et surtout argileux, brune dans les argiles et les sables ferrugineux, blanche et porcelaine dans quelques couches. Dans bien des cas, en outre, ils sont couverts d'incrustations de carbonate de chaux et portent des marques de petites dendrites. Les silex de craie nouvellement brisés, au contraire, ont une couleur noire, sombre ou plombée; leur teinte sombre varie en degré, mais leur couleur ne varie pas, ils ne présentent jamais une surface blanche ou jaune. En outre, les nouvelles surfaces sont ternes et n'ont jamais le lustre de celles qui ont été longtemps exposées aux influences extérieures. Il est presque inutile d'ajouter qu'ils ne portent ni marques de dendrites, ni incrustations de carbonate de chaux.

Or les instruments en silex nouvellement fabriqués, car il existe des fraudes semblables, diffèrent des vrais instruments antiques par les caractères mêmes qui distinguent les silex nouvellement brisés de ceux qui sont restés longtemps ensevelis dans le sable ou le gravier, ou exposés aux influences atmosphériques. Ils sont noirs, jamais blancs ou jaunes; leurs surfaces ne sont pas lustrées, mais ternes, et ils ne portent aucune trace de dendrites ou d'incrustations. Un coquin ingénieux ne pourrait même pas nous tromper en prenant un silex teinté et en en faisant une hachette, car la décoloration du silex est

---

(1) *Phil. Trans.*, 1860, p. 292.

toute superficielle ; elle a rarement plus d'un quart de pouce
d'épaisseur, et elle suit la forme de la surface actuelle, ce qui
prouve que le changement de couleur s'est produit après la fabrication ; or, si un semblable silex avait été falsifié, on découvrirait facilement la fraude, car chaque coup enlèverait une
partie de la couche extérieure et exposerait l'intérieur noir du
silex.

D'ailleurs, il faut se rappeler que, lors de la publication de
l'ouvrage de M. Boucher de Perthes, les armes qu'il décrivait
étaient entièrement différentes de celles familières aux archéologues. Depuis ce temps, cependant, on a trouvé non seulement des instruments semblables en Angleterre et en France,
mais, comme nous l'avons déjà dit, on a reconnu que des
armes semblables avaient été, dans deux occasions, décrites et
figurées en Angleterre, il y a bien des années, et que, dans ces
deux cas, on les avait trouvées au milieu des ossements d'animaux disparus. Sur ce point donc, aucune preuve ne saurait
être plus concluante.

Nous pouvons donc passer au second point et examiner « si
les instruments en silex sont aussi anciens que les couches
dans lesquelles on les trouve, et que les restes de mammifères
éteints qui les accompagnent ».

Quelques écrivains ont suggéré que, bien qu'on trouve les
silex dans les graviers contenant des restes de mammifères, ils
peuvent être comparativement récents et appartenir réellement
à la période néolithique de l'âge de la pierre ; que leur propre
poids les a fait enfoncer graduellement ou qu'ils ont été enterrés dans des excavations artificielles. Il n'y a cependant ni crevasses, ni fissures, à travers lesquelles ils auraient pu arriver
à la position qu'ils occupent et les couches « sont trop com-
pactes pour qu'on puisse admettre l'infiltration d'objets provenant de la surface (1) ». Des excavations anciennes n'auraient
pas non plus pu être faites, puis comblées, sans laisser des
traces évidentes de changements. Nous pouvons d'ailleurs,
dans ce cas, en appeler aussi aux instruments de silex eux-
mêmes, qui, comme nous l'avons déjà vu, ont la couleur et
l'aspect du gravier dans lequel ils se trouvent ; il semble donc

(1) *Blackwood's Magazine*, october, 1860.

fort raisonnable de supposer qu'ils ont été soumis aux mêmes influences. En outre, s'ils appartenaient à l'âge de la pierre récent, et s'ils s'étaient introduits par accident dans ces graviers, ils devraient alors correspondre aux autres instruments en silex de l'âge de la pierre. Mais il n'en est pas ainsi. Les éclats, il est vrai, ne présentent aucune forme particulière. Les tribus sauvages de tous les temps et de tous les pays, pour remplacer le métal, se sont servies d'éclats semblables de silex ou d'obsidienne. Les autres instruments, au contraire, sont très caractéristiques. Tous ceux découverts jusqu'à présent sont en silex, alors que, pendant l'âge de la pierre, on employait bien d'autres minéraux, tels, par exemple, que la serpentine, le jade, l'ardoise, etc. Les formes sont aussi toutes particulières, les uns sont ovales et le coupant règne tout autour, ils ont de 2 à 8 ou 9 pouces de longueur. Ils rappellent les pierres de fronde, mais quelques-uns, tout au moins, sont trop grands pour un tel usage. Un second type affecte aussi la forme ovale, mais ils sont quelque peu pointus à une extrémité (fig. 195, 196). D'autres enfin (fig. 197, 198) ont un gros bout plus ou moins pesant et sont pointus à l'autre extrémité. M. Evans (1) semble croire que ces derniers ont dû servir de pointe de lance. Il regarde comme une simple variété de ce type les instruments dont le coupant est arrondi au lieu d'être pointu. Quelques-uns de ceux-là, sans doute, étaient destinés à être tenus à la main, et avaient probablement un emploi différent. On pourrait, je pense, les considérer, à juste titre, comme un quatrième type, mais il faut avouer que tous ces types se confondent beaucoup et, dans toute collection considérable, on peut trouver bien des formes intermédiaires. L'extrémité la plus petite est, dans tous les cas, l'extrémité coupante, tandis que c'est presque toujours le contraire dans les haches celtiques ovales de la période néolithique de l'âge de la pierre (fig. 97 et 98, t. Ier, p. 89).

En outre, les instruments en silex du diluvium ne sont jamais polis, ils sont toujours rugueux. Nous pourrions dire, sans craindre de nous tromper, qu'on en a déjà trouvé cinq mille au moins dans les graviers du diluvium de l'Angleterre et de la France, et, sur ce nombre considérable, il n'y en a pas un

(1) *Loc. cit.*, p. 11.

seul qui offre la moindre trace de polissage ; or nous savons que
les haches celtiques de l'âge de la pierre récent sont presque
toujours polies. Il est vrai que ce n'est pas là une règle inva-
riable ; ainsi, au Danemark, il y a deux formes de prétendues
haches, les petites haches triangulaires des kjökkenmöddings
(fig. 108-110, t. Ier, p. 95), qui sont invariablement rugueuses, et
les grandes haches carrées qui le sont presque toujours. Mais
ces deux instruments, par leur forme, ne ressemblent en aucune
façon à ceux trouvés dans le diluvium, et l'on ne pourrait pas les
prendre les uns pour les autres. On ne s'avancerait certes pas
trop en disant qu'on ne pourrait pas citer un seul cas authentique d'un celt trouvé dans le diluvium, ou d'un instrument du
type diluvium découvert, soit dans un tumulus, soit accompagné de débris de l'âge de la pierre récent.

Il est inutile de spéculer sur l'emploi de ces armes grossières, mais vénérables. Nous pourrions presque aussi bien demander : à quoi ne pouvaient- elles pas servir? Quelque nombreux, quelque spéciaux que soient nos instruments modernes,
qui pourrait décrire l'usage exact d'un couteau? Mais le sauvage primitif n'avait pas un semblable choix d'instruments ;
nous avons peut-être devant les yeux tout le contenu de ses
ateliers ; et, avec ces instruments, quelque grossiers qu'ils
puissent nous paraître, il a pu, peut-être, couper des arbres,
les creuser pour en faire des canots, arracher des racines, attaquer ses ennemis, tuer et dépecer les animaux qui lui servaient
d'aliments, faire des trous dans la glace pendant l'hiver, préparer du bois pour son feu, etc.

L'absence presque complète d'ossements humains dans les
couches contenant des instruments en silex, fait qui a paru si
inexplicable à quelques savants que, pour eux, cela jette un
doute sur toute la question, ce fait, dis-je, si on l'examine de
près, est moins extraordinaire qu'il ne semble à première vue.
Si, par exemple, nous étudions d'autres débris de stations humaines, nous trouvons une répétition du même phénomène.
Ainsi, dans les kjökkenmöddings danois, où les silex travaillés
sont mille fois plus nombreux que dans le gravier de Saint-
Acheul, les ossements humains sont excessivement rares, on
n'a en somme trouvé qu'un seul os humain. A cette époque,
de même que pendant le diluvium, les hommes vivaient du

produit de leur chasse et de leur pêche, et ne pouvaient pas, par conséquent, être très nombreux. Dans l'ère, cependant, des habitations lacustres de la Suisse, le cas est différent. M. Troyon estime la population des « Pfahlbauten », pendant l'âge de la pierre, à environ 32 000 âmes; pendant l'âge du bronze, à 42 000. L'ingénieux auteur de ces calculs n'a probablement pas lui-même grande foi à ces résultats; cependant le nombre des villages lacustres déjà connu est très considérable; on en a découvert plus de soixante-dix dans quatre lacs de la Suisse, et quelques-uns ont une grande étendue; Wangen, par exemple, selon M. Lohle, est supporté par plus de 50 000 pilotis. Et cependant, si nous en excluons quelques ossements d'enfants, on n'a trouvé que six fois des ossements humains dans ces stations. On ne suppose pas que le nombre des instruments en silex, trouvés, jusqu'à présent, dans le diluvium de la vallée de la Somme, excède de beaucoup 5000 (1); la station de Concise (lac de Neuchâtel) en a produit environ 24000, et, cependant, on n'y a pas trouvé un seul squelette humain (2). Cette absence d'ossements humains doit probablement être attribuée en partie à l'habitude d'enterrer ou de brûler les cadavres: l'instinct de l'homme l'a presque toujours poussé à enterrer ses morts loin de lui; cependant, quant au diluvium de Saint-Acheul, l'objection disparaît complètement si nous nous rappelons qu'*on n'a encore trouvé les restes d'aucun animal aussi petit que l'homme.* Les os les plus grands et les plus solides de l'éléphant et de l'hippopotame, du bœuf, du cheval et du cerf (3)

(1) Un des tumuli de la vallée du Mississippi contenait, dit-on, à lui seul, près de quatre mille instruments en pierre. Ce doit être cependant un cas exceptionnel.

(2) Rapport à la Commission des musées, octobre 1861, p. 16.

(3) Les os du cerf doivent peut-être leur conservation à une autre cause. Le professeur Rütimeyer nous dit que, dans les Pfahlbauten, les ossements du cerf sont ceux qui se sont le mieux conservés; c'est la conséquence, dit-il, de leur *dichten Gefüge, ihrer Härte und Sprödigkeit, so wie der grossen Fettlosigkeit*, qualités qui les recommandaient si fortement aux hommes de l'âge de pierre, qu'ils les employaient de préférence à tout autre, presque exclusivement même, pour la fabrication des instruments qu'on pouvait faire en os. (*Fauna der Pfahlbauten*, p. 12.) — Les géologues savent combien les os du cerf sont communs dans les couches quaternaires, et c'est là, peut-être, une explication du fait. Les Esquimaux préfèrent encore aujourd'hui le bois du renne pour la fabrication de leurs armes. (Sir E. Belcher, *Trans. Ethn. Soc.*, vol. I, p. 139.)

existent, mais tout vestige d'os plus petits a disparu. Personne
ne peut supposer que cette courte liste représente la faune
mammifère de cette époque et de ce pays. Quand nous aurons
trouvé les restes du loup, du sanglier, du daim, du blaireau,
qui existaient pendant la période du diluvium, alors, et seulement alors, nous pourrons peut-être commencer à nous étonner de l'absence entière de squelettes humains.

Il faut se rappeler aussi que, pour que l'homme puisse vivre
du produit de sa chasse, il doit y avoir, pour chaque habitant,
un grand nombre d'animaux sauvages. Chez les Lapons, 100 rennes est le nombre minimum qui puisse faire vivre un homme,
et nul n'est riche s'il n'en possède au moins de 300 à 500. Mais
les rennes sont des animaux domestiques, et leur lait est un
important article d'alimentation. Dans le cas d'animaux sauvages, nous pouvons affirmer qu'un plus grand nombre même
serait nécessaire. Le territoire de la baie d'Hudson comprend,
dit-on, environ 900 000 000 d'acres. On estime le nombre des
Indiens à 139 000. En supposant un animal sauvage par chaque
20 acres, ce serait environ 300 animaux par Indien. En outre,
si nous considérons la plus grande longévité de l'homme,
nous devons multiplier ce chiffre par six ou même par
plus.

Nous pouvons encore essayer de nous rendre compte de ce
fait de la manière suivante. La compagnie de la baie d'Hudson
a reçu, en 1866, 1 250 000 peaux consistant en :

Castors	144 744
Renards	32 982
Lynx	68 040
Martes	92 373
Loutres	73 149
Rats musqués	608 396
Loutres mâles	14 376
Lapins	105 909
Ours	6 457
Racaou	24 860
Loups	7 429
Divers	63 950

} 1 242 765

Le nombre des Indiens est estimé à 139 000 et Hearne
constate que chacun d'eux emploie au moins vingt peaux
de daim pour son habillement, sans compter celles qu'ils
emploient pour leurs tentes, leurs sacs, etc.; ce qui
nous donnerait 139.000 × 20 . . . . 2 780 000

Mais les peaux de daims ne sont bonnes à faire des
vêtements que quand ces animaux sont tués pendant
deux mois particuliers de l'année, et, comme on obser-
vera que la majorité des animaux énumérés plus haut
ne peuvent servir à l'alimentation, il faut en tuer d'autres en quantité suffisante pour se nourrir pendant les
dix autres mois. Or comptons que chaque Indien ait besoin d'un animal par mois, ce qui est probablement
vrai, nous aurons encore 139 000 × 10. . . . . 1 390 000

Ce qui donne un total de. 5 442 765

En admettant que les Indiens tue un animal sur vingt, nous
aurons 108 000 000 pour 139 000 Indiens, ou environ 750 animaux
par homme, chiffre qu'il conviendrait d'augmenter à cause de
la plus grande longévité de l'homme. Le docteur Rae, dont l'expérience est si grande en semblables matières, a été assez bon
pour examiner les calculs ci-dessus, qu'il considère comme fondés ; mais, bien entendu, ils ne sont pas présentés comme exacts.

On peut observer, enfin, que l'homme est moins sujet à être
noyé par une inondation soudaine que ne le sont les autres
mammifères (1). Il est donc fort naturel que les ossements d'animaux soient beaucoup plus abondants dans les graviers que
ceux des hommes.

Il ne faudrait pas supposer, d'ailleurs, qu'on n'ait jamais
trouvé d'ossements humains dans les couches de gravier. Sans
parler de la mâchoire inférieure humaine trouvée dans la carrière de Moulin-Quignon, qui a soulevé tant de discussions et
tant de divergences d'opinions, je puis citer la découverte d'ossements humains faite par M. Bertrand (2), à Clichy, dans la
vallée de la Seine. Parmi ces ossements, sur l'authenticité et
l'antiquité desquels aucun doute ne semble s'être élevé, se
trouvait un crâne qui a été examiné par M. Lartet ; ce crâne a
un caractère dolichocéphalique prononcé.

Nous n'avons jusqu'ici répondu qu'en partie à la seconde
des deux questions que nous avons soulevées. Même en admettant
que les haches de silex sont contemporaines des graviers dans
lesquels on les rencontre, il reste à montrer que les os de ces
animaux éteints appartiennent aussi à la même période. Ceci a
d'abord été mis en doute par quelques géologues qui supposè-

(1) Voir, par exemple, Bakie, *Exploring voyage up the Kwora,* p. 215.
(2) *Les Mondes,* 1869, p. 64.

rent que ces os avaient pu être entrainés hors de couches plus anciennes.

Cependant, si ces ossements appartiennent à une période plus reculée que celle des graviers, on pourrait se demander où sont les restes des animaux qui existaient à cette époque? En outre, les ossements, bien qu'ils soient quelquefois usés et brisés, ne sont, en règle générale, selon M. Prestwich (1), pas roulés du tout, ou ne le sont que très légèrement.

Secondement, ces espèces, et particulièrement le mammouth et le *Rhinoceros tichorhinus*, sont les espèces caractéristiques les plus communes de ces couches, non seulement dans la vallée de la Somme, mais dans tous les graviers diluviens de l'Angleterre et de la France. Or, si elles appartenaient réellement à une période antérieure, elles ne se présenteraient pas si constamment, ou, tout au moins, seraient accompagnées par d'autres espèces qui caractérisent ces époques.

Troisièmement, les matériaux formant les graviers diluviens de la vallée de la Somme proviennent tous de la surface actuelle que draine cette rivière, et il n'y a pas, dans ce district, de couches plus anciennes, d'où les restes de ces mammifères éteints auraient pu être entrainés. Il y a, il est vrai, des lambeaux détachés de couches tertiaires, mais les restes de mammifères que contiennent ces couches appartiennent à des espèces différentes et beaucoup plus anciennes.

Quatrièmement, quant au rhinocéros, M. Baillon nous affirme positivement qu'on a trouvé à Menchecourt, près d'Abbeville, tous les os d'une jambe de derrière de l'un de ces animaux, et que le reste du squelette a été découvert à peu de distance. Dans ce cas donc l'animal doit avoir été enseveli avant que les ligaments aient été détruits.

M. Casciano de Prado a fait une découverte analogue en Espagne, près de Madrid. En cet endroit, la coupe du terrain est ainsi que suit : D'abord de la terre végétale, puis une couche d'environ vingt-cinq pieds de sable et de cailloux, sous laquelle se trouve un dépôt de terre glaise sablonneuse dans laquelle on trouva, en 1850, un squelette de mammouth. Au-dessous de cette couche il y a environ dix pieds de grossier gravier dans

(1) *Phil. trans. (loc. cit.,* p. 300).

lequel on découvrit des haches en silex, ressemblant beaucoup
à celles d'Amiens.

Enfin, M. Lartet (1) nous assure que quelques os du rhinocéros
portent des entailles faites avec des instruments en silex ; bien
plus, il a prouvé, « par des essais comparatifs sur des parties
semblables d'animaux existants, que des incisions présentant
un tel aspect ne peuvent être faites que sur des os frais, qui
ont encore leur cartilage ».

Il ne semble donc pas y avoir plus de raison pour supposer
que les ossements des mammifères éteints proviennent de couches anciennes, et qu'ils ont été entraînés dans les graviers
diluviens, que d'attribuer une semblable origine aux instruments eux-mêmes. Nous pouvons donc, je crois, regarder comme
un fait bien établi que le mammouth et le *Rhinoceros tichorhinus,*
aussi bien que les autres mammifères dont nous avons parlé plus
haut, coexistaient avec les sauvages qui se servaient des grossières hachettes du diluvium, alors que les graviers de la Somme
ont été déposés.

Nous pouvons donc répondre par l'affirmative à la seconde
des trois questions que nous avons posées (page 38).

Devons-nous donc reporter l'apparition de l'homme sur la
terre fort loin dans le passé, ou pouvons-nous conserver la
date qui lui est ordinairement attribuée, en supposant que les animaux éteints ont vécu à une époque comparativement récente ?
L'absence de toute tradition, quant à la présence de l'éléphant
et du rhinocéros en Europe, nous fait remonter beaucoup en
arrière, si nous comptons par années, mais bien peu si nous
prenons les époques géologiques pour mesure ; nous devons,
par conséquent, essayer de résoudre cette question en examinant les graviers diluviens eux-mêmes, en étudiant les matériaux qui les composent et les positions qu'ils occupent, afin
de déterminer, s'il est possible, les conditions dans lesquelles
ils se sont déposés et le laps de temps écoulé depuis.

La figure 201 représente une coupe transversale de la vallée
de la Somme, à Abbeville ; je l'emprunte au premier mémoire de
M. Prestwich (2), qui a longtemps étudié les couches quater-

(1) *Geological Journ.*, vol. XVI, p. 471.
(2) *Phil. trans.*, 1860.

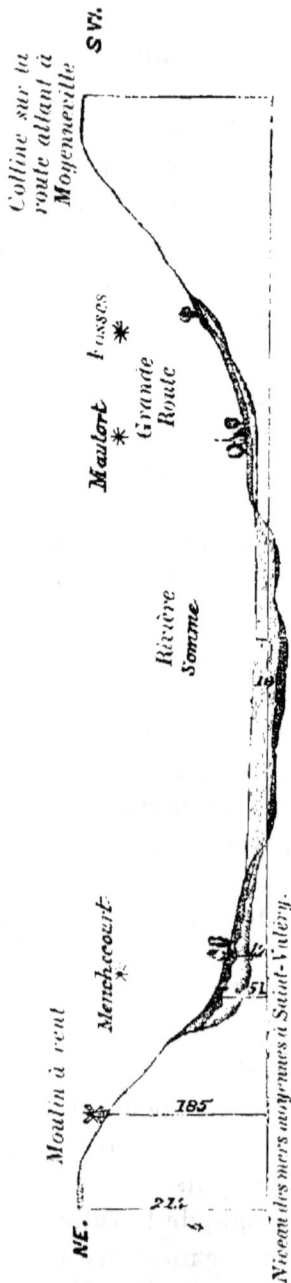

Fig. 201.

Colline sur la route allant à Moyenneville

S.V.

Maulort Fosses

Grande Route

Rivière Somme

Menchecourt

Moulin à vent

NE.

185

211

Niveau des mers moyennes à Saint-Valéry.

51

Section transversale de la vallée de la Somme, à Abbeville.

naires, et qui a fait plus que qui que ce soit pour les expliquer. Nous trouverions presque le même arrangement et la même position des différentes couches, non seulement à Saint-Acheul, mais dans toute la vallée de la Somme, partout où les couches de gravier les plus élevées n'ont pas été enlevées plus tard par l'action de la rivière. A Saint-Valéry même, à l'embouchure actuelle de la rivière, j'ai trouvé une couche de gravier à une hauteur considérable au-dessus du niveau de la mer. Ceci semblerait indiquer qu'à l'époque de ces graviers, situés à un niveau si élevé, la Manche était plus étroite qu'elle ne l'est à présent, ce que l'histoire, d'ailleurs, affirme positivement. En 1605 déjà, notre compatriote Verstegan faisait remarquer que les vagues et la marée rongeaient nos côtes. Sir C. Lyell (1) donne beaucoup de détails à ce sujet, et il paraît qu'à une époque aussi récente que le règne de la reine Élisabeth, la ville de Brighton était située sur le site occupé actuellement par la jetée.

M. Prestwich (2) a fait remarquer que les vallées du Lark, du Waveney, de l'Ouse, etc., et même celle de la Seine, présentent une coupe semblable à celle de la vallée de la Somme. Il est donc très probable que, dans toutes les vallées de nos rivières, se trouvent des lambeaux de vieux graviers laissés par le fleuve à différentes hauteurs, avant qu'il ait creusé son lit à sa profondeur actuelle. M. Prestwich considère que les

(1) *Principles of Geology*, p. 315.
(2) *Phil. trans.*, 1864.

couches de sable et de gravier peuvent ordinairement se diviser en deux séries plus ou moins distinctes, l'une continue au fond des vallées et s'élevant peu au dessus du niveau de l'eau, il nomme cette série les graviers de bas niveau; l'autre, qu'il nomme les graviers de haut niveau, se trouvent en masses détachées à une hauteur de 50 à 200 pieds au-dessus du fond de la vallée. Je crois que ce sont là les deux extrémités d'une seule série, autrefois continue, mais qui, aujourd'hui, présentent ordinairement quelques interruptions. La figure 202 représente une vue plus complète de la couche à Saint-Acheul, auprès d'Amiens. Après avoir enlevé la couche végétale supérieure, nous avons :

1º Une couche de terre à briques (*a*) de 4 à 5 pieds d'épaisseur. Cette couche contient quelques silex angulaires.

2º Au-dessous, une couche mince de gravier angulaire (*b*), de 1 à 2 pieds d'épaisseur.

3º Encore plus bas une couche de marne sablonneuse (*c*), épaisse de 5 ou 6 pieds; elle contient des coquilles terrestres et d'eau douce, qui, quoique très délicates, sont ordinairement dans un parfait état de conservation.

4º Au-dessous de toutes ces couches et immédiatement au-dessus de la craie, se trouve la couche de gravier en partie roulé (*d*) dans laquelle se trouvent les instruments en silex. Cette couche contient aussi un grand nombre de cailloux tertiaires bien roulés.

Au commencement de l'ère chrétienne on avait établi un cimetière en cet endroit; les fosses descendent ordinairement jusque dans la marne sablonneuse, les limites en sont distinctement marquées, comme dans la figure 140, *f*; fait important, parce qu'il prouve que les autres couches n'ont pas été remuées depuis quinze cents ans. Quelques cercueils sont en craie dure (fig. 140, *e*), d'autres en bois; dans ce dernier cas, les clous et les crochets ont seuls subsisté, tout le bois a disparu sans même laisser une trace. En descendant la colline vers la rivière, on voit l'extrémité de toutes ces couches, et l'on finit par se trouver sur la craie; mais à un niveau inférieur, on retrouve une autre couche de gravier ressemblant à la première, mais surmontée d'une couche de terre à briques connue ordinairement sous le nom de loess. Cette couche inférieure est celle que M. Prestwich appelle le gravier de bas niveau.

Ces couches donc sont des témoins ; mais de quoi ? Sont-elles plus anciennes que la vallée ou la vallée est-elle plus ancienne qu'elles ? Sont-elles le résultat de causes encore en opération ou le produit de cataclysmes, heureusement terminés à présent ?

Si on peut prouver que la rivière, un peu grossie peut-être à cause de la plus grande extension des forêts à ces antiques époques et aussi par un climat autre, a creusé la vallée actuelle et déposé les couches ci-dessus mentionnées, il faudra s'écrier

FIG. 202.

Coupe à Saint-Acheul.

avec l'auteur de l'article du *Blackwood Magazine* : « On reste stupéfait à la pensée de l'antiquité si reculée qu'impliquent pour la famille humaine les longs siècles qu'il a fallu aux calmes rivières de la France orientale pour creuser une plaine tout entière jusqu'au niveau où elles coulent actuellement ; cette pensée revêt une grandeur fascinatrice quand la similitude géologique nous amène à étendre cette hypothèse à tout l'ensemble des frontières nord-ouest du continent, et à reconnaître que, depuis la vallée de la Seine jusqu'aux côtes orientales de la Baltique, toutes les vallées, tous les ravins, en un mot tous les reliefs de la surface, ont été modelés par les eaux depuis que l'homme est sur la terre. »

Mais, d'un autre côté, on a soutenu que ces faits si calmes peuvent s'expliquer par les « résultats de changements violents et soudains, qui ne sont compatibles qu'avec des périodes beaucoup plus courtes ». Ce raisonnement, je cite encore le *Blackwood*, serait probablement ainsi qu'il suit :

« En admettant que le relief préexistant, ou plutôt que l'excavation de la surface ait été quelque peu ce qu'elle est aujourd'hui, on pourrait expliquer la présence du gravier, en supposant qu'un mouvement soudain des terres et du fond de la mer ressemblant à un tremblement de terre, ou qu'une série de semblables mouvements, a jeté une partie des eaux, temporairement soulevées, à la surface de la terre. »

Examinons cependant les couches, et voyons si les preuves qu'elles nous fournissent sont réellement aussi confuses et aussi contradictoires.

Si nous prenons la coupe faite à Saint-Acheul et que nous commencions par en bas, nous trouvons d'abord les graviers partiellement arrondis, au milieu desquels, et surtout dans la partie inférieure, se trouvent les instruments en silex.

Ces couches contiennent rarement des débris végétaux. On a cependant trouvé à Hoxne de grands morceaux de chênes, d'ifs et de sapins. Les mammifères aussi n'y sont qu'en petit nombre; le mammouth, l'*Elephas antiquus*, plusieurs espèces de *Bos*, le *Cervus* et l'*Equus* sont les seuls qu'on ait encore trouvés à Saint-Acheul, quoique des couches du même âge, dans d'autres parties de l'Angleterre et de la France, aient produit le *Rhinoceros tichorhinus*, le *Cervus tarandus* et diverses autres espèces. Les Mollusques, toutefois, sont plus nombreux; ils ont été identifiés par M. J. G. Jeffreys, qui trouve dans le gravier de haut niveau trente-six espèces, toutes terrestres ou d'eau douce, et toutes appartenant à des espèces encore existantes. A peine est-il nécessaire d'ajouter qu'on ne trouve pas ces coquillages dans le gravier grossier, mais seulement çà et là, aux endroits où des conditions plus tranquilles, indiquées par des matériaux plus fins, les ont préservés de la destruction. C'est là une réponse concluante à la suggestion que le gravier a pu être porté à sa hauteur actuelle par une irruption soudaine des eaux de la mer. Dans ce cas, nous trouverions des restes marins; mais, comme il n'en est rien, comme tous les fossiles appartiennent à des animaux qui vivent sur terre ou habitent l'eau douce, il est évident que cette couche, n'étant pas subaérienne, doit être un dépôt d'eau douce, et comme les coquillages les plus délicats sont entiers, il est également évident qu'ils ont été déposés dans une eau tranquille et non à la suite d'un cataclysme.

Mais le gravier lui-même nous en apprend encore bien davantage. La Somme coule à travers un pays où il n'y a pas de rochers plus anciens que la craie, et le gravier de la vallée de cette rivière consiste entièrement en silex de craie et en débris tertiaires (1). La Seine, d'un autre côté, reçoit des tributaires qui déversent dans son sein les débris d'autres formations. Dans la vallée de l'Yonne, nous trouvons des fragments de rochers cristallins amenés du Morvan (2). L'Aube traverse des couches crétacées et jurassiques, et les graviers de la vallée sont entièrement composés de matériaux provenant de ces formations. La vallée de l'Oise est, sous ce rapport, particulièrement instructive : « De Maquenoise à Hirson (3), la vallée ne présente que des fragments plus ou moins roulés des roches de transition que traverse la rivière. En descendant à Etréaupont, on trouve des calcaires jurassiques et des silex de la craie, formations qui ont succédé aux roches anciennes.

« A Guise, le dépôt erratique... est composé de quartzites et de schistes de transition, de quelques grès plus récents, de silex de la craie, et surtout de quartz laiteux dont le volume varie depuis celui de la tête jusqu'à celui de grains de sable... Au delà, les fragments de roches anciennes diminuent graduellement en volume et en nombre. » A Paris, les débris granitiques amenés par l'Yonne forment une proportion notable du gravier; à Précy, auprès de Creil, sur l'Oise, les fragments d'anciens rochers sont abondants ; mais, plus bas, sur la Seine, à Mantes, ils diminuent beaucoup, et à Rouen et à Pont-de-l'Arche, je n'en ai vu aucun, quoiqu'une recherche plus minutieuse m'en eût sans doute fait découvrir. Cet exemple de l'Oise est très intéressant, à cause de la précieuse évidence que contient la citation ci-dessus; en outre, bien que cette rivière, comme un coup d'œil jeté sur la carte le prouvera, coule à angle droit avec la Somme, aucune des anciennes roches qui forment la vallée de l'Oise n'a fourni de débris à la vallée de la Somme, et cependant les deux rivières sont, en un

(1) **Buteux**, *loc. cit.*, p. 98.
(2) **D'Archiac**, *Progrès de la géologie*, p. 163.
(3) *Idem*, *loc. cit.*, p. 155.

certain point, à 6 milles l'une de l'autre et ne sont séparées que par une colline ayant seulement 80 pieds de haut.

La même division se présente entre la Seine et la Loire : « Bien que la ligne de partage des eaux de la Loire et de la Seine, entre Saint-Amand (Nièvre) et Artenay, au nord d'Orléans, soit à peine sensible, aucun débris de roches venant du centre de la France, par la vallée de la Loire, n'a passé dans le bassin de la Seine (1). »

Dans le Vivarais, auprès de l'Auvergne, « les dépôts diluviens sont composés des mêmes roches que celles que les rivières actuelles entraînent dans les vallées, et sont les débris des seules montagnes de la Lozère, du Tanargue et du Mézenc, qui entourent le bassin du Vivarais (2). »

Et encore :

« Le diluvium des vallées de l'Aisne et de l'Aire ne renferme que les débris plus ou moins roulés des terrains que ces rivières coupent dans leur cours (3). »

Enfin, M. Prestwich a fait observer que la même remarque peut s'appliquer aux différentes rivières de l'Angleterre. La conclusion que tire M. d'Archiac de ces observations, et surtout de celles concernant la vallée de la Seine, est : « Que les courants diluviens ne venaient point d'une direction unique, mais qu'ils convergeaient des bords du bassin vers son centre, suivant les dépressions préexistantes, et *que leur élévation ou leur force de transport ne suffisait pas pour faire passer les débris qu'ils charriaient d'une de ces vallées dans l'autre* (4). »

Or, si nous considérons tous ces faits, si nous nous rappelons que les éléments des graviers diluviens des rivières proviennent, dans tous les cas, des couches actuellement *in situ* le long des vallées, que non seulement ces dépôts suivent les lignes de ces vallées, mais le font dans la direction du courant actuel, et que, dans un aucun cas, ils ne passent d'un système hydrographique à un autre, il nous semble tout à fait inutile de recourir aux vagues diluviennes ou à une intervention autre que celle des rivières elles-mêmes.

---

(1) D'Archiac, *loc. cit.*, p. 164.
(2) *Idem, loc. cit.*, p. 160.
(3) Malbos, *Bull. géol.*, vol. III, p. 631.
(4) *Loc. cit.*, p. 163.

Il y a, cependant, certains faits qui, dans l'esprit de la plupart des géologues, portent un coup fatal à cette hypothèse, faits qui ont empêché M. d'Archiac, et, nous pouvons le dire, presque tous les géologues français, d'adopter une explication aussi simple et aussi claire. Ces difficultés sont au nombre de deux, ou plutôt les deux principales sont : premièrement, les gros blocs de grès répandus dans les graviers des rivières du nord et du centre de la France; secondement, l'élévation des graviers supérieurs au-dessus du niveau des eaux actuelles. Nous allons considérer ces deux objections séparément.

Il faut admettre qu'à première vue il semble impossible de

Fig. 203.

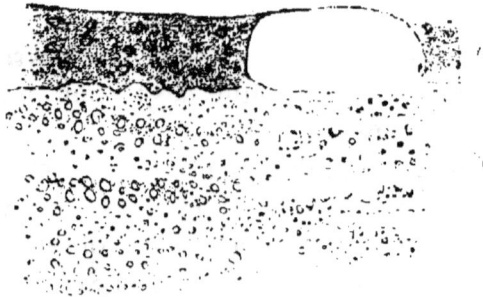

Coupe à Joinville.

concilier la présence de blocs de grès dans les graviers avec notre hypothèse. Dans quelques endroits, ils se présentent fréquemment et ont une grosseur considérable. Le plus grand que j'aie vu moi-même est représenté dans la figure 203, coupe faite près de la station du chemin de fer à Joinville. Il a 8 pieds 6 pouces de longueur, 2 pieds 8 pouces de largeur et 3 pieds 4 pouces d'épaisseur. Bien qu'à l'époque où il a été déposé dans la vallée, elle n'avait pas la profondeur qu'elle a aujourd'hui, il n'en est pas moins vrai qu'un courant capable de transporter de telles masses aurait dû être bien différent de ce que sont les rivières coulant aujourd'hui dans ces vallées, et qu'un tel courant mériterait le nom de cataclysme. Mais d'où aurait pu venir une si grande quantité d'eau? Nous avons déjà vu que le gravier de l'Oise, quoique si rapproché, diffère entièrement de celui de la Somme, et que celui de la Seine diffère entièrement aussi de celui des rivières avoisinantes. Ces

rivières ne drainaient donc pas une surface plus considérable qu'à présent; les bassins hydrographiques devaient être
les mêmes. Supposer le contraire ne serait pas, après tout,
expliquer le phénomène; nous ne ferions que tomber de Cha-
rybde en Scylla. Nous ne voyons autour de ces blocs aucune
évidence d'action violente. A Joinville, le gravier se trouvant
sous le bloc dont nous avons parlé semble à peine avoir été
agité. Or un courant capable de transporter une semblable
masse aurait certainement balayé devant lui le gravier, comparativement léger, placé au-dessous. Nous ne pouvons donc
expliquer le phénomène par l'action des eaux, parce qu'un
courant qui aurait déposé les blocs de grès aurait enlevé le
gravier, et qu'un courant qui aurait déposé le gravier n'aurait
pas pu remuer les blocs. C'est donc inutilement qu'on a mis en
jeu ce *deus ex machinâ*, qui, examiné de près, n'est, après tout,
qu'une idole.

Poussé donc à chercher quelque autre explication de cette
difficulté, M. Prestwich a pensé à la glace flottante. Nous avons
là une force capable de lever toutes les difficultés. L'action
propulsive de la glace expliquerait aussi quelques irrégularités
dans l'arrangement des couches, qu'il serait, autrement, fort
difficile de comprendre.

Mais quoique la présence des blocs de grès et les disruptions
accidentelles des couches concordent parfaitement avec les
vues de M. Prestwich, c'est-à-dire que les graviers ont été
déposés par les rivières, notre seconde difficulté subsiste toujours, car il s'agit d'expliquer comment les graviers supérieurs
se trouvent à une si grande hauteur au-dessus du niveau actuel
de la rivière. Nous ne pouvons donc pas nous étonner que ces
couches aient ordinairement été attribuées à de violents cataclysmes.

M. Boucher de Perthes a toujours eu cette opinion. « Ce
coquillage, dit-il, cet éléphant, cette hache, ou la main qui la
fabriqua, furent témoins du cataclysme qui donna à notre pays
sa configuration actuelle (1). »

M. Ch. d'Orbigny, observant que les fossiles trouvés dans ces
couches quaternaires sont tous des animaux terrestres ou

_____

(1) *Mém. Soc. d'ém. d'Abbeville*, 1861, p. 475.

d'eau douce, repousse avec raison la théorie d'une action marine, et s'exprime comme il suit : « En effet, l'opinion de la plupart des géologues est que les cataclysmes diluviens ont eu pour causes prédominantes de fortes oscillations de l'écorce terrestre, des soulèvements de montagnes au milieu de l'Océan, d'où seraient résultées de grandes érosions. Par conséquent, les puissants courants d'eau marine, auxquels on attribue ces érosions diluviennes, auraient dû laisser sur les continents des traces authentiques de leur passage, tels que de nombreux débris de coquilles, de poissons et autres animaux marins, analogues à ceux qui vivent actuellement dans la mer. Or, ainsi que M. Cordier l'a fait remarquer depuis longtemps à son cours de géologie, rien de semblable n'a été constaté. Sur tous les points du globe où l'on a étudié les dépôts diluviens, on a reconnu que, sauf quelques rares exceptions très contestables, il n'existe dans ces dépôts aucun fossile marin; ou bien ce sont des fossiles arrachés aux terrains préexistants, dont la dénudation a fourni les matériaux qui composent le diluvium. En sorte que les dépôts diluviens semblent avoir eu pour cause des phénomènes météorologiques, et paraissent être le résultat d'immenses inondations d'*eau douce*, et non d'eau marine, qui, se précipitant des points élevés vers la mer, auraient dénudé une grande partie de la surface du sol, balayé la généralité des êtres organisés, et pour ainsi dire nivelé, coordonné les bassins hydrographiques actuels (1). »

Si nous admettions même les cataclysmes que supposent M. d'Orbigny et beaucoup d'autres géologues français, nous n'y trouverions pas l'explication demandée. Nous avons vu que le transport des matériaux a, dans tous les cas, suivi les lignes des vallées actuelles et la direction du courant existant encore aujourd'hui; que les rochers d'une vallée n'ont pas été transportés dans une autre; que l'état du loess ne peut pas se concilier avec un violent courant; et, enfin, que la conservation de bien des coquilles délicates est une preuve évidente qu'elles n'ont pas été soumises à une action violente.

Nous devons, en outre, nous rappeler que les graviers et les

---

(1) Ch. d'Orbigny, *Bul. géol.*, 2ᵉ sér., V, xvii, p. 66. Voyez aussi d'Archiac, *loc. cit.*, passim.

sables sont, en eux-mêmes, la preuve et le résultat d'une immense dénudation. Dans un pays crayeux tel que celui que traverse la Somme, chaque pied cube de silex, de gravier ou de sable représente le déplacement d'au moins 20 pieds cubes de craie, qui, comme nous l'avons vu, a dû être enlevée de la superficie actuelle drainée par la rivière. En considérant donc la formation de ces antiques graviers supérieurs, nous ne devons pas nous représenter la vallée primitive telle qu'elle est aujourd'hui, mais recomposer par l'imagination toute cette immense masse de craie qui a été détruite pour la formation des graviers et des sables inférieurs. M. Prestwich a essayé d'illustrer ce fait par un diagramme (1); je dois répéter une fois de plus que ce n'est pas là une simple hypothèse, puisque la masse du sable et du gravier n'a pu être produite que grâce à une immense dénudation de la craie. En somme, donc, nous pouvons conclure, sans craindre de nous tromper, que les graviers supérieurs ont été déposés par la rivière actuelle, avant qu'elle ait creusé la vallée à la profondeur qu'elle a aujourd'hui, et alors que, par conséquent, elle coulait à un niveau beaucoup plus élevé que le niveau actuel.

Loin donc d'avoir besoin de supposer un immense courant ayant 200 pieds de profondeur, l'accumulation du gravier peut avoir été produite par un volume d'eau annuel différant peu de celui de la rivière actuelle.

Une quantité d'eau donnée produit toutefois des effets très différents, selon la manière dont elle s'écoule. « L'observation nous apprend qu'un courant, ayant au fond une vitesse de 3 pouces par seconde, commence à agir sur l'argile fine propre à la poterie, et, quelque ferme, quelque compacte que soit cette argile, il l'enlève. Il n'y a cependant pas de lit plus stable que l'argile quand le courant n'excède pas cette vitesse, car l'eau en enlevant les particules impalpables de la surface de l'argile laisse les particules de sable fixées par leur moitié inférieure dans l'argile qu'elles protègent; le fond est alors très permanent si le courant ne transporte pas des graviers ou du sable grossier qui, en venant frotter contre cette croûte si fine, permet l'enlèvement d'une autre couche superficielle. Une

(1) *Proceed. Roy. Soc.*, 1862, p. 41.

vitesse de 6 pouces enlève le sable fin ; une vitesse de 8 pouces,
le sable aussi gros que de la graine de lin ; une vitesse de
12 pouces emporte le gravier fin ; une de 24 pouces roule des
cailloux arrondis de 1 pouce de diamètre, et il faut une vitesse
de 3 pieds par seconde au fond pour emporter des pierres angulaires de la grosseur d'un œuf (1). »

Or, si nous sommes autorisés à affirmer qu'il régnait alors
un climat plus rigoureux qu'à présent, nous augmentons de
beaucoup l'action érosive de la rivière, non seulement parce
que les pluies devaient tomber sur une surface glacée, mais
parce que la pluie des mois d'hiver devait s'accumuler, sur les
terrains élevés, sous forme de glace et de neige, et produire à
chaque printemps des inondations beaucoup plus considérables
que celles que nous voyons aujourd'hui.

Examinons actuellement la marne sablonneuse à couleur
claire (fig. 202 c, p. 50). M. Prestwich la décrit comme suit :
« Un sable siliceux blanc et de la marne légèrement colorée,
mélangée à du grès fin, quelques grands silex angulaires irréguliers, çà et là un bloc de grès, des lambeaux irréguliers de
gravier de silex, les couches sont ondulées, par place quelques
bandes ocreuses. Les coquilles de sable et d'eau douce sont
communes ; on rencontre aussi quelques restes de mammifères. »

Dans les carrières d'Amiens, cette couche est ordinairement
distincte des graviers qui se trouvent au-dessous, sans doute
parce que la partie supérieure des graviers a été enlevée ;
mais, dans plusieurs endroits (Précy, Ivry, Bicêtre, etc.), le
gravier grossier devient de plus en plus fin, jusqu'à ce qu'enfin
on trouve le sable siliceux. Ces couches indiquent évidemment
une diminution graduelle de la puissance de l'eau à ces endroits particuliers ; assez rapide d'abord pour charrier de gros
cailloux, sa force diminue peu à peu jusqu'à ce qu'elle ne
puisse plus transporter que du sable fin. Ceci donc paraît indiquer un léger changement dans le cours de la rivière et
l'excavation graduelle de la vallée qui, à mesure qu'elle devenait plus profonde, se prêtant mieux aux inondations, diminuait la force et la vitesse du courant à cette hauteur.

(1) *Cyc. Brit.*, art. RIVERS, p. 274.

La couche supérieure, à Saint-Acheul, consiste en terre à brique (fig. 202, *a*), au-dessous de laquelle est le gravier angulaire : entre ce gravier et la marne sablonneuse se trouve quelquefois une petite couche de terre à brique plus foncée. Ces couches, cependant, varie beaucoup, même dans les parties adjacentes. M. Prestwich les considère, en somme, comme les représentants de ce remarquable dépôt glaiseux qui recouvre les graviers dans toutes les vallées de la France septentrionale, et qui, comme le célèbre loess du Rhin, atteint dans quelques endroits une épaisseur de 300 pieds. Le plus grand développement que je lui aie vu dans le nord de la France, est dans une carrière, rue de la Chevalerie, auprès d'Ivry, où il atteint une épaisseur de 22 pieds; une partie de cette épaisseur consistait peut-être en loess amené par les pluies des hauteurs voisines. En admettant que ce loess soit composé de fines particules déposées par de l'eau stagnante ou faiblement agitée, nous pourrions être étonnés de n'y pas trouver de débris de matières végétales. Nous savons, cependant, par la disposition des clous et des attaches, que dans quelques tombeaux de Saint-Acheul on avait employé des cercueils en bois, et la grandeur des clous prouve que les planches devaient être assez épaisses : or on n'a trouvé aucun morceau en bois, pas même une décoloration à l'endroit où il avait dû être placé. Nous n'avons donc pas lieu de nous étonner de l'absence de végétaux dans le diluvium.

Telle est la description générale de ces carrières à gravier qui se trouvent à une hauteur de 80 à 150 pieds au-dessus du niveau actuel de l'eau, dans les vallées, et qui, sur les bords de la Somme, sont quelquefois même situées à une hauteur de 200 pieds.

Visitons actuellement quelques carrières exploitées sur les niveaux inférieurs. Environ 30 pieds plus bas, à Menchecourt, auprès d'Abbeville, et à Saint-Roch, auprès d'Amiens, par exemple, où la couche de gravier de 60 pieds descend jusqu'au fond de la vallée, nous trouvons presque une répétition des mêmes couches; c'est-à-dire du gravier grossier et angulaire au-dessous, des matériaux plus fins au-dessus. Ces couches sont, en somme, si exactement semblables à celles que nous avons déjà décrites, qu'il est inutile d'en faire une nouvelle description.

Il me semble très probable même que, lorsqu'on aura étudié la faune et la flore des graviers aux différents niveaux, on trouvera qu'elle est presque identique partout. A présent, toutefois, les espèces trouvées dans les couches du niveau inférieur sont plus nombreuses que celles des couches du niveau supérieur.

M. Prestwich a dressé le tableau suivant pour les mammifères :

	BEDFORD. Chemin de fer du Nord, ou Summerhouse Hill.	ABBEVILLE Menchecourt.	AMIENS St-Roch.	PARIS. Grenelle, Ivry Clichy ou la rue de Reuilly.
Elephas primigenius. *Blum.* . .	.	.		.
— antiquus, *Falc.*. .	. *s*	. . . . . .	.	. *c*
Rhinoceros tichorhinus, *Cuc.*.	. *c*	.	.	
— megarhinus, *Christol.*	. *c*			. ? *g*
Ursus spelæus, *Blum.*	. *s*			
Hyæna spelæa. *Gold.* . .				. ? *g*
Felis spelæa, *Gold.* . . .	.			.
Bos primigenius, *Boj.*	. ?			.
Bison priscus. *Boj.*	. *c*	.		. *c*
Equus (peut-être deux espèces).	.	.	.	.
Cervus euryceros, *Aldr.* . . .	. *r*	.		.
— elaphus, *Linn.* . .	.	.	.	.
— tarandus, *Linn.* . . .	.	.		. *c*
Hippopotamus major, *Nesti.* .	.		.	. *g*
Sus.	. *c*			.

Il faut ajouter à cette liste le lemming, le *Myodes torquatus*, et le bœuf musqué, qu'on a trouvés en deux endroits dans la vallée de la Tamise, aussi bien qu'à Chauny, sur l'Oise.

Les espèces de mollusques sont au nombre de cent soixante-neuf, dont quarante-deux vivent actuellement en Suède, trente-sept en Finlande et trente-huit en Lombardie. Si nous nous rappelons que la Lombardie est plus riche en mollusques que la Finlande, ces chiffres indiquent un climat septentrional.

L'hippopotame semble singulièrement déplacé dans un groupe d'espèces semblables. Dans le chapitre précédent, j'ai discuté les conclusions qu'il faut, selon moi, tirer de sa présence. Mais si nous examinons cette faune comme un tout, si nous nous rappelons surtout que ce groupe contient le bœuf musqué, le renne, le lemming, le *Myodes torquatus*, le mammouth sibérien, et son fidèle compagnon le *Rhinoceros tichorhinus*, nous aurons la preuve d'un climat différent de celui qui prévaut à présent dans l'Europe occidentale.

Enfin, la partie inférieure de la vallée est aujourd'hui occupée par une couche de gravier recouverte de vase et de tourbe; cette dernière, en quelques endroits, a plus de 30 ou même 40 pieds d'épaisseur, et on l'exploite pour en faire du combustible. Ces couches ont fourni aux antiquaires du voisinage, et surtout à M. Boucher de Perthes, une riche moisson d'objets intéressants appartenant à différentes époques. M. Boucher de Perthes a noté avec soin la profondeur à laquelle on a trouvé ces objets.

« Prenant, dit-il, pour terme moyen du sol de la vallée, une hauteur de 2 mètres au-dessus du niveau de la Somme, c'est à 30 ou 40 centimètres de la surface qu'on rencontre le plus abondamment les traces du moyen âge. 50 centimètres plus bas, on commence à trouver des débris romains, puis gallo-romains. On continue à suivre ces derniers pendant un mètre, c'est-à-dire jusqu'au niveau de la Somme. Après eux viennent les vestiges gaulois purs, qui descendent sans interruption jusqu'à près de 2 mètres au-dessous de ce niveau, preuve de la longue habitation de ces peuples dans la vallée. C'est à un mètre plus bas ou à 4 mètres environ au-dessous de ce même niveau, qu'on arrive au centre du sol que nous avons nommé celtique, celui que foulèrent les Gaulois primitifs ou les peuples qui les précédèrent »; sol qui appartenait, par conséquent, à la période néolithique de l'âge de la pierre. Il est à peine nécessaire d'ajouter que M. Boucher de Perthes ne donne ces épaisseurs que « comme terme approximatif ».

Les *Antiquités celtiques* ont été publiées plusieurs années avant que les archéologues suisses nous aient fait connaître la nature des Pfahlbauten; mais, d'après quelques indications données par M. Boucher de Perthes, il paraîtrait qu'il a dû y avoir, à une certaine époque, des habitations lacustres dans le voisinage d'Abbeville. Il a trouvé des plates-formes en bois considérables, avec de grandes quantités d'ossements, des haches en pierre et des manches qui ressemblent beaucoup à ceux qui proviennent des lacs de la Suisse.

On ne peut un seul instant confondre ces armes avec les armes plus grossières trouvées dans les graviers diluviens. La surface en est polie, le coupant aiguisé; tandis que les plus anciennes sont seulement éclatées, et que, sur les plusieurs centaines trouvées jusqu'à présent, pas une ne montre la moindre trace de polissage. Cependant, quoique les premières appartiennent à l'âge de la pierre, âge si reculé que l'usage du métal était encore évidemment inconnu dans l'Europe occidentale, elles sont séparées des armes plus anciennes qui se trouvent dans les graviers supérieurs par toute la période nécessaire pour l'excavation, à une profondeur de plus de 100 pieds, de la vallée de la Somme.

Si donc nous ne pouvons pas assigner de date précise à l'arrivée de l'homme dans ces pays, nous pouvons tout au moins nous faire une vive idée de son antiquité. Il a dû voir la Somme couler à une hauteur d'environ 100 pieds au-dessus de son niveau actuel. Il est même probable que l'homme est presque, sinon tout aussi ancien dans le nord de la France que les rivières elles-mêmes. La faune du pays devait être bien différente de ce qu'elle est aujourd'hui. Sur les bords des rivières vivait une race sauvage de chasseurs et de pêcheurs; dans les forêts erraient le mammouth, le *Rhinoceros tichorhinus*, une espèce de lion, le bœuf musqué, le renne et l'urus.

Cependant la géographie de la France ne devait pas être fort différente de ce qu'elle est aujourd'hui. Les rivières actuelles coulaient dans les mêmes directions, et la mer se trouvait entre la Somme et l'Adur, bien que le canal ne fût pas aussi large qu'à présent.

La rivière creusa graduellement la vallée; impuissante en automne et en hiver, la fonte des neiges la changeait chaque printemps en un torrent furieux. Ces inondations étaient, sans doute, plus destructives pour les animaux que pour l'homme lui-même; car, quelque grossiers que fussent nos ancêtres, il est difficile de supposer qu'ils fussent incapables de prévoir le danger, et par conséquent d'y échapper.

Tandis que l'eau, à une élévation de 150 pieds au-dessus de son niveau actuel, à Liercourt, par exemple, avait assez de force pour déposer des graviers grossiers, à un niveau plus haut encore elle déposait des parties plus fines, et formait ainsi le loess, qui, en même temps, recevait çà et là des coquilles et des silex angulaires, apportés des collines dans une direction plus ou moins transversale par les petits ruisseaux formés par les grosses pluies.

M. Prestwich pense que la différence de niveau entre les graviers supérieurs et le loess est « la mesure des inondations de cette période ». Ceci serait vrai, sans doute, si les couches de gravier étaient complètes ; mais il me semble que les graviers sont de simples fragments d'un dépôt presque continu dans l'origine, et, dans ces circonstances, on ne peut pas prendre les différences actuelles comme preuve de ce qu'elles étaient autrefois.

A mesure que la vallée devenait de plus en plus profonde, le

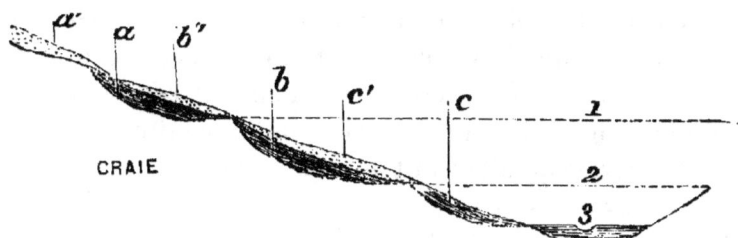

Fig. 204.

Diagramme indiquant les rapports du loess et des graviers.

gravier devait se déposer à un niveau de plus en plus bas, le loess le suivant toujours (1) ; nous ne devons donc pas considérer le loess comme une couche distincte, mais comme une couche se déposant toujours en même temps, quoique jamais à la même place que celle de gravier. J'ai, dans la figure 204, donné un diagramme pour mieux faire comprendre ma pensée. Les parties pointillées représentent le loess, les parties stratifiées le gravier. Je suppose, dans ce cas, que la rivière coulait dans l'origine sur le niveau n° 1, et qu'elle a déposé le gravier *a* et le loess *a'*; après une certaine érosion qui réduit le niveau à 2, le gravier s'étend en *b* et le loess en *b'*. De même le loess en *c'* serait contemporain du gravier *c*.

Ainsi, tandis que, dans chaque section, les couches inférieures sont, bien entendu, les plus anciennes, cependant les

(1) Voir le mémoire de M. Prestwich lu devant la Société Royale le 19 juin 1862.

graviers supérieurs doivent être les plus anciens, et les couches situées à la partie inférieure de la vallée les plus modernes.

Pour rendre l'explication plus facile, j'ai représenté les côtés de la vallée comme formant une série de terrasses; or, bien que ce ne soit pas toujours vrai, il y a plusieurs endroits où ces terrasses existent.

On sait que les rivières tendent continuellement à changer leur cours, la Somme ne fait pas exception à cette règle. La vallée par elle-même est, il est vrai, comparativement droite; mais la rivière fait de nombreux détours dans cette vallée, et quand, dans une de ces courbes, le courant traverse « la ligne de pente générale, il ronge le bord opposé ou les collines fermant la vallée, puis forme un angle égal, de telle sorte qu'il retraverse la ligne de pente générale pour aller creuser l'autre côté, jusqu'à ce que la vallée présente une succession d'angles rentrants et d'angles saillants(1). » Pendant ces détours d'un côté de la vallée à l'autre, la rivière mine continuellement, et enlève le gravier qu'elle avait déposé à une époque antérieure. Aussi les graviers supérieurs ne se trouvent plus que çà et là, par lambeaux, pour ainsi dire, et en quelques endroits ils ont complètement disparu : sur le côté droit de la vallée, par exemple, entre Amiens et Pont-Rémy, on trouve à peine trace des graviers supérieurs.

Les côtes rapprochées de l'Angleterre et de la France indiquent un léger soulèvement récent des terres. On a observé des grèves soulevées à une hauteur de 5 à 10 pieds, sur les côtes du comté de Sussex et du Pas-de-Calais. On trouve aussi à Abbeville, à environ 25 pieds au-dessus du niveau de la mer, des coquilles marines(2). Ce changement de niveau a joué, sans doute, un rôle important dans l'excavation de la vallée.

Dans un récent mémoire, M. A. Tylor(3) convient avec moi que les graviers de haut niveau et les graviers de bas niveau ne sont que les extrêmes d'une série, rarement complète, mais ordinairement imparfaite, tantôt dans une partie, tantôt dans

(1) Lyell's *Principles*, p. 206.
(2) Les graviers supérieurs se trouvent dans quelques endroits sur la côte à une hauteur de 100 pieds; je serais disposé à attribuer ce phénomène principalement à un empiétement de la mer sur la terre, et en conséquence à l'intersection des vieilles rivières à un niveau plus élevé.
(3) *Geol. Journal*, vol. XXIV, p. 103.

une autre. Il soutient aussi que la surface de la craie dans la vallée de la Somme a revêtu sa forme actuelle avant que n'aient commencé les dépôts de graviers et les loess qui s'y trouvent aujourd'hui. Mais, comme il admet en même temps que les matériaux qui ont contribué à la formation de ce gravier et de ce loess proviennent de la superficie drainée par la Somme et ses affluents, il s'expose à une double difficulté. Il soutient, en premier lieu, que les matériaux dont l'enlèvement a permis la formation de la vallée, ont été entièrement enlevés, ce qui semble être impossible si l'on tient compte de sa longueur, de sa profondeur et de son étroitesse; en second lieu, en admettant que le gravier et les sables se composent de débris de silex, il détruit son propre argument, car on ne peut enlever des matériaux d'un endroit donné sans modifier la configuration de cet endroit. En admettant donc que le gravier dans la vallée de la Somme, à Amiens, provient en partie des débris charriés par ce fleuve et par ses deux affluents la Celle et l'Arve, et en partie des terrains adjacents plus élevés, entraînés par les inondations (1), M. Tylor adopte virtuellement l'explication du phénomène donnée dans ce volume, puisque la formation ou l'enlèvement de ce gravier implique nécessairement une modification de la surface et une érosion de la vallée.

L'excavation de la vallée était enfin complète; le climat était graduellement devenu ce qu'il est aujourd'hui; les grands *Pachydermata* avaient disparu, cédant soit à un changement de climat, soit au pouvoir irrésistible de l'homme. Dans ces conditions nouvelles, la rivière, ne pouvant plus transporter à la mer les particules fines enlevées aux terrains supérieurs, les déposa dans la vallée et éleva ainsi quelque peu son niveau général, ceci eut pour résultat de diminuer la vitesse du courant, et de produire des marais considérables, dans lesquels se forma graduellement un épais dépôt de tourbe. Nous ne pouvons malheureusement pas estimer avec quelle rapidité se forme cette substance; mais, quelle que soit cette rapidité, la production d'une masse qui atteint, dans quelques endroits, jusqu'à 30 pieds d'épaisseur, a dû nécessiter une période de temps considérable. C'est cependant dans ces couches que nous

(1) *Loc. cit.*, p. 105.

trouvons les débris de l'âge de la pierre, néolithique ou le plus récent. Les tombes de Saint-Acheul, les débris romains trouvés dans la partie supérieure de la tourbe, au même niveau à peu près que la rivière, nous apprennent que quinze cents ans ont produit fort peu de changement dans la configuration de la vallée. Dans la tourbe, et à une profondeur d'environ 15 pieds dans l'alluvium à Abbeville, on trouve des débris de l'âge de la pierre, débris qui, d'après les recherches faites en Danemark et en Suisse, ont une antiquité si grande, qu'on ne peut l'exprimer qu'en milliers d'années. Tous ces débris cependant sont postérieurs à l'excavation de la vallée; quelle antiquité, donc, devons-nous assigner aux hommes qui habitaient ces lieux, alors que la Somme ne faisait que commencer son immense travail? Quiconque n'est pas monté sur les hauteurs de Liercourt, de Picquigny, ou de tout autre point commandant la vallée, ne peut se faire une juste idée du temps qu'il a fallu; et aucun géologue, j'en suis certain, ne peut revenir d'une semblable visite, sans se sentir écrasé à l'idée des changements qui ont eu lieu, et du temps énorme qui a dû s'écouler depuis que l'homme habite l'Europe occidentale.

CHAPITRE XII

ANCIENNETÉ DE L'HOMME

Il est inutile de dire que les chapitres précédents ne contiennent pas tous les faits sur lesquels s'appuient ceux qui croient à la grande ancienneté de la race humaine. Ce ne sont pas seulement les archéologues qui ont, pendant ces dernières années, regardé comme insurmontables les impossibilités que présente la chronologie de l'archevêque Usher. Historiens, philologues et physiologues, tous ont admis que la courte période assignée à la présence de la race humaine sur la terre peut à peine se concilier avec l'histoire de quelques nations orientales ; que cette période ne permet ni le développement des divers langages, ni l'épanouissement des nombreuses particularités physiques qui distinguent les différentes races humaines.

Même après avoir fait abstraction de tout ce qui est évidemment mythologique dans les antiques traditions des Indiens, des Égyptiens et de quelques autres peuples, l'histoire probable de quelques-uns d'entre eux semble encore remonter à une antiquité trop reculée pour qu'elle puisse se concilier avec la courte chronologie d'Usher et de Petavius. Tous les écrivains qui ont étudié l'histoire des premiers temps de notre race en sont si bien convaincus, qu'il est inutile de nous arrêter sur ce sujet (1). »

Le baron Bunsen, un des plus savants parmi ceux qui attribuent une origine commune aux différentes formes du langage,

(1) Prichard, *Researches into the physical history of Mankind*, vol. V, p. 553.

est forcé de réclamer pour la race humaine une antiquité d'au moins vingt mille ans. L'ingénieux auteur de la *Genèse de la terre et de l'homme* (1) dit, avec beaucoup de sens, « qu'une des grandes difficultés que nous ayons à surmonter quand nous essayons de considérer, comme on le fait ordinairement, toute la race humaine comme descendant d'un seul couple..., est le fait que les monuments égyptiens, qui datent presque tous du XIIIᵉ, du XIVᵉ et du XVᵉ siècle avant notre ère, représentent des individus de nations nombreuses, Africains, Asiatiques, Européens, différant autant par le caractère physique qu'un nombre semblable d'individus de nations diverses à notre époque, si on les groupait ensemble. Nous y retrouvons, par exemple, de vrais Nègres de la Nigritie, représentés avec une fidélité de couleur et de traits qu'un habile artiste moderne pourrait à peine surpasser. Il est probable que quiconque s'est occupé d'anatomie ou de physiologie ne voudra croire que de telles diversités aient pu se produire entre cette époque reculée et le déluge de Noé »; et il conclut, par conséquent, que la race humaine ne peut pas descendre d'un seul couple. Car de même que les difficultés philologiques n'embarrassent certainement pas ceux qui croient au pied de la lettre à la création miraculeuse des langues à la tour de Babel, de même « la brièveté de la période assignée par la chronologie sacrée au développement des variétés physiques qui distinguent les diverses races d'hommes (2) », ce qui est une difficulté insurmontable dans la théorie que toute l'espèce humaine descend d'un seul couple, n'embarrasse pas ceux qui croient à l'existence d'espèces distinctes d'hommes..

Le professeur Huxley tire aussi un argument fort intéressant de la distribution géographique des races humaines. Il divise l'espèce humaine en quatre groupes, australoïde, négroïde, mongoloïde, et xanthochroïde. Ce dernier groupe comprend les peuples blonds, au teint clair, aux yeux bleus, qui occupent une grande partie de l'Europe. Le groupe mongoloïde comprend la race tartare, la race américaine et la race polynésienne; le groupe négroïde comprend les Nègres, les Hottentots et les Ni-

---

(1) *Loc. cit.*, p. 117.
(2) Prichard, *loc. cit.*, p. 552.

gritiens; le type australoïde comprend tous les habitants de
l'Australie et les indigènes du Deccan, auxquels il ajoute aussi
les anciens Égyptiens. Quelque différence d'opinion qu'il puisse
y avoir parmi les ethnologues à propos des trois autres divisions, tous sont d'accord sur le groupe négroïde, et c'est sur
cette dernière race que je désire appeler l'attention. La distribution géographique des races xanthochroïdes et mongoloïdes
ne présente aucune difficulté, et je ne veux pas discuter ici le
groupe australoïde. Mais je partage complètement l'avis du
professeur Huxley quand il soutient que la distribution actuelle
de la race nègre ne peut s'expliquer qu'en acceptant l'hypothèse
que, depuis l'apparition de cette race, d'immenses changements
géographiques ont dû se produire, que des continents se sont
transformés en océans et réciproquement. Les Nègres ont horreur de la navigation; ils ne construisent pas de vaisseaux, et
les canaux même des Fijiens ne sont que des copies de ceux des
Polynésiens. Or quelle est la distribution géographique de
cette race? Elle occupe toute l'Afrique au sud du Sahara, que
ni les Nègres ni la vraie faune africaine n'ont jamais traversé.
Bien qu'on ne trouve les Nègres ni en Arabie ni en Perse, ni
dans l'Indoustan, ni à Siam, ni en Chine, ils occupent Mada-
gascar et les îles Andaman; absents à Java, à Sumatra et à Bornéo, ils peuplent la péninsule de la Malaisie, les Philippines, la
Nouvelle-Guinée, les Nouvelles-Hébrides, la Nouvelle-Calédo-
nie, les îles Fiji et la Tasmanie.

L'explication la plus simple de cette remarquable distribution
est peut-être l'hypothèse que, lors de l'apparition de la race
nègre sur la terre, il devait y avoir un prolongement des terres
ou une suite d'îles s'étendant de la côte orientale de l'Afrique à
travers l'océan Indien, et qu'en second lieu une mer occupait
la surface actuelle du grand désert. De quelque façon, d'ailleurs,
qu'on explique ces faits, ils indiquent certainement que la race
nègre a une antiquité fort reculée.

J'ai souvent été frappé, en me trouvant au pied des glaciers,
des immenses moraines qui les terminent et du temps qu'a dû
nécessiter leur formation. Prenons pour exemple le glacier de
Nigaard, dans le Yustedal, sur le Sognefjord. Les glaciers nor-
végiens, sans doute, couvraient anciennement un espace beaucoup plus considérable que celui qu'ils occupent actuellement.

A mesure que le froid diminuait, ils ont reculé; mais nous avons déjà vu que l'homme habitait l'Europe occidentale, alors que la température ordinaire était inférieure de plusieurs degrés à ce qu'elle est aujourd'hui. Nous serons probablement assez près de la vérité en supposant que le glacier de Yustedal a reculé d'au moins un mille depuis l'époque des graviers diluviens et l'apparition de l'homme en Europe. Or la moraine finale du glacier couvre tout cet espace de grands blocs de pierre qu'on peut compter par centaines de mille, et cependant, quoique toutes ces pierres aient été probablement transportées pendant la période humaine, je n'ai pu voir que quelques blocs à l'extrémité inférieure du glacier lui-même.

Quant au Danemark, il faut nous appuyer principalement sur le double changement qui a eu lieu dans la végétation. Les forêts de hêtres sont actuellement l'orgueil de ce pays, et, selon la tradition, il en a toujours été ainsi. Mais les tourbières nous prouvent que c'est là une erreur. Les grands marais tourbeux ne nous apprennent presque rien; mais il y a, dans beaucoup de forêts, des dépressions profondes remplies de tourbes et appelées *skovmöse*. Comme il est facile de le comprendre, ces dépressions contiennent les arbres qui croissaient sur les bords et qui ont fini par y tomber. Au fond se trouve ordinairement de la tourbe amorphe, au-dessus une couche de sapins, essence qui, à notre époque, ne croît pas naturellement au Danemark. Plus haut, les sapins disparaissent, et sont remplacés par les chênes et les bouleaux blancs, deux essences rares aujourd'hui dans ce pays; enfin, la couche supérieure consiste principalement en *Betula verrucosa*, et correspond à la période actuelle que nous pourrions nommer la période des hêtres. Le professeur Steenstrup a trouvé des instruments en pierre au milieu des troncs de sapins, et comme on a trouvé dans les kjökkenmöddings le coq de bruyère qui se nourrit des jeunes pousses de cet arbre, on peut tout au moins supposer que ces amas de coquilles appartiennent à la période des pins, et que les trois grandes époques de la civilisation correspondent jusqu'à un certain point aux trois grandes périodes de la végétation forestière. Il faut évidemment un temps considérable pour qu'une espèce d'arbre en remplace ainsi une autre et soit à son tour remplacée par une troisième; mais nous n'avons encore aucune donnée qui nous permette d'estimer ce laps de temps.

Si du Danemark nous passons à la Suisse, nous trouvons que, dans ce dernier pays, l'on a essayé d'arriver à une détermination plus précise. Il ne faut pas, il est vrai, avoir une entière confiance dans ces calculs; cependant, si des calculs basés sur des données différentes produisent les mêmes résultats, on peut espérer arriver à quelque conclusion approximative.

Nous devons à M. Morlot le premier de ces calculs. Le torrent de la Tinière a graduellement élevé un cône de gravier et d'alluvions à l'endroit où il se jette dans le lac de Genève, auprès de Villeneuve. Ce cône a été coupé en deux sur une longueur de 1 000 pieds et sur une profondeur, dans la partie centrale, d'environ 32 pieds 6 pouces, quand on a construit le chemin de fer. La section du cône ainsi obtenue offre une structure très régulière, ce qui prouve que la formation en a été graduelle. Il se compose des mêmes matériaux (sable, gravier et gros blocs) que ceux actuellement transportés par le torrent. La quantité de détritus varie un peu, il est vrai, d'année en année, mais, en somme, les différences se compensent, de telle sorte qu'en considérant de longues périodes et la structure de la masse tout entière, on peut négliger les influences des variations temporaires dues à des causes météorologiques. Des documents conservés dans les archives de Villeneuve prouvent qu'en l'année 1710, le courant fut endigué et son cours légèrement modifié, ce qui rend le cône actuel un peu irrégulier. Le fait que, du côté où le cône est protégé par les digues, la terre végétale affectée à la culture n'excède pas 2 ou 3 pouces d'épaisseur, prouve aussi que le changement n'est pas très ancien. La tranchée du chemin de fer a exposé trois couches de terre végétale du côté ainsi protégé par les digues; chacune de ces couches a dû, à une certaine époque, former la surface du cône. Ces couches sont régulièrement intercalées dans le gravier, et sont exactement parallèles l'une à l'autre, aussi bien qu'à la surface actuelle du cône qui offre une courbe très régulière. On a exploré, au sud, la première de ces anciennes surfaces sur une superficie de 15 000 pieds carrés; elle a une épaisseur de 4 à 6 pouces, et se trouve à une profondeur de 4 pieds (1^m,14), mesurés à la base de la couche, au-dessous de la surface actuelle du cône. Cette couche, qui appartient à la période

romaine, contenait des tuiles et une pièce de monnaie romaine.

La seconde couche, explorée sur une superficie de 25 000 pieds
carrés, a une épaisseur de 6 pouces, et se trouve à une profondeur de 10 pieds (2ᵐ,97), y compris l'épaisseur de la couche.
On y trouva plusieurs morceaux de poterie non vernissée et
des pinces en bronze. La troisième couche, explorée sur une
superficie de 3 500 pieds carrés, a 6 ou 7 pouces d'épaisseur,
et se trouve à une profondeur de 19 pieds (5ᵐ,69) au-dessous
de la surface actuelle; on y trouva des fragments de poterie
très grossière, quelques morceaux de charbon, des ossements
brisés, et un squelette humain, avec un crâne petit, rond et
très épais. On a même trouvé des fragments de charbon un
pied plus bas, et il est aussi à remarquer qu'on ne trouva pas
de tuiles plus bas que la couche supérieure.

Les trois couches disparaissent vers le centre du cône, car,
en cet endroit, le torrent a plus de force et a déposé des matériaux plus grossiers, des blocs même de 3 pieds de diamètre.
Plus on s'éloigne de ce centre, plus les matières déposées sont
petites, et plus facilement une couche de terre formée à la
suite de grandes inondations pourrait être recouverte par de
nouveaux dépôts. Ainsi, on a découvert deux instruments en
bronze à une profondeur de 10 pieds, dans le gravier au sud
du cône, à un endroit où la couche de terre appartenant à l'âge
du bronze avait déjà disparu. Probablement leur poids les a
retenus quand la terre qui les recouvrait a été emportée par le
courant. Après avoir disparu vers le centre du cône, les trois
couches reparaissent du côté nord, à une profondeur un peu
plus grande, mais avec la même régularité et la même position
relative. La couche de l'âge de la pierre n'est que légèrement
interrompue, et celle de l'âge du bronze se distingue facilement par son caractère et sa couleur.

Il faut avouer que le point de départ de ces calculs, c'est-à-
dire la prétendue couche romaine, est loin d'être déterminé
d'une façon satisfaisante. Il est fort possible qu'on se soit servi
de tuiles en Suisse avant la période romaine; il est probable
que l'on continua à s'en servir beaucoup plus tard. La pièce
de monnaie trouvée dans la couche romaine était si usée qu'il
ne fut pas possible d'en déterminer la date, elle avait donc servi

fort longtemps. M. Uhlmann (1) a soutenu aussi que les ossements trouvés dans la couche inférieure ne sont pas tels qu'on
devrait s'attendre à les trouver dans une couche de l'âge de la
pierre, car ils ne sont pas aussi décolorés que ceux trouvés
dans les Pfahlbauten de l'âge de la pierre, et que tous appartiennent à des animaux domestiques. On n'a trouvé, en outre,
que quatorze fragments que l'on ait pu déterminer, et il est
probable que plusieurs d'entre eux appartiennent au même
individu. Mais il serait très illogique de comparer la condition
des ossements trouvés dans une tourbière avec ceux qui ont
séjourné dans un milieu tel que celui qui s'est formé au cône
de la Tinière.

M. Morlot, tout en ne se dissimulant pas ces difficultés, crut,
en présence de ces phénomènes si réguliers et si bien définis,
pouvoir les calculer, espérant arriver à des résultats approxi-
matifs assez certains. Il tient compte de plusieurs faits. En
admettant, par exemple, trois cents ans, au lieu de cinquante,
pour la période qui s'est écoulée depuis l'endiguement; en
admettant, en outre, que la période romaine représente une
antiquité de seize à dix-huit siècles, il obtient pour l'âge du
bronze une antiquité de 2900 à 4200 ans, pour l'âge de la
pierre de 4700 à 7000, et pour le cône entier une antiquité de
7300 à 11000 ans. M. Morlot pense qu'on serait presque dans
le vrai en déduisant seulement deux cents ans pour l'action
des digues, et en attribuant à la couche romaine une antiquité
de seize siècles, c'est-à-dire en l'attribuant au milieu du
IIIe siècle. Ceci donnerait une antiquité de 3800 ans pour l'âge
du bronze et de 6400 ans pour l'âge de la pierre; mais, en
somme, il est disposé à attribuer au premier une antiquité de
3000 à 4000 ans, et au dernier de 5000 à 7000 ans.

M. Gilliéron (2), professeur au collège de Neuveville, a fait
un essai non moins ingénieux, afin de fixer la date des habitations lacustres du pont de Thièle. La Thièle réunit le lac de
Neuchâtel au lac de Bienne. Pendant la première partie de son
cours, la vallée est étroite, et le pont auprès duquel on a décou-

(1) *Ueber Thierreste und Gebisstheil gefunden in den Schuttablagerungen
der Tinière*, Bern, 1868.
(2) *Notice sur les habitations lacustres du pont de Thièle*. Porrentruy,
1862.

vert le village lacustre, est situé à l'endroit le plus étroit de la vallée. Un peu plus bas, la vallée s'élargit tout à coup, et garde alors la même largeur, jusqu'à ce qu'elle rejoigne le lac de Bienne. Il est évident que la vallée, aussi loin que le pont sur la Thièle, était autrefois occupée par le lac, qui a été graduellement refoulé par l'action de forces encore en opération. Si donc nous pouvions savoir quel laps de temps a demandé ce changement, nous connaîtrions approximativement la date des débris trouvés au pont de Thièle, débris qui sont évidemment ceux d'un village lacustre. L'abbaye de Saint-Jean qui se trouve dans cette vallée à environ 375 mètres du bord actuel du lac, a été fondée, d'après d'anciens documents, entre 1090 et 1106, et a, par conséquent, environ 750 ans. Il se peut que l'abbaye n'ait pas été construite sur le bord même du lac; mais, dans ce cas même, le gain de la terre sur les eaux aura seulement été de 385 mètres en 750 ans. Le professeur Gilliéron ne compare pas à cette distance tout l'espace qui se trouve entre le couvent et le village lacustre, parce que, dans la partie étroite de la vallée où ce dernier est situé, le gain a pu être plus rapide; mais, si l'on se reporte seulement jusqu'à l'endroit où le bassin se contracte, on a une distance de 3000 mètres qui, d'après les données que nous venons d'expliquer, impliquerait une antiquité de 6750 ans au minimum. Ce calcul se base sur la supposition que le fond de la vallée était uniforme dans l'origine. M. Morlot est d'accord avec le professeur Gilliéron pour le croire, et cette supposition me semble raisonnable, d'après la configuration générale de la vallée. En outre, les sondages qu'a faits M. Hisely dans le lac de Bienne prouvent que la profondeur varie fort peu. Ces deux calculs, donc, paraissent prouver qu'il y a 6000 ou 7000 ans, la Suisse était déjà habitée par des hommes qui se servaient d'instruments en pierre polie; mais depuis combien de temps y étaient-ils? combien de siècles se sont écoulés avant que le métal fût découvert? Ce sont là des questions auxquelles il nous est impossible de répondre faute de preuves.

Les recherches de M. Horner en Égypte, entreprises sous les auspices de la Société royale de Londres et du gouvernement égyptien, indiquent une antiquité plus considérable encore. Chacun sait que la vallée du Nil est inondée chaque année, et, au temps même d'Hérodote, il était admis que l'Égypte avait anciennement été un bras de mer comblé graduellement et converti en terre sèche par le limon apporté par le fleuve.

Les savants français qui ont accompagné l'expédition de Napoléon en Égypte essaient d'estimer, dans le grand ouvrage qu'ils ont publié sur ce pays, l'élévation séculaire ainsi produite, et ils la fixent à 5 pouces par siècle. Cette moyenne générale, cependant, peut varier considérablement dans différents endroits; aussi M. Horner ne crut-il pas devoir appliquer ce calcul à des cas particuliers. Il préféra examiner l'accumulation produite autour de monuments dont l'époque d'érection est connue, et il en choisit deux, l'obélisque d'Héliopolis et la statue de Ramsès II à Memphis. « L'obélisque a été, dit-on, élevé 2300 ans avant J.-C.; si l'on ajoute 1850, année où l'observation fut faite (juin 1851, avant l'inondation de cette année), on obtient 4150 ans, pendant lesquels 11 pieds de sédiment se sont déposés, c'est-à-dire 3,18 pouces par siècle (1). » Mais M. Horner lui-même admet « qu'il ne faut pas ajouter foi entière à ces conclusions, parce qu'il se peut que le site choisi pour le temple et la ville d'Héliopolis fût quelque peu élevé au-dessus du niveau du reste du désert. » Il base donc principalement ses calculs sur les preuves que lui fournit la statue colossale de Memphis. Dans ce cas, la surface actuelle du sol est élevée de 10 pieds 6 pouces 3/4 au-dessus de la base de la plate-forme sur laquelle reposait la statue. En admettant que la plate-forme fût enfoncée de 14 pouces 3/4 au-dessous de la surface du sol à l'époque de l'érection, il reste un dépôt de sédiment de 9 pieds 4 pouces. Lepsius suppose que Ramsès régna de 1394 à 1328 avant J.-C., ce qui donnerait une antiquité de 3245 ans, et par conséquent un dépôt moyen de 3 pouces 1/2 par siècle. Ayant ainsi obtenu une mesure approximative des dépôts dans cette partie de la vallée du Nil, M. Horner creusa plusieurs puits à une profondeur considérable; dans l'un d'eux, tout près de la statue, à une profondeur de 39 pieds, il trouva un morceau de poterie, ce qui, d'après les données ci-dessus, indiquerait une antiquité d'environ 13 000 ans.

(1) Horner, *Philos. Trans.*, 1858, p. 73.

Au cours de plusieurs autres fouilles, on trouva des morceaux de poteries et d'autres preuves de la présence de l'homme à des profondeurs plus grandes encore, mais il faut avouer que plusieurs raisons rendent ces calculs douteux. Par exemple, il est impossible de savoir à quelle profondeur le piédestal de la statue était enfoncé dans le sol. M. Horner indique 14 pouces 3/4 ; mais s'il était plus profondément enfoncé, la moyenne du dépôt séculaire serait moindre et l'antiquité plus grande. Si, d'un autre côté, la statue était placée sur un terrain élevé, ce serait le contraire.

On a, en outre, prétendu que les anciens Égyptiens avaient l'habitude d'entourer de digues les endroits sur lesquels ils élevaient leurs temples, leurs statues, etc., afin de les préserver des eaux du Nil.

« Chaque fois, dit Sir Charles Lyell, que les eaux finissent par pénétrer dans de semblables dépressions, elles y emportent avec elles une grande quantité de boue enlevée sur les bords plus élevés, de telle sorte qu'une plus grande quantité de limon s'y dépose en quelques années, peut-être, que pendant des siècles dans la grande plaine où de semblables obstacles n'existent pas. » La rapidité du dépôt est donc proportionnelle à l'obstacle, et tend seulement à élever la surface déprimée au niveau général. Supposons, par exemple, que le monument de Ramsés élevé sur la plaine plate de Memphis, il y a 3200 ans, ait été protégé par des digues pendant les 2000 premières années, et que, pendant ce laps de temps, la plaine environnante se soit graduellement élevée de 5 pieds 10 pouces, soit, en moyenne, 3 pouces 1/2 par siècle ; quand la digue céda, l'espace défendu a dû se combler bien vite, arriver au niveau général, et un dépôt de 5 pieds 10 pouces a pu s'y faire en quelques années. Cependant ce dépôt exceptionnellement rapide ne serait que le complément du manque exceptionnel de dépôt qui l'a précédé ; en conséquence, dès que le niveau de la plaine environnante a été atteint, bien que le limon couvrant la base de la statue ait pu se déposer en quelques centaines d'années, c'est-à-dire depuis que les digues ont cédé, l'épaisseur du dépôt n'en sera pas moins la mesure de l'élévation générale qui a eu lieu sur la plaine environnante depuis l'érection du monument.

En admettant même que la digue soit restée intacte jusqu'à ce jour, et que le monument se soit trouvé dans la dépression ainsi formée, le raisonnement de M. Horner n'en serait pas faussé, il serait plutôt confirmé. La profondeur de la dépression nous montrerait l'étendue du dépôt qui a eu lieu depuis l'établissement de la digue. Il est vrai que si le monument avait été élevé dans un terrain déjà déprimé par l'action de digues plus anciennes encore, le calcul serait faussé; mais, dans ce cas, la moyenne des dépôts semblerait plus considérable qu'elle ne l'est réellement, et l'antiquité calculée serait au-dessous de ce qu'elle est en réalité. Il y a, toutefois, d'autres causes qui m'empêchent d'accepter sans réserve les conclusions de M. Horner, quoique ses recherches aient une grande importance, et que tous nos remercîments soient dus au gouvernement égyptien, pour la libéralité avec laquelle il a aidé M. Horner et la Société Royale.

Nous avons déjà indiqué sur quelles preuves M. Morlot s'appuie pour calculer l'âge du cône de la Tinière, calculs qui assignent environ 6000 ans à la couche inférieure de terre végétale, et 10 000 ans au cône tout entier. Mais, au-dessus de ce cône, il y en a un autre formé alors que le lac se trouvait à un niveau supérieur au niveau actuel, et que M. Morlot attribue à la période des graviers diluviens. Or ce dernier cône est environ douze fois aussi considérable que celui qui se forme actuellement, et semblerait, par conséquent, indiquer une antiquité de plus de 100 000 ans.

Dans ses *Voyages dans l'Amérique du Nord*, Sir C. Lyell a essayé d'estimer l'âge du delta du Mississippi : « Le docteur Riddle, dit-il, m'a communiqué à la Nouvelle-Orléans les résultats d'une série d'expériences qu'il a faites pour calculer la proportion de sédiment contenue dans les eaux du Mississippi. Il conclut que le rapport de la quantité moyenne de matières solides avec l'eau est de $\frac{1}{1245}$ en poids, ou environ de $\frac{1}{3000}$ en volume. Il a fait depuis une série d'expériences, et les tables qu'il a obtenues montrent que la quantité de matières en suspension augmente régulièrement avec la hauteur et la vitesse du courant. En somme, en comparant la saison des inondations avec celle de l'eau la plus pure, les expériences continuées jusqu'en 1849 donnent une moyenne annuelle de matières solides quel-

que peu inférieure à sa première évaluation, sans cependant
en différer beaucoup. On a calculé d'après ces observations, et
aussi d'après celles du docteur Carpenter et de M. Forskey
(éminent ingénieur dont j'ai déjà parlé), sur la largeur moyenne,
la profondeur et la vitesse du Mississippi, la quantité moyenne
d'eau et de sédiment que décharge ce fleuve. J'estimais alors à
528 pieds, ou la dixième partie d'un mille, l'épaisseur probable
du dépôt de boue et de sable dans le delta; je fondais cette
opinion sur la profondeur du golfe du Mexique, entre la pointe
méridionale de la Floride et les Balizes, qui est en moyenne de
100 brasses, et aussi sur quelques sondages poussés à une profondeur de 600 pieds, dans le delta auprès du lac Pontchartrain,
au nord de la Nouvelle-Orléans, sans qu'on ait, dit-on, trouvé
le fond des alluvions. La superficie du delta étant environ de
13 600 milles carrés, et la quantité de matières solides appor-
tées annuellement par le fleuve étant de 3 702 758 400 pieds
cubes, il aurait fallu 67 000 ans pour la formation du tout. Si
les alluvions de la plaine au-dessus du delta ont 264 pieds
d'épaisseur, ou moitié de celle du delta, il aurait fallu 33 500
ans pour son accumulation, en admettant que la superficie de
cette plaine soit seulement égale à celle du delta, alors qu'au
contraire elle est beaucoup plus considérable. »

En outre, comme Sir Charles lui-même l'a fait remarquer,
une proportion considérable des matières charriées par le
fleuve ne se dépose pas dans le delta, mais est entraînée dans
le golfe. Dans l'*Ancienneté de l'homme* (1), il se reporte au
calcul ci-dessus, et admet que la quantité d'eau a été estimée au-
dessous de sa valeur par les premiers observateurs. MM. Hum-
phreys et Abbot, qui ont récemment étudié le delta, « re-
marquent aussi que le fleuve pousse dans le golfe une certaine
quantité de sable et de gravier, quantité qui, d'après leur évaluation, doit augmenter d'un dixième à peu près le volume des
matières solides ». Ceci, bien entendu, réduirait de beaucoup
le temps nécessaire; mais si l'on met en ligne de compte la
quantité de boue transportée à la mer, dont on ne s'est pas occupé dans le premier calcul, Sir Charles Lyell considère encore

---

(1) Appendice à la troisième édition de l'*Ancienneté de l'homme*, p. 16.
Voir aussi *Geological Journal*, 1869, vol. XXV, p. 11.

100 000 ans comme une estimation très modérée et il pense que
« l'alluvium de la Somme, qui contient des instruments en silex et les débris du mammouth et de l'hyène, n'est pas moins
ancien ».

Quelle que soit la cause qui ait pu produire le changement
de climat qui s'est opéré dans l'Europe occidentale, on ne peut
guère douter que ce changement implique un laps de temps
considérable.

Nous devons à M. Hopkins un mémoire fort intéressant sur ce
sujet. Parmi les causes possibles de ce changement, il discute :

1° Variation de l'intensité de la radiation solaire.

M. Hopkins ne voit pas d'objections à priori contre cette théorie ; mais il n'est pas disposé à y attacher beaucoup d'importance, parce que c'est « une simple hypothèse destinée à expliquer une seule classe de faits limités, et qu'elle n'est pas
supportée par le témoignage d'autres phénomènes indépen-
dants ».

On peut cependant l'attaquer au moyen du raisonnement du
professeur Tyndall (1), qui pense que les anciens glaciers
prouvent aussi bien l'action de la chaleur que celle du froid.
« Le froid, dit-il, ne peut pas produire des glaciers. Le vent du
nord-est le plus froid peut régner à Londres pendant tout l'hiver sans qu'il tombe un seul flocon de neige. Il faut que le froid
puisse opérer sur un objet essentiel, et cet objet, la vapeur
d'eau dans l'atmosphère, est le produit direct de la chaleur.
Posons cette question des glaciers sous une autre forme : la
chaleur latente de la vapeur d'eau, à la température de sa production sous les tropiques, est d'environ 1 000° Fahr., car la
chaleur latente s'accroît à mesure que la température d'évaporation descend. Une livre d'eau ainsi vaporisée sous l'équateur
a absorbé mille fois la quantité de chaleur qui élèverait d'un
degré une livre du liquide... Il est parfaitement évident qu'en
affaiblissant l'action du soleil, soit par un défaut d'émission,
soit en plongeant le système solaire tout entier dans un espace
à basse température, nous détruirions la cause même des glaciers. »

Le professeur Frankland va même jusqu'à exprimer l'opi-

(1) *Heat considered as a mode of motion*, p. 192.

nion que « la seule cause des phénomènes de l'époque glaciaire a été une température plus élevée de l'Océan que celle
qui existe aujourd'hui (1). » Le professeur oublie, sans doute,
le fait que la faune de la mer aussi bien que celle de la terre a
un caractère essentiellement arctique.

2° En admettant le mouvement propre du soleil, on a suggéré que nous avons pu récemment sortir d'une région de l'espace plus froide pour entrer dans une région plus chaude.

Je dois renvoyer au mémoire de M. Hopkins pour les objections qu'il soulève contre cette suggestion ; elles semblent certainement « rendre cette théorie inapplicable à l'explication
des changements de température pendant les époques géologiques les plus récentes ».

Les mêmes objections fatales faites à la première hypothèse
peuvent en outre s'appliquer à celle-ci. La production de la
neige nécessite et de la chaleur et du froid : de la chaleur pour
produire l'évaporation, du froid pour la condensation. Ce dont
nous avons besoin, en un mot, c'est un plus grand contraste
entre la température des tropiques et celle de nos latitudes :
de telle sorte que, bien que cela puisse sembler un paradoxe,
la cause première de l'époque « glaciaire » peut après tout
être une élévation de la température sous les tropiques, causant plus d'évaporation dans les régions équatoriales, et conséquemment plus de matière première, si nous pouvons nous
exprimer ainsi, pour la production de la neige dans les régions tempérées pendant les mois d'hiver.

3° Un changement de l'axe de la terre.

Bien des astronomes ont nié la possibilité d'un semblable
changement. Mon père, feu Sir J. W. Lubbock, au contraire, a
soutenu (2) qu'il est la conséquence forcée de soulèvements et
de dépressions à la surface de la terre, à condition que ces
phénomènes aient été assez considérables. D'autres mathémati-
ciens ont récemment défendu la même hypothèse. Cette suggestion, cependant, impliquerait, comme la précédente, d'immenses changements géographiques et nécessiterait un laps de
temps énorme.

(1) *Phil. Mag.*, 1864, p. 328.
(2) *Geol. Journ.*, vol. V, p. 4.

M. Hopkins est disposé à trouver la vraie solution de la difficulté dans la supposition que le Gulf Stream n'échauffait pas à cette époque les côtes de l'Europe. « Une dépression de 2000 pieds convertirait, dit-il, le Mississippi en un grand bras de mer dont le golfe du Mexique actuel formerait l'extrémité méridionale et qui communiquerait par son extrémité septentrionale avec les eaux occupant la... grande vallée occupée actuellement par la chaîne des lacs. » Dans ce cas, le Gulf Stream n'aurait plus été dévié par les côtes américaines, mais aurait traversé directement ce canal pour aller se jeter dans l'océan Arctique; et comme tout grand courant océanique doit avoir son contre-courant, il est probable qu'il y aurait eu un courant d'eau froide entre les côtes de la Norvège et du Groenland. L'absence du Gulf Stream abaisserait probablement de 10 degrés la température de janvier dans l'Europe occidentale, et la présence d'un courant froid venant du nord ferait, en outre, une différence de 3 ou 4 degrés (1), changement climatérique qui serait évidemment suffisant pour expliquer tous les phénomènes. M. Hopkins pense que cette théorie n'est pas une simple hypothèse, mais qu'elle est une conséquence nécessaire de l'affaissement de l'Amérique du Nord, affaissement indiqué par des preuves de nature différente.

Dans ce cas, bien entendu, les périodes de grand froid en Europe et en Amérique auraient été successives et non pas simultanées; il faut aussi observer, que, dans cette déviation supposée du Gulf Stream, M. Hopkins avait en vue une période antérieure à celle des rivières actuelles. Car, si nous adoptions cette solution de la difficulté, il faudrait supposer un temps énorme. Si, quand les graviers et les loess de la Somme et de la Seine se déposaient, le Gulf Stream passait sur ce qui est actuellement la vallée du Mississippi, il s'ensuit que la formation du loess dans cette vallée et dans son delta, accumulation qui, selon Sir Ch. Lyell, a nécessité une période d'environ cent mille ans, serait subséquente à l'excavation de la vallée de la Somme et à la présence de l'homme dans l'Europe occidentale.

L'éloignement du Gulf Stream de nos côtes pourrait cependant être dû à une autre cause, c'est-à-dire à l'affaissement de

(1) Hopkins, *loc. cit.*, p. 85.

l'isthme de Panama. A l'appui de cette suggestion on pourait citer le fait remarquable, récemment observé par le docteur Gunther, que, sur soixante-treize espèces de poissons tropicaux. 57, ou 30 pour 100, se retrouvent des deux côtés de l'isthme, dans l'Atlantique et dans le Pacifique (1).

Cependant M. Croll a fait remarquer qu'à présent les vents alizés du sud-est dans l'Atlantique soufflent avec plus de force que ceux du nord-est; qu'en conséquence, les vents du sud-est font quelquefois sentir leur action jusque par 10° ou 15° de latitude nord, tandis que ceux du nord-est soufflent rarement au sud de l'équateur. Mais pendant l'époque glacière le contraire devait avoir lieu. Aussi le grand courant équatorial a dû, pendant cette période, être poussé considérablement au sud de sa position actuelle (2). A présent même, tandis que la plus grande partie de l'eau pénètre dans le golfe du Mexique, une partie est défléchie vers le sud, et dans le cas mentionné plus haut, c'eût été la plus grande partie sinon le tout.

Dans les circonstances actuelles, cependant, la partie se dirigeant vers le sud est comparativement petite, de beaucoup plus grande est la partie du courant équatorial qui se dirige vers le nord et échauffe l'hémisphère boréal, de telle sorte que la température comparativement élevée de l'Atlantique septentrional est due en quelque sorte à la chaleur provenant de l'hémisphère méridional. Dans un mémoire récent (3). M. Croll a démontré le grand effet produit par le Gulf Stream sur le climat actuel de l'Europe. Il calcule que le courant amène autant de chaleur qu'en reçoivent du soleil à l'équateur 3 121 870 milles carrés, presque autant qu'en reçoivent du soleil les régions arctiques entières, la proportion étant comme 15 est à 18. Notre climat actuel est supérieur de 12° à la normale de sa latitude, mais M. Croll fait remarquer qu'il ne faudrait certes pas penser que ce soit là la mesure absolue de l'effet du Gulf Stream. La température de l'hémisphère entier est élevée par les courants équatoriaux, et les 12° « représentent simplement le nombre de degrés dont jouit l'Angleterre au-dessus de la température normale afférente à sa latitude ».

---

(1) *Trans. Zool. Soc.*, vol. VI, p. 397.
(2) Groll, *Philos. Mag.*, août 1863.
(3) *Loc. cit.*, févr. et octobre 1870.

La douce température dont jouit actuellement l'Europe est
encore due à une autre cause qu'il convient de ne pas négliger
absolument. A l'époque que nous considérons, la géographie
de l'Europe occidentale devait être à peu de chose près ce
qu'elle est aujourd'hui. Il y a cependant de fortes raisons de
croire que le désert du Sahara faisait alors partie de l'océan
Atlantique. M. Tristram a appelé l'attention sur les dunes,
les anciennes plages, les terrasses que l'on remarque sur
les limites septentrionales du désert, et on trouve encore la
buccarde commune dans quelques-uns des lacs salés. M. Tristram a découvert aussi une espèce d'*Haligenes*, qui habite le
golfe de Guinée, dans un lac salé, par 32° de latitude Nord et
7° de longitude Est, séparée par conséquent de son habitat actuel par l'étendue du grand désert. En outre, comme nous
l'avons déjà vu, la distribution géographique actuelle des animaux ne peut s'expliquer que par l'hypothèse que la faune
existante, y compris l'homme, occupait l'Afrique longtemps
avant que le Sahara fût devenu terre sèche.

M. Croll a démontré, dans le mémoire déjà cité, que les courants d'eau chaude produisent sur le climat un effet beaucoup
plus considérable que des courants aériens égaux en volume
et en température ; il est évident, cependant, que le changement
du Sahara de mer en désert a dû produire une perturbation
considérable dans le climat de l'Europe. Nous recevons à présent du sud des vents chauds, secs, qui nous échauffent directement et indirectement aussi en fondant les neiges et les glaces
au sommet de nos montagnes. Si le Sahara était une mer, le
Fohn, au lieu d'être un vent brûlant, sec, qui dépouille les
Alpes de leurs neiges en les faisant fondre et en les faisant
évaporer, serait un vent humide chargé d'eau : aussi, quand il
atteindrait les montagnes, produirait-il des nuages et des brouil-
lards épais qui empêcheraient les rayons du soleil d'échauffer
la terre ou de fondre les glaciers. De telle sorte que, nous qui
sommes assez disposés à regarder le désert du Sahara comme
un espace inutile, nous lui devons après tout en grande partie
la fertilité et la civilisation de l'Europe.

M. Adhémar (1) a suggéré une explication du froid de l'époque

(1) J. Adhémar, *Révolutions de la mer,* Paris.

glaciaire qui, si elle est fondée, nous donnerait le moyen d'en calculer l'ancienneté. Si le plan de l'équateur coïncidait exactement avec celui de l'écliptique, c'est-à-dire avec celui de l'orbite de la terre, il est évident qu'à chaque jour succéderait une nuit d'égale longueur. Mais en raison de l'obliquité de l'écliptique, il ne se trouve que deux jours de l'année où cette égalité des jours et des nuits se présente, c'est-à-dire le 20 mars et le 23 septembre. Aussi notre année se divise-t-elle en quatre périodes bien distinctes. L'hiver commence le 22 décembre, jour le plus court de l'année, et se continue jusqu'au 20 mars, qu'on appelle l'équinoxe du printemps, parce qu'alors le jour et la nuit sont d'égale longueur. Le printemps commence le 20 mars et dure jusqu'au 21 juin, et pendant ce laps de temps les jours continuent à s'allonger aux dépens de la nuit.

Mais, à partir du 21 juin, premier jour de l'été, les jours commencent à raccourcir jusqu'au 23 septembre, où le jour et la nuit sont de nouveau d'égale longueur, et nous avons l'équinoxe d'automne.

L'automne commence le 23 septembre, et les jours continuent à diminuer jusqu'au 22 décembre, jour le plus court de l'année, après quoi ils commencent à allonger de nouveau.

A présent donc, l'hémisphère boréal a, chaque année, sept jours de plus de printemps et d'été que d'automne et d'hiver, tandis que, d'un autre côté, l'hémisphère austral a sept jours de plus d'automne et d'hiver que de printemps et d'été. Cette inégalité des saisons a pour cause la plus grande rapidité avec laquelle se meut la terre quand elle est à son périhélie ou plus près du soleil, ce qui arrive le 31 décembre.

Les dates du périhélie et de l'équinoxe du printemps n'ont pas toujours été et ne seront pas toujours les mêmes qu'à présent. Un changement constant, quoique fort lent, a, au contraire, toujours lieu : l'équinoxe de printemps, qui se trouve actuellement le 20 mars, sera plus tard le 19, puis le 18 et ainsi de suite ; tandis que le périhélie, qui arrive aujourd'hui le 31 décembre, finira par arriver le 1er janvier, puis le 2 et ainsi de suite. L'intervalle entre l'équinoxe et le passage au périhélie diminue donc constamment ; ils finiront par coïncider ; puis dans environ 21 000 ans ils seront aussi distants l'un de l'autre qu'ils le sont aujourd'hui. Les jours les plus longs et les plus courts et l'équinoxe d'automne se modifient dans la même mesure que l'équinoxe de printemps, et, par conséquent, l'hémisphère boréal et l'hémisphère austral jouissent alternativement d'une prépondérance d'été. En l'année 1248 de l'ère chrétienne, le premier jour de l'hiver correspondait avec le passage de la terre au périhélie, ce fut par conséquent l'année du plus long été dans l'hémisphère boréal. Jusqu'à cette époque l'été augmentait; actuellement, et depuis 620 ans, il diminue graduellement.

Toutefois les astronomes ne pensent ordinairement pas que ces changements, ou même ceux qui affectent l'excentricité de notre orbite, puissent produire une différence matérielle entre les climats des deux hémisphères, parce que, quelle que puisse être l'excentricité de notre orbite, les deux hémisphères doivent recevoir exactement la même quantité de chaleur, « la proximité du soleil au périgée ou sa distance à l'apogée compensant exactement le mouvement plus ou moins rapide de la terre »; en autres termes, l'hémisphère austral a un été plus court que le nôtre parce qu'il se trouve plus près du soleil, et, pour la même raison, il reçoit plus de chaleur en un temps donné, de telle sorte que les deux différences se neutralisent l'une l'autre.

Mais M. Adhémar fait remarquer que la température de chaque hémisphère ne dépend pas de la quantité de chaleur reçue du soleil, mais de la différence entre la quantité reçue et la quantité perdue par radiation dans l'espace. Si, dit-il, pour bien faire comprendre sa pensée, on brûle une quantité de bois donnée dans deux chambres identiques, puis que l'on ouvre les croisées de l'une et non de l'autre, on aura bientôt une différence de température, bien que la quantité de chaleur donnée ait été la même dans les deux chambres (1).

Or l'hémisphère boréal a $186 \times 24 = 4464$ heures de jour et $179 \times 24 = 4296$ heures de nuit dans l'année, tandis que l'hémisphère austral a 4464 heures de nuit et seulement 4296 heures de jour. Nous pouvons admettre que l'hémisphère austral reçoit autant de chaleur du soleil pendant ses 4296 heures de jour que nous pendant nos 4464, mais il est évident qu'il en

(1) *Révolutions de la mer*, p. 344.

conserve moins parce qu'il a 186 heures de nuit en plus et que, pendant ce temps, la radiation se produit. Ainsi donc, la quantité de chaleur reçue par les deux hémisphères est égale, mais la température des deux ne sera en aucune façon la même, et bien que tout d'abord cette différence puisse être fort minime, elle tend à augmenter par sa nature même.

La plus grande accumulation des glaces dans l'hémisphère austral prouve qu'il est plus froid que l'hémisphère boréal; mais il est évident aussi que ce fait lui-même tend à accroître la différence à laquelle il est dû.

M. Adhémar affirme, en outre, que l'immense coupole de glace que l'on sait exister autour du pôle sud doit affecter le centre de gravité de la terre et conséquemment attirer l'Océan vers le sud. Il essaye d'expliquer de cette façon la remarquable prépondérance des terres dans l'hémisphère boréal et celle des mers dans l'hémisphère austral. Un coup d'œil jeté sur une carte montre cette différence, mais le tableau suivant la rend plus apparente encore. Prenant chaque parallèle comme unité, la proportion des mers est comme suit :

60° nord	0.353	10° sud	0.786
50° »	0.407	20° »	0.777
40° »	0.527	30° »	0.791
30° »	0.536	40° »	0.951
20° »	0.677	50° »	0.972
10° »	0.710	60° »	1.000
0° »	0.771		

Sans contredit, une augmentation progressive de la mer si remarquablement régulière peut à peine être le résultat du hasard.

M. Adhémar soutient que ce fait est dû au changement du centre de gravité de la terre, causé par la grande coupole de glace au pôle sud, et que, par conséquent, il y a 11 120 ans (c'est-à-dire 10 500 ans avant 1248), alors que l'hémisphère boréal se trouvait à son maximum de froid, et le glacier septentrional à son maximum d'étendue, la prépondérance des eaux devait se trouver dans l'hémisphère septentrional. La submersion des terrains les moins élevés de l'Europe et de l'Amérique serait donc due à un changement, non du niveau des terres, mais du niveau de la mer. Il pense que, lorsque la coupole de glace qui s'accroît chaque année vient à faire contrepoids à celle qui diminue, le centre de gravité de la terre change brusquement de place, les eaux se précipitent et il se produit un déluge alternativement du nord au sud et du sud au nord tous les 10 500 ans. Il me semble, cependant, que l'accumulation des glaces à l'un ou l'autre pôle doit être trop lente et que, par conséquent, le déplacement du centre de gravité doit être trop graduel pour causer un déluge d'eau provenant du pôle.

Selon cette théorie, en l'année 1248 l'hémisphère septentrional se trouvait à sa période de plus grande chaleur et l'hémisphère méridional à sa période de plus grand froid. Or, comme 600 ans se sont écoulés depuis, nous devrions trouver quelques preuves de modifications postérieures.

M. Adhémar fait remarquer que, dans l'hémisphère austral, le grand glacier méridional a considérablement diminué depuis les voyages du capitaine Cook; mais c'est dans l'hémisphère septentrional qu'il trouve les preuves les plus nombreuses de modifications. Il s'appuie sur l'accroissement, pendant ces derniers siècles, des glaciers de la Suisse, sur l'augmentation des glaces au Groenland, et fait remarquer que la culture de la vigne ne s'étend plus aussi loin vers le nord qu'autrefois. M. Adhémar soutient donc que la dernière période de grand froid s'est produite il y a 11 120 ans; que, depuis cette époque, le climat de notre hémisphère s'est constamment amélioré jusqu'en l'année 1248, puis que, depuis cette époque, il devient de plus en plus froid. Sir Charles Lyell (1), toutefois, ne croit pas que ce changement, « qui pourrait tout au plus produire une différence d'un demi-degré Fahrenheit entre le froid de l'hiver actuel et celui de 1248, soit appréciable ». Il ajoute que tout l'effet que peuvent produire les modifications séculaires astronomiques « doit toujours être subordonné à l'influence des conditions géographiques (2) ».

Sir John Herschell (3) est loin aussi de supposer que ces modifications puissent produire de tels changements clima-

(1) *Principles of Geology*, 1867, vol. I, p. 278.
(2) *Loc. cit.*, p. 243.
(3) *Outlines of Astronomy*, 1858, p. 235.

tériques. Cette discussion, d'ailleurs, est fort intéressante en ce qu'elle prouve combien nous sommes loin de posséder les données nécessaires pour arriver à une conclusion satisfaisante; car, tandis que, comme nous l'avons vu, M. Adhémar considère l'immense coupole de glace au pôle sud comme la cause de l'absence presque entière des terres à ce pôle, Sir Ch. Lyell, au contraire, attribue le froid intense des hautes latitudes méridionales à la vaste étendue et à la grande élévation du continent antarctique. M. Adhémar nie l'existence même de ce continent qui est incompatible avec la théorie qu'il soutient.

Les découvertes de la terre Victoria, de la terre d'Enderby et d'autres côtes, celle du grand volcan, le mont Erebus, sont, il faut bien l'avouer, défavorables à la théorie de M. Adhémar en tant qu'il l'applique à expliquer la remarquable distribution actuelle de la terre et des mers. Il faut aussi se rappeler, et c'est la preuve que la distribution géographique des terres et des mers a plus d'influence sur le climat que M. Adhémar ne semble disposé à l'admettre, que, selon sa théorie, l'hémisphère méridional, considéré comme un tout, devrait à présent être beaucoup plus froid que l'hémisphère septentrional, ce qui est loin d'être la vérité.

Or donc, bien qu'on ne puisse douter que ces modifications doivent, dans une certaine mesure, affecter notre climat de la façon indiquée par M. Adhémar, les savants les plus autorisés ne pensent pas que la cause indiquée par lui soit suffisante en elle-même pour expliquer des changements aussi considérables que ceux qui ont eu lieu. Toutefois l'effet produit s'augmente avec l'excentricité de l'orbite de la terre. La forme de cet orbite change constamment. Quand il se rapproche du cercle, l'effet produit par la précession des équinoxes et le changement de position au périhélie diminue, tandis qu'au contraire il s'accroît quand l'orbite s'allonge. Actuellement l'excentricité de notre orbite n'est que de 0,0168, c'est-à-dire que l'orbite est presque circulaire; mais il y a eu des époques où il était beaucoup plus allongé et où, par conséquent, les extrêmes de température dépendant de la précession et de la position au périhélie devaient être beaucoup plus considérables.

Tableau indiquant les variations dans l'excentricité de l'orbite de la terre pendant un million d'années avant l'an 1800 de notre ère, et quelques effets climatériques produits par ces variations.

	1	**2**	**3**	**4**	**5**	**6**
	Nombre d'années avant l'an 1800.	Excentricité de l'orbite.	Différence de distance en millions de milles	Nombre de jours d'hiver en excès.	Moyenne du mois le plus chaud sous la latitude de Londres.	Moyenne du mois le plus froid sous la latitude de Londres.
D	1.000.000	0651	2³/₄	7.3	83° F	21° F
	950.000	0517	9 ¼	25.1	109°	4°
	900.000	0102	1 ¼	4.9	80°	23°
C ⎰ a	850.000	0747	13 ⅓	36.4	126°	7°
⎱ b	800.000	0432	2 ¼	6.4	82°	22°
c	750.000	0575	10 ½	27.8	113°	0°6
	700.000	0220	4	10.2	87°	17°
	650.000	0226	4	11	88°	16°
	600.000	0417	7 ½	20.3	101°9	7°9
	550.000	0166	3	8	84°	20°
	500.000	0388	7	18.8	99°	9°
	450.000	0308	5 ½	15	94°	13°
	400.000	0170	3	8.2	84°	20°
	350.000	0195	3 ½	9.5	86°	18°
	300.800	0424	7 ³/₄	20.6	102°	7°
	250.000	0258	4 ½	12.5	90°	15°
B ⎰ a	210.000	0375	10 ½	27.8	113°	0°7
⎱ b	200.000	0567	10 ¼	27.7	113°	1°9
	150.000	0332	6	16.1	95°	12°
A	100.000	0473	8 ½	23	105°	5°
	50.000	0131	2 ¼	6.3	82°	22°
	0	0168	3	8.1	84°	20°

EXPLICATION DE LA TABLE

COLONNE 1. — Divisions d'un million d'années précédant l'an 1800 en vingt parties égales.

COLONNE 2. — Indique l'excentricité de l'orbite de la terre calculée par M. James Croll, à l'aide de la formule de M. Leverrier, en unités égales à la distance moyenne, ou à la moitié du diamètre le plus long de l'ellipse.

COLONNE 3. — Les chiffres de cette colonne ainsi que des trois suivantes ont été calculés par M. John Carrick Moore. Ils

indiquent en millions de milles la différence entre la plus
grande et la plus petite distance de la terre au soleil pendant
les excentricités indiquées dans la colonne 2.

COLONNE 4. — Indique le nombre de jours, au moyen desquels l'hiver arrivant pendant l'aphélie est plus long que l'été
pendant le périhélie.

COLONNE 5. — Indique la température moyenne du mois le
plus chaud sous la latitude de Londres quand l'été arrive pendant le périhélie.

COLONNE 6. — Indique la température moyenne du mois
d'hiver le plus froid sous la latitude de Londres, quand l'hiver
arrive pendant l'aphélie.

M. Croll et M. Stone ont calculé l'excentricité de l'orbite de
la terre pendant le dernier million d'années, et M. John Carrick
Moore a étudié l'effet de cette excentricité sur notre climat, en
admettant que toutes autres choses aient été en l'état où elles
sont actuellement. Les résultats de ces recherches sont indiqués
dans les quatre dernières colonnes du tableau précédent que
donne Sir Ch. Lyell dans la dernière édition de ses *Principles
of Geology* (1).

Ce tableau prouve qu'il y a eu quatre périodes marquées A,
B, C et D, pendant lesquelles l'excentricité a été considérable
et le climat extrême. Les périodes marquées A et B, dit Sir
Charles Lyell, « ne sont pas, je crois, suffisamment éloignées
de notre époque pour donner le temps nécessaire à l'accomplissement de cette série d'événements glaciaires et post-
glaciaires, qui se sont produits, nous pouvons le prouver,
depuis la période du plus grand froid. Ces événements se rapportent à des changements de niveau des terres dans des directions opposées, aussi bien qu'à l'excavation des vallées, à des
modifications dans la distribution des animaux aquatiques et
terrestres, changements qui se produisent si lentement que
200 000 ans ne suffiraient pas pour l'accomplissement de tous
ceux que nous connaissons. Je pense donc, avec M. Croll, que
si l'on peut expliquer la période du froid glacial le plus intense
par le fait de la grande excentricité de l'orbite, la conjecture
la plus probable serait d'assigner à C et à B la période en ques-

(1) *Loc. cit.*, vol. I, p. 293.

tion, en d'autres termes, de regarder l'époque glaciaire comme remontant à 800 000 ans. »

C'est avec beaucoup d'hésitation que je diffère d'opinion avec une aussi grande autorité que Sir Charles Lyell, mais j'avoue que je serais plutôt disposé à assigner l'époque glaciaire aux périodes A et B qu'aux périodes C ou D (1).

Il me semble plus probable, en effet, que la forme actuelle de l'Europe ait continué d'exister presque sans modifications pendant une période aussi longue que 800 000 ans et « les variations dans la distribution des animaux aquatiques et terrestres » pourraient, je pense, s'être produites en moins de 200 000 ans, grâce aux grands changements de climats qui se sont produits. En outre, le *Geological Magazine*, numéro de juin 1868, contient un mémoire intéressant de M. Geikie, « sur les dénudations qui se produisent actuellement », dans lequel il discute l'effet général produit par les rivières dans l'excavation des vallées et l'abaissement du niveau général du pays· « Car il est clair que si une rivière charrie chaque année un certain nombre de millions de pieds cubes de sédiments, la superficie du pays drainé par cette rivière doit avoir perdu cette quantité de matières solides, et, si nous pouvions replacer le sédiment en le répandant sur le bassin, la couche ainsi replacée représenterait la quantité dont le bassin a été ainsi dépouillé pendant une année ». D'après des observations faites sur le Mississippi, le Gange, le Rhône, le Danube et autres grands fleuves, M. Geikie estime la perte annuelle à $\frac{1}{6000}$ de pied. Mais il fait remarquer que cette dénudation n'est pas uniforme. Les plaines perdent peu, les versants et les vallées beaucoup. On ne peut douter, dit-il, que l'érosion des versants du lit et des ruisseaux ne soit beaucoup plus considérable que celle des terrains plats. Supposons que cette érosion soit neuf fois plus grande dans un cas que dans l'autre (très probablement c'est plus encore), en d'autres termes, que, tandis que les plaines et les tableaux ont perdu un pied de leur surface, les collines et les ruisseaux aient perdu neuf pieds. Supposons, en outre, qu'un dixième de la superficie d'un pays soit occupé par des

---

(1) Dans un récent mémoire, M. Croll exprime aussi cette opinion. *Phil. Mag.*, 1868, p. 367.

rivières et des collines, et que les autres neuf dixièmes consistent en plaines, en larges vallées et en terrains plats. Or, selon les données ci-dessus, la quantité moyenne annuelle de détritus emportés à la mer est égale à la perte annuelle de $\frac{1}{6000}$ de pied de la surface générale du pays. En conséquence, les vallées perdront $\frac{1}{1200}$ de pied et les plaines $\frac{1}{10800}$ de pied. »

M. Geikie calcule de cette manière que l'Europe disparaîtrait en un peu plus de 4000000 d'années. Je ne puis accepter complétement cette conclusion, car, lorsqu'un fleuve n'a plus une certaine vitesse de courant, il cesse de creuser. Ainsi le Nil, au lieu d'abaisser le niveau de l'Égypte, l'élève sans cesse, et presque tous nos grands fleuves se comportent de la même façon à leur embouchure. Quant aux districts élevés, les données de M. Geikie sont, sans doute, assez exactes, et, si nous les appliquons à la vallée de la Somme, où l'excavation a environ 200 pieds de profondeur, elles indiqueraient pour l'époque paléolithique une antiquité de 100000 à 240000 ans. Or, bien que nous arrivions à ce chiffre par un raisonnement tout différent, il concorde avec les périodes A et B dans les calculs faits par MM. Croll et Stone.

Outre les causes déjà indiquées, il y a au moins un autre phénomène astronomique, c'est-à-dire le changement dans l'obliquité de l'écliptique, dont il faut tenir compte, quand on considère les effets que les causes cosmiques peuvent ou doivent avoir exercés sur le climat. Cette question donc présente non seulement un immense intérêt, mais aussi beaucoup de difficultés, et je ne crois pas que nous soyons actuellement en état d'estimer avec une suffisante certitude les effets que ces différentes causes ont pu produire sur le climat.

Plusieurs autres points se rattachant à la période glaciaire recevraient une explication naturelle si nous pouvions adopter les suppositions de M. Adhémar et de M. Croll. Ainsi M. Morlot a fait remarquer, il y a plusieurs années, que l'on trouve en Suisse la preuve de deux périodes de froid, pendant ce qu'on appelle l'époque glaciaire, périodes séparées par un intervalle plus chaud (1).

___

(1) *Bull. de la Société Vaudoise des sciences naturelles*, mars 1854. *Bibl. universelle de Genève*, mai 1858.

On ne peut pas, je crois, dans l'état actuel de nos connaissances, déterminer d'une façon concluante si M. Adhémar est dans le vrai quand il attribue la prépondérance de l'Océan dans l'hémisphère austral à l'influence du grand glacier antarctique. On ne peut, cependant, douter qu'une accumulation de neige et de glace à un pôle, en affectant la position du centre de gravité de la terre, attirerait les eaux vers ce pôle. M. Croll calcule qu'une diminution de 470 pieds dans l'épaisseur du glacier antarctique élèverait au pôle nord le niveau de la mer, de 26 pieds 5 pouces, et de 25 pieds sous la latitude de Glasgow. Un mille de glace enlevé de la même façon produirait un changement de 280 pieds. M. Adhémar insiste sur différentes considérations qui le conduisent à attribuer une fort grande épaisseur au grand glacier austral; en conséquence, il pense que les changements du niveau de la mer qui résulteraient de la prépondérance alternative de la glace dans les régions arctiques et antarctiques suffisent à expliquer les différentes modifications dans la distribution des terres et des eaux. Cependant d'autres considérations nous prouvent qu'il a dû y avoir des élévations et des dépressions de la terre elle-même, mais il est impossible de nier que la cause invoquée par M. Adhémar ait pu produire l'élévation relative de la mer, élévation prouvée par les dunes élevées le long de nos côtes et la dépression indiquée par les forêts submergées qu'on retrouve en tant d'endroits.

Les premières indiqueraient les périodes de froid, les dernières les périodes de chaleur. Cette même cause expliquerait naturellement la condition actuelle de nos fleuves. On ne peut douter que beaucoup d'entre eux aient creusé leurs propres vallées. A présent, au contraire, ils comblent les parties les plus basses des excavations, comme nous l'avons vu, par exemple, pour la Somme.

D'ailleurs, le fond de ces vallées se trouve, dans la plupart des cas, à un niveau inférieur au niveau actuel de la mer, ce qui ne pouvait être à l'époque où elles ont été excavées. Il est donc évident que l'excavation a dû se compléter à l'époque où le niveau de la mer était relativement plus bas qu'il ne l'est aujourd'hui.

On se rappelle, en outre, qu'à côté des restes des animaux

arctiques on en a trouvé d'autres indiquant un climat chaud,
tels par exemple que l'hippopotame. Ce fait, qu'on avait jusqu'à présent regardé comme une difficulté, se trouve naturellement expliqué par la théorie de M. Croll; en effet, quand l'excentricité était considérable, il devait se produire un changement
climatérique considérable, tous les dix ou douze mille ans.
Mais une période de dix mille ans, quelque longue qu'elle
puisse nous paraître, est fort peu de chose si on se place au
point de vue géologique. Nous pouvons donc parfaitement
comprendre comment il se fait que l'on trouve ensemble, en
France et en Angleterre, les restes de l'hippopotame et du
bœuf musqué. Les mêmes conditions astronomiques qui ren-
daient nos vallées habitables pour les uns devaient, à un intervalle de dix mille ans, les rendre habitables pour les
autres.

Sir Charles Lyell (1) a aussi essayé d'évaluer la durée de
l'époque glaciaire, en supposant que les différents mouvements
de soulèvement et d'affaissement se produisent à raison de
2 pieds et demi par siècle. Il indique les changements suivants
comme « la série la plus simple de changements dans la géographie physique qui puisse expliquer les phénomènes de l'époque
glaciaire :

« D'abord, une période continentale, vers la fin de laquelle
florissait la forêt de Cromer, alors que la terre était au moins à
500 pieds au-dessus de son niveau actuel, peut-être même beaucoup plus haut, et son étendue probablement plus grande que
celle indiquée sur la carte. » Dans cette carte, les îles Britan-
niques, y compris les Hébrides, les Orcades, les Shetland, sont
réunies les unes aux autres et avec le continent, la mer du Nord
tout entière se trouvant au-dessus des eaux.

« Secondement, une période d'affaissement, pendant laquelle
les terres, au nord de la Tamise et de la mer d'Irlande, deviennent graduellement un archipel; enfin, la mer finit par l'emporter, et il ne reste plus au-dessus de l'eau que le sommet des
montagnes. Ce fut la période du grand affaissement et des glaces
flottantes, alors que la flore scandinavienne, qui couvrit les terrains inférieurs pendant la première période continentale, dut

(1) *Antiquity of Man*, pp. 282, 285.

se répandre, à l'exclusion de toute autre, sur les seules terres qui n'étaient pas couvertes de neiges perpétuelles.

« Troisièmement, une seconde période continentale, alors que le lit de la mer Glaciale, avec ses coquilles marines et ses blocs erratiques, est mise à sec et que l'étendue des terres égale celle de la première période. » Durant cette période, il est probable que le Spitzberg, le Groenland, l'Islande et les îles Feroë reçurent leur végétation présente, qui semble à peine pouvoir s'expliquer si l'on n'admet une continuité complète ou approximative du sol (1).

Il est évident que de semblables changements durent nécessiter un laps de temps considérable. Sir Ch. Lyell admet que le changement moyen de 2 pieds 1/2 par siècle est purement arbitraire, une simple conjecture, et qu'il y a bien des cas où le changement a pu se monter à 6 pieds par siècle; il pense, cependant, que le taux qu'il indique par siècle est plutôt au-dessus qu'au-dessous de la moyenne, et je crois que, sur ce point, tous les géologues sont d'accord avec lui.

D'après cette hypothèse, un affaissement de 1400 pieds du pays de Galles demanderait 56 000 ans; mais « si, selon l'opinion du professeur Ramsay, on adopte l'évaluation de 800 pieds de plus, cette élévation étant nécessaire pour le dépôt de quelques parties stratifiées, il faut une période additionnelle de 32 000 ans, ce qui fait un total de 88 000 ans; le même laps de temps serait en outre nécessaire pour surélever les terres à leur présente hauteur. Mais si, pendant la seconde période continentale, la terre ne s'éleva pas à plus de 600 pieds au-dessus du niveau actuel, ceci nécessiterait une autre période de 24 000 ans; cette grande oscillation comprenant l'affaissement et le soulèvement nécessiterait en chiffres ronds une période de 224 000 ans pour sa complétion; et cela, en admettant même qu'il n'y ait pas eu de période stationnaire, alors que le mouvement d'affaissement cessa et avant qu'il se convertît en un mouvement ascensionnel. »

Quelque considérables que soient ces chiffres, ils n'ont rien d'improbable pour le géologue. Tous les faits géologiques ten-

(1) M. Geikie a soutenu cette hypothèse avec beaucoup de force. *Prehist. Europe,* pp. 520-521.

dent à indiquer une antiquité dont nous ne nous faisons encore qu'une vague idée. Prenons, par exemple, une seule formation bien connue, la craie. Elle consiste entièrement en coquilles et en fragments de coquilles déposés au fond d'une ancienne mer, loin de tout continent. Une telle formation doit être fort lente; nous serions probablement en dehors de la vérité, si nous supposions un dépôt de 10 pouces par siècle. Or la craie a plus de 1000 pieds d'épaisseur; il a donc fallu plus de 120000 ans pour qu'elle se forme. Les couches à fossiles de la Grande-Bretagne ont en somme plus de 70000 pieds d'épaisseur; bien des couches qui, dans notre pays, n'ont que quelques pouces d'épaisseur, ont une immense profondeur sur le continent, tandis que d'autres, ayant ailleurs une grande importance, font défaut en Angleterre : car il est évident que, durant les différentes périodes où la Grande-Bretagne était terre sèche, des couches se sont formées (comme on le voit chaque jour à présent) sur le continent, mais pas dans notre pays. En outre, nous devons nous rappeler que bien des couches qui existent actuellement ont été produites aux dépens de plus anciennes : ainsi, tous les graviers de silex du sud-est de l'Angleterre proviennent de la destruction de la craie. C'est là encore une opération fort lente. On a calculé qu'une falaise haute de 500 pieds diminue d'un pouce à peu près par siècle. Ceci peut sembler fort lent; mais il faut se rappeler que, sur quelque ligne de côtes que ce soit, il y a comparativement peu de points qui soient attaqués à la fois, et que même alors qu'une falaise s'est écroulée, les débris protègent la côte jusqu'à ce qu'ils aient été enlevés par les vagues. La vallée de Wealden a 22 milles de largeur, et l'on a calculé que la dénudation du Weald a nécessité plus de 150000000 d'années.

Chacun reconnaîtra l'intérêt de ces calculs, qui ont d'ailleurs le grand mérite de définir nos idées. Nous ne devons cependant pas leur attribuer une valeur que les savants qui les ont faits repoussent eux-mêmes. « Dans tous les cas, dit M. Morlot, il doit être bien entendu que l'auteur n'expose le présent calcul que comme une première, imparfaite et hasardeuse tentative, sans valeur absolue en elle-même, tant qu'elle n'aura pas été vérifiée au moyen d'autres essais du même genre. » Nous devons, en outre, nous rappeler que ces calculs nous sont présentés, non

pas comme une preuve, mais comme une évaluation de l'antiquité. Notre croyance à l'ancienneté de l'homme repose, non
pas sur des calculs isolés, mais sur les changements qui ont eu
lieu depuis qu'il existe ; changements qui ont affecté la géographie, la faune et le climat de l'Europe. Des vallées se sont creusées, élargies et en partie remplies de nouveau ; des cavernes,
à travers lesquelles coulaient autrefois des rivières souterraines, sont actuellement desséchées ; la configuration même des
terres a changé, et l'Afrique a été finalement séparée de l'Europe.

Notre climat est devenu meilleur et la faune s'est singulièrement transformée. Dans quelques cas, comme, par exemple,
pour l'hippopotame et l'éléphant d'Afrique, les causes principales
de leur disparition sont sans doute la diminution de nourriture
et la présence de l'homme ; peut-être l'extinction du mammouth, de l'*Elephas antiquus* et du *Rhinoceros tichorhinus* est-
elle due aux mêmes influences ; mais la retraite du renne et du
bœuf musqué provient probablement du changement de climat.
Bien que ces faits et des faits semblables ne nous donnent aucun moyen de mesurer le temps, ils n'en impliquent pas moins
l'idée d'une vague et effrayante antiquité. Tous les géologues
sont actuellement prêts à admettre que l'homme a vécu beaucoup plus longtemps sur la terre qu'on ne le croyait tout récemment encore.

Mais il y a tout lieu de douter que les géologues eux-mêmes
conçoivent la grande ancienneté de notre race.

« Quand on examine, dit Sir Ch. Lyell (1), la longue série
d'événements qui se sont accomplis pendant la période glaciaire et la période post-glaciaire, l'imagination s'alarme à l'idée
de l'immensité du temps requis pour interpréter les monuments
de ces époques pendant lesquelles vivaient toutes les espèces
actuellement existantes. Afin d'abréger le nombre des siècles,
qui autrement seraient indispensables, on est tout disposé à
magnifier la rapidité des changements dans les temps préhis-
toriques, en attribuant aux causes qui ont modifié le monde
animé et inanimé une énergie extraordinaire et excessive...
Nous, hommes de la présente génération, nous reculons devant
ce que nous considérons d'abord comme une dépense de temps

(1) Discours à l'Association Britannique, 1864, p. 21. Bath.

inutile, quand il nous faut compter les siècles par milliers, pour expliquer les événements de ce qu'on appelle la période moderne. »

Personne ne peut, je crois, mettre en doute aujourd'hui l'existence de l'homme dans l'Europe occidentale pendant la période du mammouth et du *Rhinoceros tichorinus;* mais, quand nous abordons dans l'époque pliocène et plus encore l'époque miocène, les preuves sont moins concluantes.

Déjà M. Desnoyers (1) a appelé l'attention sur des traces remarquées par lui sur des ossements trouvés dans les couches pliocènes supérieures de Saint-Prest, ossements appartenant à l'*Elephas meridionalis,* au *Rhinoceros leptorhinus*, à l'*Hippopotamus major,* à plusieurs espèces de daims (y compris le gigantesque *Megaceros Carnutorum,* Laugel), et à deux espèces de *Bos.* M. Desnoyers a examiné un nombre considérable de ces ossements, et il conclut « que les entailles, que les traces d'incisions, d'excoriation ou de choc, que les stries transversales, rectilignes, ou sinueuses, ou elliptiques, plus aiguës à une extrémité qu'à l'autre, tantôt polies, tantôt subdivisées en plusieurs stries plus fines occupant la cavité des premières; en un mot, que des traces tout à fait analogues à celles que produiraient les outils de silex tranchants à pointe plus ou moins aiguë, à bords plus ou moins dentelés, se voient sur la plupart de ces ossements. »

Parmi les ossements de daims se trouvent plusieurs crânes, tous brisés de la même manière, c'est-à-dire par un coup violent porté entre les cornes et à leur base. M. Steenstrup a remarqué des fractures semblables sur d'autres crânes de ruminants moins anciens, et actuellement encore quelques tribus septentrionales traitent de la même façon les crânes des ruminants. Grâce à la courtoisie de M. Desnoyers, j'ai pu examiner quelques ossements entaillés de Saint-Prest. Les traces d'incisions s'accordent exactement avec la description qu'il en fait, et quelques-unes, au moins, me semblent d'origine humaine; en même temps, et dans l'état actuel de nos connaissances, je ne serais pas prêt à affirmer que ces traces n'ont pas pu être faites d'une autre façon.

(1) *Comptes rendus,* 8 juin 1863.

L'abbé Bourgeois, cet infatigable archéologue, a plus récemment découvert au même endroit des silex travaillés, comprenant des éclats, des poinçons, des racloirs, mais il s'es' malheureusement élevé quelques doutes quant aux relations stratigraphiques de la couche dans laquelle il les a trouvés (1).

À la réunion, à la Spezzia, de la Société italienne des sciences naturelles, le professeur G. Ramorino a montré des ossements de l'époque pliocène portant, dit-il, la trace de coups de couteau. Ces spécimens ont été déposés dans le musée de Gênes, mais je ne les ai pas vus moi-même.

M. Capellini a également décrit certains os supposés appartenir à la même période géologique, qui, à son avis, portent des marques de couteaux en silex. M. Evans a toutefois suggéré que ces marques ont pu être faites par des dents de poisson.

L'existence de l'homme durant la période du *crag* a été considérée comme indiquée par le fait que quelques-unes des dents de requin si abondantes dans ces dépôts sont perforées d'une manière qui, à première vue, ressemble certainement à celle dont des dents analogues sont perforées par des sauvages contemporains. M. Charlesworth, tout en s'abstenant soigneusement d'exprimer une opinion quelconque, a montré plusieurs échantillons analogues à une réunion récente de l'*Anthropological Institute*. Je crois toutefois qu'il a été établi que ces perforations sont l'œuvre de parasites térébrants (2).

Quelques archéologues pensent même que nous possédons la preuve de la présence de l'homme à l'époque miocène. Ainsi M. Bourgeois a trouvé dans le calcaire de la Beauce, près de Pontlevoy, beaucoup de silex qui ont subi l'action du feu et d'autres où il voit la trace évidente de l'industrie humaine (3). Sur le premier point il y a encore quelques différences d'opinion, et bien que l'action du feu soit une forte présomption de la présence de l'homme, elle n'en est pas cependant une preuve absolue. On a trouvé ces spécimens intéressants dans une couche contenant les restes de l'*Acerotherium*, animal éteint allié au rhinocéros, et au-dessous d'une couche qui contient le mastodonte, le dinothérium et le rhinocéros.

(1) *Matériaux pour l'histoire de l'homme*, 1867, p. 17.
(2) Hughes, *Man in the crag. Geol. Mag.*, vol IX, juin 1872.
(3) *Loc. cit.*, vol. II, p. 41.

On a publié, dans les *Matériaux pour l'histoire de l'homme*, pour 1870, le dessin d'un éclat de silex trouvé par M. Tardy dans les couches miocènes d'Aurillac (Auvergne), avec les restes du *Dinotherium giganteum* et du *Machairodus latidens*. N'ayant pas visité cette localité, je ne puis exprimer aucune opinion sur l'âge de la couche dans laquelle cet intéressant spécimen a été trouvé, mais, d'après le dessin, on ne peut douter que cet éclat est de fabrication humaine. M. Delaunay a aussi appelé l'attention sur une côte trouvée par lui à Pouancé (Maine-et-Loire), côte appartenant à une espèce miocène bien connue, l'*Halitherium* fossile (1). Cette côte porte certaines marques qui ressemblent beaucoup à celles qu'on aurait pu faire avec des instruments en silex. M. Hœrny a admirablement dessiné cet intéressant spécimen. Quoi qu'il en soit, avons-nous ou non la preuve de l'existence de l'homme à l'époque miocène ? C'est là une question sur laquelle les géologues ne sont pas d'accord (2).

Sir Charles Lyell lui-même pense que nous pouvons nous attendre à trouver les restes de l'homme dans les couches pliocènes, mais là il tire une ligne de démarcation, et dit que « si, dans l'âge miocène, quelque être raisonnable représentant l'homme avait vécu, nous aurions certainement retrouvé quelques signes de son existence sous forme d'instruments en pierre ou en métal, plus fréquents et plus durables que les ossements des mammifères ».

L'affaissement graduel de la surface par l'action du vent rend la découverte de tous restes de l'homme tertiaire moins probable. Cette conservation aurait peine à se produire, excepté si la sédimentation continuait à se produire.

Sans exprimer aucune opinion quant à l'état mental de nos ancêtres de l'époque miocène, il me semble évident que l'argument tiré de l'absence de restes humains, quelle que soit sa valeur, peut aussi bien s'appliquer à l'époque pliocène qu'à l'époque miocène. D'autre part, aucun échantillon vivant de mammifères terrestres n'a été encore découvert dans les couches miocènes. Il est vrai que, par l'exercice de son cerveau, l'homme est plus apte à se rendre indépendant des conditions

(1) *Loc. cit.*, p. 93.
(2) *Précis de paléontologie humaine*, p. 58.

extérieures que ne le sont les autres animaux : le froid, par exemple, conduit à adopter un vêtement plus chaud dans un cas, à se plus chauffer dans un autre ; mais, à en juger par l'analogie des autres espèces, je suis disposé à croire que dans la période miocène l'homme a probablement été représenté par des singes anthropoïdes, nous ressemblant peut-être plus étroitement que ne le fait n'importe lequel des quadrumanes existants.

Il est inutile, cependant, de nous attendre à en trouver des preuves en Europe ; nos plus proches parents dans le royaume animal vivent dans des contrées chaudes, presque tropicales, et bien que nous sachions que durant des parties du miocène le climat de l'Europe a été plus chaud qu'à présent, bien que les singes aient vécu beaucoup plus au nord de leurs limites actuelles, c'est encore dans les régions plus chaudes du globe qu'il faut aller chercher les premières traces de la race humaine.

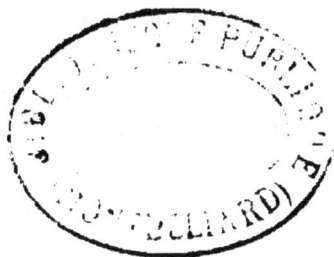

CHAPITRE XIII

LES SAUVAGES MODERNES

Bien que la connaissance des temps anciens ait fait de grands progrès pendant ces dernières années, elle est encore très imparfaite, et nous ne devons négliger aucune source possible d'informations. Il est évident que l'histoire ne peut jeter beaucoup de lumière sur la condition primitive de l'homme, parce que la découverte, ou, pour mieux dire, l'usage du métal a, dans tous les cas, précédé l'usage de l'écriture. Même pour l'âge du bronze, nous tirons peu de renseignements de l'histoire, et bien que, comme nous l'avons vu, on trouve de vagues allusions à l'âge de la pierre dans les premiers écrivains européens, on a généralement considéré leurs indications comme ayant le caractère de la fantaisie plutôt que de l'histoire : ces allusions se réduisent, en réalité, à la mention pure et simple de ce fait, qu'il y a eu un temps où l'on ne connaissait point le métal.

A défaut de l'histoire, nous n'avons pas non plus le secours de la tradition. En mettant les choses au mieux, la tradition mérite peu de foi et est de courte durée. C'est ainsi qu'en 1770, les habitants de la Nouvelle-Zélande ne se souvenaient plus de la visite de Tasman (1). Pourtant cette visite avait eu lieu en 1643, moins de cent trente ans auparavant, et devait avoir été pour eux un événement d'une importance et d'un intérêt tout particuliers. De même aussi, chez les Indiens de l'Amérique du Nord, se perdit bientôt toute tradition de l'expédition de

(1) *Premier Voyage de Cook autour du monde*, vol. I, 388.

De Soto, « si bien faite toutefois, par ses incidents extraordinaires, pour frapper l'esprit des Indiens (1) ».

Les événements contemporains ou ceux qui le sont presque
encore, se défigurent rapidement quand ils passent par la
bouche des sauvages. Ainsi Nilsson (2) cite le récit fait par
Mackensie : les Esquimaux lui racontèrent que les Anglais
étaient des géants avec des ailes, qui pouvaient les tuer d'un
coup d'œil et avaler un castor d'une seule bouchée. Le colonel
Dalton dit aussi : « Bien que les Kols connaissent les Anglais
depuis un demi-siècle seulement, ils leur attribuent une place
fort honorable dans leur genèse. Les Assam Abors et les Gar-
rows ont les mêmes opinions (3) ».

Les Bungogees et les Pankhos (tribus des collines de Chittagong) croient que leurs ancêtres sont sortis d'une caverne,
sous la direction d'un chef nommé Tlandrokpah, chef si puissant qu'il épousa la fille d'une divinité à qui il donna son fusil.
« On peut encore entendre le bruit du fusil, c'est le tonnerre (4). »
Dans ce cas, la mention du fusil prouve que la tradition doit
être d'origine moderne. Speke dit aussi : « J'ai trouvé chez les
Waganda la même idée absurde que chez les Wanyambo au
Karagué ; la puissance surnaturelle de Kamrasi lui permet,
croient-ils, de diviser les eaux du Nil de la même façon que le
fit Moïse dans la mer Rouge (5). »

Mansfield Parkyns raconte qu'on croyait fermement, dans
les parties éloignées de l'Abyssinie, que les missionnaires alle-
mands avaient « en quelques jours, perforé un tunnel d'Adowa
à Massowa, sur les bords de la mer Rouge, distance d'environ
cent cinquante milles, au moyen duquel ils pouvaient se procurer des armes, des munitions, etc. (6).

Baker (7) dit aussi, dans son ouvrage sur les affluents du Nil :
« La conversation des Arabes est la copie exacte du style de

---

(1) Schoolcraft, *Indian Tribes*, vol. II, p. 12.
(2) *The Stone Age*. Édition anglaise, p. 209.
(3) *Trans. Ethn. Soc.* Nouvelle série, vol. VI, p. 38. Voir aussi Lichtenstein, *Travels*, vol. I, p. 290 ; James, *Expedition to the Rocky mountains*, vol.
III, p. 247 ; et Campbell, *Trans. Ethn. Soc.*, 1870, p. 335.
(4) Capitaine Lewin, *The Hill tribes of Chittagong*, Calcutta, 1869, p. 95.
Voir aussi Lichtenstein, *Travels*, vol. I, p. 290.
(5) Speke, p. 438. Voir aussi p. 504.
(6) *Life in Abyssinia*, p. 151.
(7) *Loc. cit.*, pp. 129, 130.

l'Ancien Testament. Le nom de Dieu se trouve mêlé à tous les incidents de la vie, quelque puérils qu'ils soient, et ils croient à l'action constante de l'intervention divine. Qu'une famine désole le pays, et on l'exprime dans le grave langage de la Bible : « Le Seigneur a envoyé sur notre pays une terrible famine », ou « le Seigneur a appelé la famine et elle s'est appesantie sur notre pays ». Si leurs bestiaux deviennent malades, ils attribuent la maladie à l'intervention divine; il en est de même si leurs troupeaux prospèrent et deviennent particuliérement nombreux pendant une saison. Rien ne peut se produire dans la routine ordinaire de la vie journalière, sans une relation directe avec la main de Dieu. Telle est la croyance de l'Arabe.

« Cette analogie frappante avec les descriptions de l'Ancien Testament est extrêmement intéressante pour le voyageur, quand il réside au milieu de ce peuple curieux et original. La Bible à la main, ces tribus qui n'ont pas changé devant les yeux, il trouve là une vive illustration du livre sacré; le passé devient le présent, le voile de trois mille ans se déchire et la peinture vivante est la preuve de l'exactitude de la description historique. Les coutumes actuelles et la manière de s'exprimer des Arabes jettent une vive lumière sur bien des passages obscurs de l'Ancien Testament, car elles sont restées absolument les mêmes que celles qui y sont décrites. Je ne prétends pas faire un traité de théologie, il est donc inutile que je relève spécialement aucun point. Mais, par exemple. ils attribuent à la colère de Dieu l'arrivée soudaine d'une nuée de sauterelles, la peste, ou tout malheur imprévu, et ils croient que c'est lui qui inflige cette punition au peuple ainsi éprouvé, de même que les plaies d'Égypte vinrent punir Pharaon et les Égyptiens. Si un scribe arabe écrivait aujourd'hui l'histoire du pays, le style serait exactement celui de l'Ancien Testament, et les différents malheurs ou les bonheurs qui, dans le cours des choses, atteignent les tribus et les individus, seraient attribués soit à la colère, soit à la bénédiction de Dieu. Si, dans un rêve, une conduite particulière est suggérée à un Arabe, il croit que Dieu lui a *parlé* et lui a indiqué comment il faut agir. Le scribe arabe, en racontant l'événement, dirait : « La *voix* du Seigneur « (Kallam el Allah) s'étant fait entendre à cet homme »; ou « Dieu

« lui apparut en songe et lui dit *dit* ». Un lecteur européen de-
« vrait donc avoir toujours présentes à l'esprit les idées et les
« expressions figurées de ce peuple. »

Ainsi donc, bien que les traditions et les mythes soient fort
importants et jettent indirectement un certain jour sur la condition de l'homme dans l'antiquité, nous ne devons guère nous
attendre à apprendre rien de certain par leur étude. Dans tous
les cas, l'histoire et même la tradition sont muettes quand il
s'agit de l'âge de la pierre dans l'Europe occidentale, et là,
comme dans tous les pays civilisés depuis longtemps, on regarde les armes en pierre comme des foudres et les pointes de
flèche comme des flèches de fées.

En conséquence, privé, relativement à l'âge de la pierre, de
tout secours historique, mais débarrassé en même temps du
concours gênant de la tradition, l'archéologue ne peut que
suivre les procédés qui ont si bien réussi au géologue : les
grossiers ustensiles en os et en pierre des âges passés sont pour
l'un ce que les restes des animaux sont pour l'autre. On peut
même pousser l'analogie plus loin. Beaucoup de mammifères
qui n'existent plus en Europe ont des représentants qui vivent
encore dans d'autres contrées. On ne pourrait guère comprendre, par exemple, ce qu'étaient nos pachydermes fossiles,
sans les espèces qui habitent encore certaines parties de l'Asie
et de l'Afrique ; les marsupiaux secondaires s'expliquent par
les représentants qu'ils ont actuellement dans l'Australie et
dans l'Amérique du Sud : si, par le même procédé, nous vou-
lons arriver à comprendre clairement les antiquités de l'Europe, nous devons les comparer avec les armes et les ustensiles grossiers dont se servent aujourd'hui, ou dont se servaient,
dernièrement encore, les races sauvages dans les autres parties
du monde. En réalité, le naturel de l'île de Van-Diemen et
l'Américain du Sud sont pour l'antiquaire ce que l'opossum
et le paresseux sont pour le géologue.

Un chapitre consacré à l'examen des sauvages modernes ne
sera donc pas hors de propos, et, quoiqu'un tel sujet, pour
être traité convenablement, demande des volumes, on peut
toutefois, ne fût-ce qu'en quelques pages, recueillir un certain
nombre de faits qui jettent quelque lumière sur les antiquités
trouvées en Europe et sur la condition des races qui ont pri-

mitivement habité notre continent. Mais, afin de limiter ce
sujet autant que possible, je me propose, sauf une exception,
de ne décrire que « les sauvages non métalliques » (si l'on
veut bien me passer cette expression) et même, parmi eux,
quelques-uns seulement des plus utiles à connaître, ou de
ceux qui ont été observés avec soin par les voyageurs.

L'opinion commune est que les sauvages ne sont, en thèse
générale, que les misérables restes de nations autrefois plus
civilisées; mais, quoiqu'il y ait quelques cas bien établis de
décadence de nations, rien ne nous autorise scientifiquement
à admettre que ce soit là le fait général. Sans doute, il y a
beaucoup d'exemples de nations qui, autrefois civilisées, ont
non seulement cessé d'avancer en civilisation, mais ont même
reculé. Et pourtant, si nous comparons les relations des premiers voyageurs avec l'état de choses actuellement existant,
nous ne trouvons pas de preuves à l'appui de cette théorie
d'un déclin général. Les Australiens, les Boschimans et les
naturels de la Terre de Feu vivaient, à l'époque où on les
observa pour la première fois, presque exactement comme
ils font aujourd'hui. Chez plusieurs tribus sauvages, nous
trouvons même des traces de progrès; les Bachapins, quand
Burchell les visita, venaient d'introduire chez eux l'art de
travailler le fer; le plus grand bâtiment de Taïti fut construit
par la génération contemporaine de la visite du capitaine Cook,
et les Tahitiens avaient, depuis peu, renoncé à la pratique du
cannibalisme (1); le plus grand temple mexicain ne fut construit que six ans avant la découverte de l'Amérique; Mac Gillivray nous affirme que les grossiers canots d'écorce anciennement en usage, ont été remplacés par des canots creusés dans
un tronc d'arbre; on dit aussi que les boute-hors ont été récemment adoptés par les insulaires des îles Andaman, et si
certaines races, comme, par exemple, plusieurs tribus américaines, ont rétrogradé, ce résultat est peut-être moins dû à
une tendance inhérente qu'au mauvais effet de l'influence des
Européens. D'ailleurs, si le cap de Bonne-Espérance, l'Australie, la Nouvelle-Zélande, etc., avaient jamais été habités

(1) Forster, *Observations faites durant un voyage autour du monde*, p. 327.
Voir aussi Ellis, *Recherches sur la Polynésie*, vol. II, p. 29.

par une race d'hommes plus avancés que ceux que nous avons l'habitude de considérer comme les aborigènes, il en serait certainement resté quelque preuve : or, comme ce n'est pas le cas, aucun de nos voyageurs n'ayant observé ni ruines, ni autres traces d'une civilisation plus avancée, il ne semble pas qu'il y ait une raison suffisante pour supposer que ces misérables êtres soient en aucune façon inférieurs à leurs ancêtres.

LES HOTTENTOTS.

Généralement parlant, on peut dire que l'usage du métal est connu depuis longtemps en Europe, en Asie et en Afrique, tandis que, en Amérique, en Australie et dans les îles de l'Océanie, tous les ustensiles, ainsi que les armes, étaient, jusqu'à ces trois derniers siècles, faits en bois, en os, en pierre ou autres matières semblables.

Les nations demi-civilisées de l'Amérique centrale formaient, il est vrai, une exception à cette règle, puisqu'elles connaissaient l'usage du bronze. Les Indiens de l'Amérique du Nord avaient aussi des haches en cuivre, mais elles étaient simplement façonnées à coups de marteau, sans qu'on ait recours au feu. Ici donc, nous entrevoyons, en quelque sorte, la manière dont nos ancêtres peuvent avoir acquis la connaissance du métal. Sans doute, la possession du fer marque généralement un grand progrès dans la civilisation, mais la manière de s'en servir comporte beaucoup de degrés; il y a des nations qui, bien que pourvues d'instruments en métal, ne sont néanmoins que peu éloignées de la barbarie.

Ainsi, les Hottentots, qui connaissaient non seulement l'usage, mais encore la fabrication du fer, qui possédaient de grands troupeaux de moutons et de gros bétail, comptaient pourtant, à beaucoup d'égards, parmi les sauvages les plus repoussants. Kolben lui-même, qui, en général, les voit sous un jour favorable, avoue qu'ils sont, sous beaucoup plus de rapports, le peuple le plus sale du monde (1). Nous pourrions aller plus loin, et dire les plus sales animaux : mais ce serait, je crois,

(1) Kolben, *Histoire du Cap de Bonne-Espérance*, vol. I, p. 47.

faire tort à une espèce quelconque de mammifères que de la
comparer avec eux sous ce rapport. Leur corps est couvert de
graisse, ils ne lavent jamais leurs vêtements; « leur tête semble
coiffée d'une croûte de mortier noir, tant leur chevelure, de
jour à autre, amasse de suie, de graisse, de poussière, et autres
substances malpropres que, par défaut de soin, ils laisssent
s'y coaguler et s'y durcir (1). » Ils se couvrent le dos d'une peau
de bête, attachée par devant. Ils portent ce vêtement toute leur
vie, et quand ils meurent, c'est là leur linceul. Le reste de leur
costume se réduit à un morceau de peau, de forme carrée,
qu'ils fixent autour de la taille à l'aide d'un cordon, et qu'ils
laissent pendre devant eux. Néanmoins, pendant l'hiver, ils
mettent quelquefois un bonnet. En guise d'ornements, ils portent des anneaux en fer, en cuivre, en ivoire ou en cuir. Ces
derniers offrent l'avantage de servir de nourriture dans les temps
difficiles.

Leurs huttes sont généralement ovales, d'environ 14 pieds
sur 10 de diamètre, et dépassant rarement une hauteur de 4 ou
5 pieds. Elles sont faites de bâtons et de nattes. Ils courbent les
bâtons pour en ficher les deux extrémités dans le sol; si ceux-
ci ne sont pas assez longs, ils les accouplent deux à deux en les
réunissant par le haut. Une des extrémités de la hutte est laissée
libre pour former la porte. Les nattes sont faites de joncs et de
glaïeuls séchés au soleil, et d'un tissu si serré, que les plus
fortes pluies seules peuvent le pénétrer (2). « Quant au mobilier
domestique, dit Thunberg, ils en ont peu ou point. Le même
vêtement qui couvre une partie de leur corps pendant le jour,
leur sert aussi de couche pour la nuit (3). » Ils font bouillir
leur nourriture à l'eau dans des sacs en cuir, au moyen de pierres
chauffées; mais quelquefois ils emploient des pots en terre (4).
Le lait est conservé dans des sacs en cuir, des vessies d'animaux,
ou de paniers de jonc absolument imperméables. Ces objets,
une bourse en peau pour mettre du tabac, une pipe en pierre
ou en bois et leurs armes, voilà de quoi se compose toute la

---

(1) Kolben, *loc. cit.*, p. 188.
(2) Thunberg, *Voyages de Pinkerton*, vol. XVI, p. 33. — Kolben, *loc. cit.*,
p. 129. — Sparrman, vol. I, p. 195.
(3) Page 141.
(4) Toutefois, ils semblent avoir emprunté cet usage aux Européens.

liste de leurs meubles. Suivant Kolben, tantôt ils mangent leur viande grillée, tantôt ils la font bouillir dans du sang, en y ajoutant souvent du lait, « ce qu'ils considèrent comme un mets recherché ». Néanmoins ils font leur cuisine à la fois avec malpropreté et avec négligence ; ils mangent souvent la viande à moitié gâtée, et plus d'à moitié crue (1).

Leurs armes consistent en arcs et en flèches empoisonnées, en lances, en javelines ou zagaies, en pierres et en bâtons de trait ou *kirris* longs de 3 pieds environ et épais d'un pouce. Ils sont très habiles à se servir de ces armes et ne craignent point d'attaquer l'éléphant, le rhinocéros, et même le lion. Ils tuent aussi quelquefois les gros animaux dans des trappes de 6 à 8 pieds de profondeur sur 4 environ de diamètre. Au milieu est fiché un pieu énorme et pointu. « L'éléphant enfonçant les pieds de devant dans ce trou, qui n'est pas assez grand pour recevoir tout son corps, a le cou et la poitrine traversés par le pieu, et est mis ainsi hors d'état de nuire (2) », car le pieu pénètre d'autant plus profondément que l'animal fait plus d'efforts pour se dégager. Ils pêchent à l'hameçon et au filet. Ils mangent aussi des fruits sauvages et des racines de différentes sortes, que cependant ils ne prennent pas la peine de cultiver.

Les animaux domestiques des Hottentots sont le bœuf, le mouton et le chien. On serait tenté de supposer que tout le monde a fait servir les bœufs au même usage, tant ils semblent évidemment destinés au trait ou à l'alimentation. Quant aux chiens, c'est différent ; nous-mêmes nous les employons de diverses manières, et l'on éprouve, par conséquent, moins de surprise en voyant les différents services qu'ils rendent aux différentes races de sauvages. Mais il en est de même aussi pour ce qui concerne les bêtes à cornes ; en outre de ce qu'on peut appeler leur utilité normale, les Veddahs, c'est-à-dire les habitants sauvages de Ceylan, se servent des bœufs pour la chasse, et les Hottentots en dressent plusieurs à remplir, comme nous dirions, les fonctions de chien de berger, c'est-à-dire à garder et à gouverner les troupeaux ; d'autres sont élevés pour la guerre, fonction qui paraît incompatible avec le caractère de

(1) Thunberg, p. 141. — Kolben, p. 203. — Harris, *Wild Sports of Africa*, p. 142.
(2) Kolben, p. 250.

ces animaux, mais où cependant ils semblent être très utiles.

Les Hottentots, dans ces dernières années, non seulement se servaient d'armes en fer, mais ils en fabriquaient pour leur usage. Ils faisaient fondre le minerai de la manière suivante (1) : « Dans un terrain élevé, ils font un trou assez large pour contenir une bonne quantité de minerai de fer, que l'on trouve çà et là en abondance dans leur pays ; c'est dans ce trou qu'ils extraient le fer de la gangue. À un pied et demi environ du premier trou, en descendant, ils en creusent un autre, un peu plus petit ; celui-ci est le récipient du fer fondu qui y coule par un étroit canal pratiqué d'une cavité à l'autre. Avant de mettre le minerai dans le trou où doit s'opérer la séparation du fer par la fusion, ils y allument du feu jusqu'au bord, afin de chauffer parfaitement la terre qui l'environne. Quand ils supposent que la terre est suffisamment échauffée, ils remplissent le trou de minerai jusqu'en haut à peu près, et font ensuite par-dessus un grand feu qu'ils alimentent de temps en temps avec du combustible, jusqu'à ce que le fer soit fondu et qu'il ait coulé en totalité dans le récipient ; aussitôt que le fer qui s'est rendu dans ce second trou, s'est refroidi, ils l'en retirent et le brisent en morceaux avec des pierres. Ce sont ces morceaux que les Hottentots, à l'occasion, soumettent à d'autres feux, et battent avec des pierres, pour leur donner la forme d'armes. Ils se servent rarement du fer pour un autre usage. »

Je ne décris pas les coutumes des Hottentots, parce que peu d'entre elles peuvent être publiées avec convenance. Elles sont toutefois extrêmement curieuses, et on les trouve exposées tout au long dans Thunberg (2), Kolben (3), Coob (4), Sparrman (5), et d'autres voyageurs. On peut à peine dire que les Hottentots ont une religion (6), quoiqu'ils semblent avoir possédé quelque notion de la Divinité. Kolben lui-même admet qu'ils n'avaient

(1) Kolben, *loc. cit.*, p. 239.
(2) Id., *loc. cit.*, pp. 141, 142.
(3) Pp. 113, 115, 118, 121, 153, 252.
(4) Hawkesworth, *Voyages*, vol. III, p. 791.
(5) Vol. I, p. 357.
(6) Thunberg, *loc. cit.*, p. 141, etc. — Kolben, pp. 37, 93, etc. — Beeckman croit qu'ils n'avaient pas de religion du tout. (*Voyages de Pinkerton*, vol. II, p. 153.) — Voir aussi Harris, *Wild Sports of Africa*, p. 160. — Sparrman, vol. I, p. 207.

« aucun culte constitué ». Les premiers écrivains considéraient, il est vrai, certaines de leurs danses comme des cérémonies religieuses ; mais cette opinion était formellement démentie par les naturels eux-mêmes (1), ce qui n'empêche pas Kolben de nous assurer « que c'étaient des actes religieux », et d'ajouter naïvement « quoi qu'en disent les Hottentots ». Ils aiment beaucoup à fumer et sont très adonnés à la boisson ; seulement, il est juste de dire que Kolben rend un bon témoignage de leur honnêteté, de leurs mœurs, de leur fidélité et de leur libéralité ; il nous affirme qu'ils sont certainement, dans leurs rapports les uns avec les autres, le peuple le plus serviable, le plus libéral et le plus bienveillant qui ait jamais paru sur la terre (2). D'autres voyageurs parlent d'eux dans les mêmes termes (3). En même temps, il est difficile de concilier cette assertion avec le fait avéré, qu'aussitôt qu'un individu, homme ou femme, est mis par l'âge hors d'état de travailler « et ne peut plus, je cite les paroles mêmes de Kolben, rendre aucune espèce de service, on le bannit de la société de ses semblables et on le relègue dans une hutte solitaire, à une distance considérable du kraal, avec une petite provision de vivres laissée à sa portée, mais sans que personne l'assiste et lui vienne en aide, jusqu'à ce qu'il meure de vieillesse, de faim, ou sous la dent des bêtes féroces (4) ». Ce n'est pas là, il faut s'en souvenir, une atrocité exceptionnelle, mais un usage général qui s'applique aussi bien au riche qu'au pauvre, car si un vieillard a quelque bien, on l'en dépouille. L'infanticide est, en outre, très commun parmi eux, et n'est pas regardé comme un crime. Les filles en sont les victimes les plus ordinaires, et quand une femme donne le jour à deux jumeaux, le plus mal conformé des deux est presque toujours exposé ou enterré vivant. Cela se fait du consentement de tout le kraal, « qui généralement l'autorise, sans prendre la peine d'y regarder de bien près (5) ». La misère et les souffrances qu'ils ont à endurer pourraient être des circonstances atténuantes pour ces deux coutumes contre nature.

(1) Sparrman, vol. I, p. 212. — Kolben, *loc. cit.*
(2) *Loc. cit.*, p. 334.
(3) Voir, par exemple, Philip, *South Africa*, pp. 4, 5, 6.
(4) *Loc. cit.*, p. 321.
(5) Kolben, *loc. cit.*, p. 144.

Les Boschimans ressemblent aux Hottentots sous beaucoup de rapports, mais ils sont encore moins civilisés. Ils n'ont ni connaissances métallurgiques, ni animaux domestiques, ni canots. Ils volent souvent le bétail de leurs voisins plus civilisés, mais toujours ils tuent et mangent leur butin aussi vite que possible. Leurs principales armes sont des arcs et des flèches empoisonnées. Lichtenstein (1) affirme qu'ils ne connaissent pas les noms propres, mais c'est probablement une erreur. Bleek les regarde comme les représentants les plus infimes des races humaines, et Haeckel va jusqu'à affirmer que « pour quiconque étudie la nature sans préjugés, les Boschimans se rapprochent plus d'un gorille et du chimpanzé que d'un Kant ou d'un Gœthe (2). »

LES VEDDAHS.

Les Veddahs, ou tribus sauvages qui habitent l'intérieur de Ceylan, ont été décrits par Knox (3), Tennent (4), Bailey (5). Ils vivent dans des huttes très grossièrement faites de branches d'arbres et d'écorce, et cultivent des petits champs de chena, mais le fond de leur nourriture se compose de miel et du produit de leur chasse. Leurs armes consistent en haches, arcs et flèches. Ils ne sont pas très habiles à se servir de ces dernières, car ils ne chassent que le gros gibier, et l'art de la vénerie consiste chez eux à se glisser en rampant près de leur proie et à la saisir à l'improviste. Ils chassent très bien le daim à l'affût, et, outre d'excellents chiens, ils dressent des buffles à la chasse. Ces animaux sont si bien dressés qu'ils se laissent conduire avec une corde passée autour de leur corne. C'est la nuit qu'on les emploie. Le buffle broute, l'homme se tient tapi derrière lui, et ainsi, sans être vu, sans éveiller de soupçon, il se jette sur sa proie.

Ils n'ont point de poterie et leur cuisine est des plus primi-

(1) Lichtenstein, *Travels in southern Africa*, vol. I, p. 192.
(2) *On the origins of language*, par W. H. Bleek, édité par E. Haeckel, pp. 4, 5.
(3) Knox, *Relation historique de Ceylan*, 1684.
(4) Tennent, *Ceylan*.
(5) *Transactions de la Société ethnologique*, nouvelle série, vol. II, p. 278.

tives. C'est à peine s'ils portent des vêtements : tout leur costume se réduit à un sordide haillon retenu sur le devant par un
cordon qui fait le tour de la taille. Peut-être le vêtement des
femmes est-il un peu plus grand que celui des hommes, mais
à cela se borne, semble-t-il, toute la différence. Ces indigènes
sont très sales et très petits ; la taille ordinaire des hommes est
de 4 pieds 6 pouces à 5 pieds 1 pouce, celle des femmes de
4 pieds 4 pouces à 4 pieds 8 pouces. Au jugement de M. Bailey,
il serait impossible d'imaginer un plus barbare échantillon de
la race humaine. Davy affirme même qu'ils ne portent pas de
noms et qu'ils n'enterrent pas leurs morts.

Ils offrent, toutefois, une particularité remarquable qu'il
serait injuste de passer sous silence. Ils sont doux, affectueux
et fidèles dans leurs rapports conjugaux ; ils abhorrent la polygamie et ont un proverbe qui dit : La mort seule peut séparer
le mari et la femme. A cet égard ils diffèrent beaucoup de leurs
voisins plus civilisés (1). Un intelligent chef kandien, qui accom-
pagnait M. Bailey dans sa visite à ces Veddahs, « se montra
très scandalisé de cette barbarie qui consiste à n'avoir qu'une
seule femme, et à ne la quitter que séparé d'elle par la mort ».
C'est, disait-il, « absolument comme les wanderoos » (singes).
Toutefois, jusque dans leurs relations matrimoniales, les Veddahs ne sont pas de tout point recommandables, car il est, ou
il était jusqu'à ces derniers temps, très ordinaire de les voir
épouser leur sœur cadette. Ce fait est d'autant plus étrange que
le mariage avec une sœur aînée leur semble aussi horrible qu'à
nous.

LES INSULAIRES DES ÎLES ANDAMAN.

Les Mincopies ou habitants des îles Andaman ont été décrits
par le docteur Mouatt (2), Sir E. Belcher (3) et le professeur
Owen, qui les considèrent comme « étant peut-être le peuple
le plus primitif, celui qui occupe le plus bas échelon de la

(1) Il est juste d'ajouter que les Kandiens ont, dit-on, fait beaucoup de progrès sous ce rapport depuis quelques années.
(2) Mouatt, *Adventures and Researches among the Andaman Islanders.*
(3) Sir E. Belcher, *Comptes rendus de la Société ethnologique*, nouvelle série, vol. V, p, 40.

civilisation humaine ». Leurs huttes se réduisent à quatre
poteaux ; les deux de devant ont de 6 à 8 pieds de hauteur, ceux
de derrière n'ont que 1 ou 2 pieds. Ouvertes sur les côtés, ces
cabanes ont un toit de bambou, ou de feuilles de palmier,
étroitement reliées entre elles. Ces Mincopies vivent surtout
de fruits, de mangues et de crustacés. Quelquefois, cependant,
ils tuent les cochons de petite taille qui courent à l'état sauvage
dans les jungles.

Ils ont des canots creusés dans un seul tronc d'arbre, avec
une hache en forme de **P** et probablement aussi à l'aide du
feu. D'après M. Man, leurs outils en pierre sont des fragments
trouvés par hasard, et qui n'ont point été délibérément taillés
sur un modèle. Ils connaissent l'usage des boute-hors, lesquels
toutefois semblent avoir été récemment introduits chez eux,
car les premiers écrivains n'en font pas mention (1). Leurs flèches et leurs lances se terminent généralement, aujourd'hui,
par des pointes en fer ou en verre qu'ils tirent de bateaux nau-
fragés et qui, chez eux, ont très souvent remplacé l'os. Leurs
harpons, comme ceux de tant d'autres sauvages, ont un dard
mobile et une longue corde, qui permet de le tenir encore,
après qu'il s'est enfoncé dans les flancs de la victime (2). Ils
sont très habiles à tirer de l'arc et « s'en servent à 40 ou 50 mètres avec une sûreté infaillible (3) ». Leurs filets sont d'un travail adroit et très propre. Ils n'ont point de poteries : des
écailles ou des morceaux de bambou leur tiennent lieu de vases
pour contenir l'eau. Ils tuent le poisson avec leur harpon, ou à
l'aide de petits filets à main, ils prennent tous ceux que dépose
la marée. On dit même qu'ils plongent, et vont les saisir dans
l'eau de leurs propres mains (4).

Ils se couvrent de boue et se tatouent, mais ne portent point
de vêtements. Ils semblent, en effet, dépourvus de tout sentiment de pudeur, et beaucoup de leurs habitudes ressemblent à
celles de la brute. Ils n'ont ni idée d'un Être suprême, ni religion, ni croyance à une vie future. Après la mort, le cadavre
est enterré assis. Quand on suppose que les chairs se sont entiè-

(1) Mouatt, *loc. cit.*, p. 317.
(2) Id., *loc. cit.*, p. 326.
(3) Belcher, *Trans. Ethn. Soc.*, nouvelle série, vol. V, p. 49.
(4) Mouatt, *loc. cit.*, pages 310, 333.

rement détachées, on exhume le squelette et chacun des parents
du défunt s'approprie un ossement. Si c'est un homme marié,
la veuve prend le crâne et le porte suspendu par une corde
autour de son cou(1). Elle s'en sert comme d'une boîte pour
déposer de petits objets. Toutefois (2) le mariage ne dure que
jusqu'au sevrage de l'enfant; alors, selon le lieutenant Saint-
John, cité par Sir E. Belcher, l'homme et la femme se séparent
ordinairement, chacun allant chercher un nouveau conjoint. Ils
n'ont ni chiens, ni autres animaux domestiques.

LES AUSTRALIENS.

Les naturels de l'Australie étaient à peine plus avancés en
civilisation que ceux des îles Andaman. Les « maisons » obser-
vées par le capitaine Cook « à Botany Bay, où se trouvait ce
qu'il y avait de mieux en ce genre, étaient juste assez hautes
pour qu'un homme pût s'y assoir, mais n'étaient pas assez larges
pour lui permettre de s'étendre de tout son long dans aucun
sens : elles avaient la forme d'un four et étaient faites de baguettes flexibles, épaisses à peu près comme le pouce d'un
homme ; la demeure est formée en enfonçant dans le sol les deux
bouts de ces baguettes et les couvrant ensuite de feuilles de
palmier et de larges morceaux d'écorce ; la porte n'est qu'un
vaste trou pratiqué à l'une des extrémités. » Eyre (3) décrit de
la même façon les huttes qu'il a visitées. En avançant vers le
nord, où le climat est plus chaud, on rencontrait des huttes
moins solides encore, et qui, complètement ouvertes d'un côté,
méritaient même à peine le nom de huttes, n'étant guère qu'un
abri contre le vent. Enfin, les indigènes observés par Dampier,
près du cap Lévêque, sur la côte nord-ouest, paraissaient n'avoir
pas de demeures du tout. Autour de leurs résidences, le capitaine Cook remarqua « d'énormes monceaux de coquillages,
dont le poisson, à ce que nous supposâmes, leur avait servi de
nourriture (4) ». Le capitaine Grey décrit aussi des tas de coquil-

(1) Mouatt, *loc. cit.*, p. 327. — Belcher, *loc. cit.*, p. 43.
(2) *Loc. cit.*, p. 45.
(3) *Discoveries in Central Australia*, vol. II, p. 300.
(4) Cook, *Premier Voyage*, vol. III, p. 598.

lages analogues (1), dont plusieurs couvraient un demi-acre et n'avaient pas moins de 10 pieds de haut. C'est Dampier, toutefois, qui semble les avoir mentionnés le premier (2).

La nourriture des sauvages de l'Australie varie beaucoup suivant les différentes parties du continent. En général, on peut dire qu'ils se nourrissent de racines diverses, de fruits de champignons, de crustacés, de grenouilles, d'insectes, d'œufs d'oiseau, d'oiseaux, de poissons, de tortues, de kangourous, de chiens, et quelquefois de veaux marins et de baleines 3. Cependant, autant que je puis le savoir, ils ne sont pas capables de tuer eux-mêmes les baleines, mais lorsqu'un de ces cétacés vient s'échouer sur le rivage, c'est une véritable aubaine que le ciel leur envoie. On allume aussitôt des feux pour répandre la nouvelle du joyeux événement. Alors ils se frottent de graisse par tout le corps et font subir la même toilette à leurs épouses favorites; après quoi, ils s'ouvrent un passage à travers le gras jusqu'à la viande maigre, qu'ils mangent tantôt crue, tantôt grillée sur des bâtons pointus. A mesure que d'autres indigènes arrivent, « leurs mâchoires travaillent bel et bien dans la baleine, et vous les voyez grimpant de-çà de-là, sur la puante carcasse, à la recherche des fins morceaux ». Pendant des jours entiers, « ils restent près de la carcasse, frottés de graisse fétide des pieds à la tête, gorgés de viande pourrie jusqu'à satiété, portés à la colère par leurs excès et engagés ainsi dans des rixes continuelles, affectés d'une maladie cutanée que leur donne cette nourriture de haut goût, offrant enfin un spectacle dégoûtant. Il n'y a rien au monde, ajoute le capitaine Grey, de plus repoussant à voir, qu'une jeune indigène aux formes gracieuses, sortant de la carcasse d'une baleine en putréfaction ». Comme nous l'avons déjà remarqué, les Australiens écrasent aussi les os pour en extraire la moelle. Ils sont excessivement friands de substances grasses.

Dans une caverne de la côte nord-est, M. Cunningham observa certaines « figures passables de requins, de marsouins, de tortues, de lézards, de trépangs, d'étoiles de mer, de massues, de

---

(1) Grey, *loc. cit.*, vol. I, p. 110. Voyez aussi King, *Australia*, vol. I, p. 87.
(2) Dampier, *Voyages de Pinkerton*, vol. II, p. 473.
(3) Grey, *Explorations in north-west and western Australia*, p. 263; Eyre, vol. II, p. 251; Mac Gillivray, *Voyage of the Rattlesnake*, vol. I, p. 143.

canots, de calebasses, et de quelques quadrupèdes, qui avaient sans doute la prétention d'être des kangourous et des chiens ». Les indigènes des environs de Sidney « dessinent fréquemment sur les rochers des poissons, des massues, des épées, des animaux et des branches d'arbres. Ces dessins sont assez bien faits (1) ». D'autres tribus sont, suivant le témoignage de M. Oldfield, « absolument incapables de comprendre les reproductions artistiques les plus frappantes de vérité. Comme on leur faisait voir une grande gravure coloriée représentant un aborigène de la Nouvelle-Hollande, l'un déclara que c'était un vaisseau, un autre, un kangourou, et ainsi du reste; pas un, sur une douzaine, ne reconnut dans ce portrait quelque ressemblance avec lui-même (2) ». Peut-être après tout se moquaient-ils de M. Oldfield.

Sur les côtes nord-est, ils se servent de canots faits d'un seul tronc d'arbre, creusé probablement à l'aide du feu. « Ces canots sont longs d'environ 14 pieds, très étroits, et pourvus d'un boute-hors (3). » Vers le sud, les embarcations se réduisent à un morceau d'écorce, dont les extrémités sont reliées ensemble, et dont le milieu est maintenu ouvert au moyen de petits arcs-boutants en bois. Les tribus occidentales n'ont pas de canots (4), parce que, suivant King (5), le gros bois manque dans cette région (6). Elles remplacent la pirogue par une longue bûche, sur laquelle on se met à cheval, en ramant de chaque main avec un morceau d'écorce. Quelques tribus attachent ensemble quatre ou cinq troncs de manglier, de manière à former, dans des proportions restreintes, une sorte de train de bois, ou de radeau. La tribu observée par Dampier était encore inférieure sous ce rapport; elle n'avait « ni bateaux, ni canots, ni même la bûche qui ailleurs en tient lieu ». Pourtant c'était une population voisine de la mer, qui vivait surtout de poisson, et qui allait à la nage d'une île à l'autre. Les Austra-

---

(1) King, vol. II, p. 26. — Grey, vol. I, p. 259. — Collins, p. 381.
(2) Oldfield, *On the aborigines of Australia. Trans. of the Ethn. Soc.*, nouvelle série, vol. III.
(3) Freycinet, *Voyage autour du monde*, vol. II, p. 705; Jukes, *Voyage of the Fly*, II, 243.
(4) Cook, *Premier Voyage*, vol. III, p. 643.
(5) *Loc. cit.*, vol. I, pp. 38, 43, 49; vol. II, pp. 66, 69.
(6) Toutefois, dans sa vue de Careening Bay, le pays paraît bien boisé.

liens occidentaux, dit Jukes, n'avaient ni canots ni radeaux, et « avant la fondation de nos colonies ils n'avaient pas visité les iles qui se trouvent dans le voisinage de la terre ferme ». Il est très curieux de constater l'absence de canots chez des gens dont les habitudes étaient si aquatiques, et dont la nourriture était presque exclusivement tirée de la mer.

Le mobilier des Australiens est très simple. Ils ne connaissent pas la poterie, et se servent pour porter l'eau d'outres ou de petits vases en écorce. Ils ne connaissent même pas l'eau chaude, dont la vue les remplit d'étonnement (1). « Plusieurs portent un petit sac rappelant les dimensions moyennes d'un de nos réseaux à choux, et composé de mailles engagées les unes dans les autres, comme les bourses que tricotent chez nous les dames. L'homme porte ce sac flottant sur le dos, suspendu par un petit cordon qui entoure la tête. Il contient généralement un ou deux morceaux de couleur et de résine, des hameçons, et des lignes, un ou deux coquillages dont on fait des hameçons, quelques pointes de dard, et leurs ornements accoutumés : voilà toutes les richesses du plus opulent de ces sauvages. »

Le capitaine Grey dresse un inventaire analogue, en y ajoutant, toutefois, une pierre plate pour broyer les racines (2). Ils ont aussi des hachettes, des marteaux et des couteaux en pierre; des morceaux de silex et des baguettes pour déterrer les racines. Le marteau sert à tuer les veaux marins ou les autres animaux, et à briser l'écaille des crustacés. Le manche est long de 12 à 15 pouces : l'une de ses extrémités est pointue, l'autre est garnie de chaque côté d'une pierre solide, attachée au bois avec de la gomme. Les couteaux (la fig. 205 représente un spécimen que m'a donné M. A. W. Franks) ont un manche semblable : le bout est armé d'une rangée de morceaux de quartz ou de cailloux fixés avec de la gomme, de même que pour le marteau.

Les naturels de Botany Bay avaient des hameçons, mais point de filets; au contraire, le capitaine Grey, dans la description qu'il fait des indigènes de l'Australie occidentale, men-

(1) D'Urville, vol. I, p. 461.
(2) Loc. cit., p. 266.

Fig. 205.   Fig. 206.   Fig. 207.   Fig. 208.

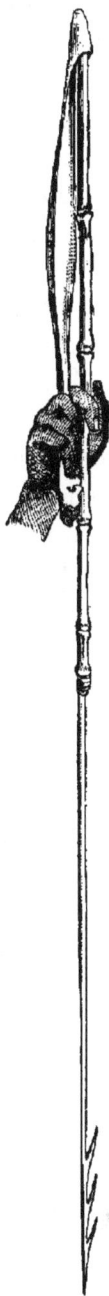
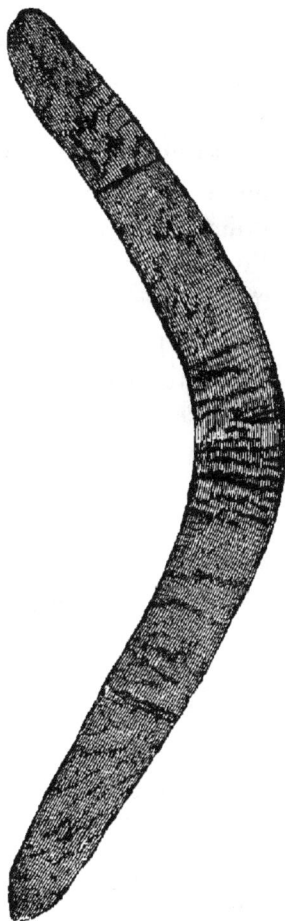

Couteau.   Massue.   Bâton de trait.   Boomerang.

tionne des filets, mais point d'hameçons, et, selon Dampier,
les naturels du « nord-ouest n'avaient pas d'engins pour la
pêche du gros poisson »; ceux qui ont été vus par King étaient
également dépourvus de filets et d'hameçon (1). Dans tout le
continent, ils ignoraient l'emploi de la fronde, de l'arc et des
flèches. En revanche, ils avaient des lances, des massues
(fig. 206), des boucliers et deux armes très singulières, le bâton de trait (fig. 207), et le boomerang (fig. 208). La lance,
toutefois, est leur arme nationale. « Elle est longue d'environ
10 pieds, très mince, faite de roseau ou de bois et terminée
par une pointe barbelée. Étant donnée sa légèreté, on aurait
peine à croire qu'elle pût avoir quelque force de projection :
cela serait impossible, en effet, sans le secours du wummera,
sorte de bâton droit et plat, long de 3 pieds et terminé par un
tuyau en os ou en peau dans lequel est fixée l'extrémité de la
lance. On prend la wummera dans la main droite avec trois
doigts (fig. 207), tandis qu'on tient la lance entre le pouce et
l'index. Avant de lancer l'arme, on lui imprime un mouvement vibratoire qui, à ce qu'on suppose, permet de viser avec
plus de précision : quand on lâche la lance, le wummera reste
dans la main, et l'usage de ce procédé si simple ajoute beaucoup à la force de projection du trait. Ils se servent de ces
armes en gens fort expérimentés (2). » Le capitaine Grey nous
dit, en effet, qu'il les a souvent vus tuer un pigeon avec une
lance, à la distance de 30 mètres, et le capitaine Cook dit
« qu'à 50 mètres de de distance, ces Indiens étaient plus sûrs
de leur coup que nous ne pourrions l'être avec une seule
balle » (3). Pour lancer leurs longs javelots, les Australiens
n'ont point recours au wummera, mais à la force du bras seul.
Ils ont aussi plusieurs autres sortes de traits; l'un d'eux, employé dans la chasse à la tortue, porte une lame mobile et barbelée, attachée au bout de l'arme par une ficelle; quand la
tortue est frappée, le javelot se détache de sa pointe qui reste
enfoncée dans le corps de la victime, tandis que le manche
sert tant à empêcher les mouvements de la tortue qu'à indi-

(1) *Loc. cit.*, vol. II, p. 137.
(2) *United States explor. Exp.*, vol. I, p 191
(3) Cook, *loc. cit.*, p. 642.

quer sa position, comme le liège d'une ligne (1). Une arme
semblable est en usage chez les Esquimaux, les Mincopies, les
Indiens du Brésil, et autres sauvages. Mais l'arme la plus
extraordinaire, et qui est tout à fait propre à l'Australie, c'est
le boomerang. On appelle ainsi un bâton de forme courbe,
généralement arrondi d'un côté, plat de l'autre, long d'environ 3 pieds, et large de 2 pouces sur 3/4 de pouce d'épaisseur.
A première vue, il ressemble à une épée de bois très grossièrement faite. Il est employé également à la chasse et à la
guerre. « On le prend par un bout dans la main droite, et on
le jette comme une faucille, soit en l'air, de bas en haut, soit
de haut en bas, de façon qu'il frappe la terre à quelque distance de celui qui l'a lancé. Dans le premier cas, il vole avec
un mouvement de rotation indiqué par sa forme; après s'être
élevé dans l'air à une grande hauteur, il décrit souvent une
orbite elliptique qui le ramène à un endroit voisin de son
point de départ. Si on le jette en bas sur le sol, il rebondit en
ligne droite poursuivant un mouvement de ricochet, jusqu'à
ce qu'il frappe l'objet que l'on veut atteindre. On tue de cette
façon les oiseaux et les petits animaux, ainsi que les canards. La
plus singulière courbe décrite par cette arme a lieu quand elle
est lancée en l'air, au-dessus d'un angle de 45 degrés; invariablement, alors, elle revient en arrière, et l'indigène qui la
lance, au lieu de faire face à l'objet qu'il veut atteindre, lui
tourne le dos (2). » M. Merry, qui résida quelque temps en Australie, m'apprend qu'un jour il voulut s'assurer de l'habileté
avec laquelle on pouvait se servir du boomerang, et offrit une
récompense de 6 pence chaque fois que le boomerang reviendrait à l'endroit d'où on l'aurait jeté. Il traça sur le sable un
cercle de 5 à 6 pieds de diamètre, et, quoique l'arme fût lancée avec beaucoup de force, l'indigène réussit à la faire re-
tomber dans le cercle cinq fois sur douze. Eyre dit aussi (3)
que cette arme est particulièrement utile à la guerre, « car il
est impossible même quand elle est en l'air de dire de quel
côté elle ira, ou bien où elle descendra. Un jour j'ai presque

(1) Hawkesworth, *Voyages*, vol. IV, p. 636. Voir aussi Eyre, vol. II, p. 305.
Mac Gillivray, vol. I, p. 147.
(2) *United States explor. Exp.*, loc. cit.
(3) *Loc. cit.*, vol. II, p. 308.

eu le bras cassé par un boomerang, et cependant j'étais tout
près de l'indigène qui l'avait lancé et je suivais le vol de
l'arme avec beaucoup d'attention. » M. Oldfield (1), au contraire, parle bien moins favorablement du boomerang. Il n'est,
dit-il, que peu usité à la guerre, et les naturels « n'y recourent
jamais pour tuer un oiseau ou un animal isolé ». En revanche,
dans les localités marécageuses où les poules d'eau se réunissent par grandes troupes, le boomerang est fort utile, car, si
l'on en jette beaucoup à la fois au milieu d'une bande considérable de poules d'eau, on est sûr de prendre bon nombre de
ces oiseaux.

Les Australiens se procurent le feu en frottant deux morceaux de bois l'un contre l'autre. Toutefois, comme cette opération est très fatigante, surtout quand le temps est humide,
ils prennent grand soin d'empêcher le feu, une fois allumé, de
s'éteindre. Pour cela, ils emportent souvent avec eux une
pomme de banksia, qui brûle lentement, comme de l'ama-
dou (2).

M. Stuart m'affirme que quelques tribus septentrionales ne
savent pas rallumer le feu. Quand ils le laissent éteindre, ils
vont emprunter un tison allumé à une tribu voisine. Selon
M. Angas, quelques tribus occidentales sont dans le même état
et n'ont, elles aussi, aucun moyen d'allumer le feu. Ces indigènes disent que le feu leur est anciennement venu du nord;
s'ils le laissent s'éteindre, ils doivent s'en procurer dans quelque campement voisin (3).

Les Australiens observés par le capitaine Cook « n'avaient
nulle idée du trafic, et, dit-il, nous ne pouvions leur en communiquer aucune : ils acceptaient les objets que nous leur
donnions, mais ils ne paraissaient jamais comprendre nos
signes quand nous leur demandions quelque chose en retour.
La même indifférence qui les empêchait d'acheter ce que nous
avions, les empêchait aussi d'essayer de nous voler : s'ils
avaient eu plus de convoitises, ils auraient été moins honnêtes (4) ». Néanmoins, dans d'autres endroits, ils sont plus

---

(1) *Comptes rendus de la Société ethnologique*, nouvelle série, vol. III, p. 264.
(2) D'Urville, vol. I, p. 194.
(3) *Savage life and scenes*, vol. I, p. 112.
(4) Cook, *loc. cit.*, p. 635.

avancés sous ce rapport. Diverses espèces de couleurs, des plumes, des coquillages, des ustensiles, et en particulier des cailloux, tels sont les principaux articles de leur commerce.

Les Australiens observés par Cook et Dampier étaient entièrement dépourvus de vêtements, et leur principal ornement consistait en un os de 5 à 6 pouces et épais d'un demi-pouce, qu'ils se passaient dans le cartilage du nez. Ils ne se tatouaient pas. Sur la côte nord-ouest, King remarqua chez plusieurs des naturels une décoration très singulière. De 3 pouces en 3 pouces, depuis le haut de la poitrine jusqu'au nombril, le corps présentait des incisions horizontales, dont les cicatrices avaient au moins 1 pouce de diamètre et formaient une saillie d'un demi-pouce au-dessus de la peau (1). Certains d'entre eux fixaient à leurs cheveux, avec de la gomme, des dents de kangourou ou même d'homme, des queues de chien, des os de poisson, des morceaux de bois, et autres objets qu'ils considéraient comme des ornements. Souvent, ils portaient sur eux des lambeaux de la dépouille de l'opossum ou du kangourou, non toutefois par décence, mais pour se tenir chaud, et pour se garantir, à la chasse, contre les épines. Cependant, suivant d'Urville, les naturels de la Nouvelle-Galles du Sud ne trouvaient pas décent que les jeunes enfants allassent tout nus (2). Mac Gillivray dit aussi que les indigènes de Moreton Bay ont des idées analogues. Dans beaucoup de parties de l'Australie, les indigènes se peignent le corps ; le rouge et le blanc sont leurs couleurs favorites ou tout au moins les couleurs les plus communes. Ils appliquent le rouge en larges plaques, le blanc ordinairement en bandes ou en petites taches, et se font souvent un cercle autour de chaque œil. Quelques tribus, mais pas toutes, se tatouent sur le dos et sur la poitrine, des bandes, des anneaux et des demi-cercles. Chez les femmes, sur le Murray, la seule cérémonie importante à laquelle Eyre ait assisté est celle qui consiste à couper la peau du dos. Eyre appelle cette opération un tatouage. Elle se fait à l'âge de puberté et est extrêmement douloureuse. La jeune fille s'agenouille et place sa tête entre les genoux d'une vigoureuse

(1) *Loc. cit.*, p. 42.
(2) *Voyage de l'Astrolabe*, vol. I, p. 471.

vieille femme, et l'opérateur, qui est toujours un homme, fait sur le dos de profondes coupures de gauche à droite, depuis les reins jusqu'aux épaules. Cette scène est révoltante, le sang coule à flots et sature le sol, tandis que la pauvre victime pousse des cris déchirants. Les jeunes filles cependant se soumettent volontiers à cette opération, car on admire beaucoup un dos bien tailladé. Les jeunes gens ont aussi à passer par une cérémonie d'initiation avant qu'il leur soit permis d'entrer dans la compagnie des hommes. Cette cérémonie est soit la circoncision (1), quelquefois une autre opération (2) presque incroyable, ou fréquemment l'extraction d'une dent de devant. D'autres tribus se font des incisions particulières, telles que des blessures sur la poitrine, des cercles sur les épaules ou plusieurs combinaisons de petits points.

Dans le district d'Adélaïde, selon M. Moorhouse, il y a cinq degrés distincts d'initiation avant que le jeune homme soit admis à tous les privilèges de l'homme. On ne peut dire, cependant, que les Australiens aient aucune forme de gouvernement; ils n'ont aucune distinction de rangs, et pas de chefs reconnus.

Les enfants ont un jeu qui ressemble un peu au jeu de saute-mouton; mais leur principal amusement consiste à apprendre à chasser, à pêcher, etc. Les gens plus âgés aiment la danse qu'on peut diviser en danses guerrières, danses de chasse et danses amoureuses : ces deux dernières sont les plus communes. Ces danses ont ordinairement lieu quand les tribus se réunissent et surtout pendant la nuit. Leurs chants sont grossiers et presque toujours improvisés.

Ils n'ont ni religion, ni idée de la prière; mais la plupart croient aux mauvais esprits, et tous ont grand peur des sorciers. Une superstition remarquable chez eux, c'est de s'imaginer que personne ne meurt jamais de mort naturelle.

Le capitaine Wilkes (3) décrit comme suit un enterrement australien. Presque immédiatement après la mort, on arrange le cadavre dans la position assise, les genoux ramenés contre le corps, et la tête infléchie en avant; le cadavre tout entier

(1) Eyre. vol. II, p. 332.
(2) *Funditur usque ad urethram a parte inferd penis.*
(3) Wilkes, *loc. cit.*, vol. II, p. 195. Fitzroy, *loc. cit.*, vol. II, p. 628.

est enveloppé dans un linceul. On creuse alors une tombe
ovale, d'environ 6 pieds de long sur 3 de large et 5 de profondeur. Au fond est un lit de feuilles couvert d'un manteau
de peau d'opossum, et d'un sac de peau de kangourou rem-
bourré, pour servir d'oreiller; le corps est déposé là-dessus
avec les armes et les autres objets qui ont appartenu au défunt.
On répand ensuite sur le cadavre des feuilles et des branches
d'arbres, puis on comble la fosse avec des pierres. Enfin, la
terre qu'on a retirée est remise sur le tout, et forme un monticule de 8 ou 9 pieds de haut. Selon d'Urville, les naturels de
la Nouvelle-Galles du Sud enterrent les jeunes et brûlent les
vieux (1). D'autres tribus en usent différemment avec leurs
morts; mais nulle part les Australiens ne s'adonnent au cannibalisme comme acte habituel ou volontaire, bien qu'assez
souvent ils y soient poussés par l'absence de toute autre nourriture.

Rien, peut-être, ne nous donne une idée plus nette de la condition intellectuelle de ces misérables sauvages, que le fait
qu'ils sont incapables de compter leurs propres doigts, ceux
même d'une seule main. M. Crawford (2) a examiné la numération de trente dialectes australiens, « et, dans aucun cas, ils
ne semblent dépasser le nombre quatre ». M. Scott Nind, il est
vrai, a donné une description des Australiens du détroit du
Roi-George. Il y a ajouté un vocabulaire contenant les noms de
nombre, et ceux-ci atteignent jusqu'à cinq. Mais le terme qui
traduit ce dernier chiffre équivaut à notre mot « beaucoup ».
En réalité, le mot « cinq » éveille dans leur esprit l'idée d'un
grand nombre, comme chez nous « cent » ou « mille ».

Leur langage, en outre, ne contient aucun terme générique
comme arbre, poisson, oiseau, etc., mais seulement des termes
spécifiques appliqués à chaque variété particulière (3).

Leurs mœurs nuptiales sont singulières. Chaque tribu est
divisée en clans et aucun homme ne peut épouser une femme
de son clan. Dans un sens, chaque homme est considéré
comme le mari de toutes les femmes appartenant aux clans
dans lesquels il peut légalement se marier. Ces « mariages de

(1) D'Urville, vol. I, p. 472.
(2) Comptes rendus de la Société ethnologique, nouvelle série, vol. II, p. 84.
(3) Eyre, vol. II, p. 392.

commune », comme j'ai ailleurs proposé de les nommer, sont souvent plus ou moins théoriques, et chaque homme a aussi sa ou ses femmes, à lui spéciales.

Bien qu'ils aient l'air de beaucoup aimer les enfants, Eyre lui-même admet qu'il y a peu d'affection entre le mari et la femme. « J'ai vu, dit-il, les indigènes de retour d'une longue absence se rendre à leur camp, montrant la plus stoïque indifférence, sans s'occuper en aucune façon de leurs femmes, s'asseoir et agir comme s'ils n'étaient jamais sortis de chez eux (1). » En un mot, on regarde les femmes comme une simple propriété. La cérémonie du mariage n'existe pas, la chasteté est inconnue, on n'estime les femmes qu'en raison des services qu'elles rendent comme esclaves et on les maltraite horriblement. « Personne, dit Eyre, ne songerait jamais à prendre le parti d'une femme (2). » La beauté ne sert qu'à rendre les choses plus mauvaises. « Les premières années, dit le capitaine Grey, d'une jeune femme célèbre par sa beauté sont ordinairement une série non interrompue de captivité auprès de différents maîtres, de terribles blessures, de fuites rapides, de mauvais traitements de la part d'autres femmes jalouses de sa beauté (3). » Peu de femmes en Australie vivent, dit-on, jusqu'à trente ans. Cependant, malgré cette tyrannie et cette sauvagerie, le mariage est sujet à certains empêchements fort curieux. Ainsi, un homme peut, s'il est assez fort, voler la femme d'un autre, mais, comme nous l'avons déjà dit, il ne peut, dans aucun cas, épouser une femme portant le même nom de famille que lui, bien qu'ils ne soient vraiment parents en aucune façon. Il y a, sur une grande partie du continent, certaines grandes familles telles que les Ballaroke, les Tdondarup, les Ngotak, les Nagarnook, les Nogonyuk, les Mongalmy et les Narrangur; le mariage n'est pas permis entre elles (4). Il y a bien d'autres cas de prohibition, « en un mot, dit M. Lang (5), au lieu de jouir d'une grande liberté personnelle, comme on serait disposé à le croire tout d'abord, ils se

(1) *Loc. cit.*, pp. 2, 12, 15. Voir aussi p. 320.
(2) *Loc. cit.*, vol. II, p. 387.
(3) *Loc. cit.*, vol. II, p. 249.
(4) Eyre, vol. II, p. 329.
(5) G. S. Lang, *The Aborigines of Australia*, p. 7.

laissent gouverner par un code de règlements et une quantité
de coutumes, qui constituent une des plus cruelles tyrannies
qui aient jamais existé à la surface de la terre, tyrannie mettant à la disposition des forts non seulement la volonté,
mais les biens et la vie des faibles. Le système entier est conçu
de telle sorte qu'il donne tout aux forts et aux vieillards, au
préjudice des faibles et des jeunes, mais surtout au détriment
des femmes. Les meilleurs aliments, les meilleurs morceaux,
les plus beaux animaux, etc., sont interdits aux femmes et aux
jeunes gens pour être réservés aux vieillards. Les femmes
appartiennent ordinairement aux vieillards et aux puissants;
quelques-uns possèdent de quatre à sept femmes, et cela, alors
qu'on refuse des femmes aux jeunes gens, à moins qu'ils n'aient
des sœurs à donner en échange et qu'ils soient assez forts et
assez courageux pour ne pas se les laisser prendre pour rien.

LES TASMANIENS.

Les habitants de la terre de Van-Diémen appartiennent à une
race différente, mais sont aussi misérables que ceux de l'Australie. Suivant le témoignage du capitaine Cook, ils n'avaient
ni maisons, ni vêtements, ni canots, ni engins pour pêcher le
gros poisson, ni filets, ni hameçons; ils vivaient de moules, de
pétoncles, de bigorneaux, et leur seule arme était une perche
droite, dont un des bouts était aiguisé (1). M. Dove nous
apprend qu'ils sont entièrement dépourvus « d'idées et de sentiments moraux ». C'est à peine, en effet, s'il semble les considérer comme des êtres doués de raison (2). Ils ne peuvent
exprimer les idées abstraites et n'ont pas même de mot pour
exprimer « un arbre ». Quoiqu'ils connaissent bien le feu, plusieurs familles au moins paraissent ignorer comment on se l'est
procuré à l'origine, et comment on pourrait le rallumer s'il
venait à s'éteindre. « Dans toutes leurs courses, dit M. Dove, ils
emportent, avec un soin tout particulier, de quoi alimenter le
feu. Leur mémoire ne leur fournit point d'exemple d'un temps
où ils ont été obligés de faire appel à leurs ressources d'inven-

(1) Cook, *Troisième Voyage,* vol. I, p. 100.
(2) Dove, *Tasmanian Journ. of nat. Sc.,* vol. I, p. 249.

tion pour ressusciter un élément aussi indispensable que l'est
la flamme à leur santé et à leur bien-être. Ils ne savent pas
comment cet élément est venu primitivement en leur possession.
Que ce soit un présent de la nature ou un produit de l'art et de
l'industrie humaine, ils ne peuvent se rappeler une époque où

Fig. 209.

Bâtons à feu. — Tasmanie.

il leur ait manqué... Ce sont les femmes qui sont spécialement
chargées de porter en main un tison, dont elles ravivent avec
soin la flamme de temps en temps, quand elle menace de s'é-
teindre (1). »

La figure 209 représente un couple de bâtons à feu tasmaniens
que je dois à l'obligeance de M. Robinson.

LES FIJIENS.

Les îles de l'océan Pacifique renferment deux races d'hommes
très distinctes : la race nègre et la race polynésienne. L'espace
dont je dispose ne me permet pas d'entrer dans les questions
intéressantes qui concernent leurs rapports et leurs affinités.

Les habitants des îles Fiji ont été classés, par beaucoup d'écrivains, parmi les Nègres. Ils sont plus noirs que les Polynésiens. Ils
ont aussi les mâchoires plus larges, et leur chevelure, sans être
précisément laineuse, est frisée. C'est une race puissante, mais
moins gracieuse que la race polynésienne. Toutefois, leur langue
est plutôt polynésienne que nègre. Leurs institutions, leurs coutumes et leurs mœurs les rapprochent en partie de l'une, en
partie de l'autre de ces deux races (2). Il est remarquable qu'ils
ne prononcent point les consonnes b, d, g, sans les faire précéder

(1) Dove, *Tasmanian Journ. of nat. Sc.*, vol. I, 250.
(2) Latham, *Varieties of man*, p. 226

de *m* ou de *n*. Ainsi, ils disaient *Mbau*, *Nduandua*, *Ngata*. Or on sait combien ces sons se rencontrent fréquemment dans les mots nègres.

La nourriture des Fijiens se compose de poissons, de tortues, de crustacés, de crabes, de chair humaine, toutes les fois qu'ils peuvent s'en procurer, de taro, d'ignames, de mandrai, de bananes et de noix de coco. Les hautes classes y ajoutent à l'occasion du porc et de la volaille. L'*ava* est leur boisson habituelle ; c'est celle dont ils usent dans toutes leurs cérémonies.

Leurs armes consistent en lances, en frondes, en massues, en arcs et en flèches. Les lances ont de 10 à 15 pieds de long, et elles sont généralement faites en bois de cocotier ; l'extrémité est pointue et durcie au feu ; quelquefois, mais rarement, la pointe consiste en un os aigu. Ils ont plusieurs espèces de massues, toutes en bois de fer. La plus estimée a environ 3 pieds de long et porte un nœud pesant à son extrémité. Une autre offre à peu près la forme d'une pelle, et peut s'appeler plutôt une courte épée. L'*ula* est une massue courte et pesante, longue d'environ 18 pouces, et pourvue d'un *nœud* gras et lourd. On s'en sert comme de projectile, et les naturels le lancent avec autant de force que d'adresse. Telles sont les principales armes, car les arcs et les flèches sont faibles et légers. Cependant on en fait usage à la guerre, aussi bien que pour tuer le poisson. Les villes fortifiées des Fijiens ont « un rempart de terre de 6 pieds environ d'épaisseur, revêtu de grosses pierres, surmonté d'une palissade de roseaux ou de troncs de cocotier, et entouré d'un fossé bourbeux (1) ».

Leurs maisons sont oblongues, mesurant une longueur de 20 à 30 pieds, et une hauteur de 15. Elles sont construites en bois de cocotier, et quelquefois très bien bâties. Elles ont, aux extrémités opposées, deux portes de 3 à 4 pieds de haut sur 4 de large ; les murs sont faits de poteaux isolés, laissant entre eux environ 3 pieds d'intervalle, qu'on remplit avec des claies d'osier. Le toit a une pente très inclinée ; les solives sont ordinairement en bois de palmier, couvertes de cannes à sucre sauvages, sous lesquelles on met des feuilles de fougère. Une natte sert de porte, et quelques pierres plates, au centre de la maison,

---

(1) Williams, *Figi and the Figians*, vol. I, p. 48.

tiennent lieu de foyer. On voit rarement des maisons divisées par des cloisons, mais les deux extrémités de l'habitation dépassent d'un pied environ le niveau général; c'est là que les naturels couchent sur des lits de nattes.

Leurs temples affectent la forme pyramidale et sont souvent bâtis sur des monticules, comme ceux de l'Amérique centrale (1). Ils adorent aussi certaines pierres disposées verticalement (2), analogues à celles que nous considérons comme druidiques. « Les Fijiens, dit M. Hazlewood. considèrent les dieux comme des êtres animés des mêmes passions qu'eux. Ils aiment et ils haïssent; ils sont orgueilleux et vindicatifs; ils font la guerre, se tuent et se mangent l'un l'autre; ils sont, en un mot, sauvages et cannibales, comme les Fijiens. » « La cruauté, dit le capitaine Erskine (3), la soif du sang, et en particulier l'appétit pour la chair humaine : voilà les traits caractéristiques des dieux. » Pourtant les Fijiens regardent avec horreur les insulaires de Samo, parce que ceux-ci n'ont point de religion, et qu'ils n'admettent ni de pareilles divinités, ni aucun des rites sanguinaires qui dominent dans d'autres îles.

Les canots des Fijiens sont très bien construits. Ils sont généralement accouplés deux à deux, et d'inégale grandeur, le plus petit servant de boute-hors. Les plus considérables ont quelquefois plus de 100 pieds de long. Les canots jumeaux sont réunis par une plate-forme, large d'ordinaire d'environ 15 pieds, et débordant de 2 ou 3 trois pieds sur les côtés. Le fond de chaque embarcation est fait d'une seule planche. Les côtés sont assemblés en queue d'aronde, et rapprochés étroitement par des liens passés à travers les rebords laissés à chacun des morceaux. Les jointures sont closes avec de la gomme d'arbre à pain. Les voiles sont larges et faites de nattes. Le mât a généralement la moitié environ de la longueur du canot, et la vergue et le boute-hors deux fois la longueur du mât. Leur principal outil est une doloire, primitivement en pierre, aujourd'hui généralement en fer. Pour percer des trous, ils se servent des longues épines de l'oursin, d'os pointus, et de clous, quand ils

---

(1) B. Seemann, *In the vacation tourist,* 1861, p. 269.
(2) Williams, *Figi and the Figians,* vol. I, p. 220.
(3) Erskine, *Journal d'une croisière dans les mers occidentales du Pacifique,* p. 247.

peuvent s'en procurer. Pour découper, ils emploient des petites
dents, celles, par exemple, des rats et des souris. Leurs couteaux
sont faits avec l'écorce d'un morceau de bambou, auquel on
donne la forme convenable, lorsqu'il est encore vert. Devenu
sec, il est durci au feu, et acquiert ainsi tant de dureté et de
tranchant, qu'on peut s'en servir pour des opérations chirur-
gicales. A la différence des Polynésiens, ils font usage, dans
leur cuisine, de poterie en terre. Ces pots sont gracieux et
bien faits, quoiqu'ils ne connaissent point la roue du potier;
toute la poterie est faite par les femmes. Les instruments
destinés à cette fabrication sont très simples; ils consistent en
une petite pierre ronde et plate destinée à façonner le dedans,
et en un maillet plat, ou spatule, pour façonner la surface
qu'elles arrondissent presque aussi bien qu'on peut le faire
au tour. L'usage des fourchettes chez les Fijiens paraît
remonter très loin : circonstance remarquable, si l'on se rappelle qu'elles furent inconnues dans l'Europe septentrionale
jusqu'au XVIe siècle.

Les Fijiens ont plusieurs sortes d'amusement. Ils aiment
beaucoup à se balancer à l'escarpolette, et à viser un but avec
des pierres ou des fruits; ils possèdent aussi un jeu qui ressemble a x quilles. Leurs danses, comme celles de tant d'autres
peuples, ne sont rien moins que décentes. En fait d'instruments
de musique, ils ont la *conque marine,* la flûte nasale, le cha-
lumeau, une espèce de guimbarde faite avec du bambou, et
diverses variétés de tambours. Ils sont très passionnés pour la
poésie.

Leurs instruments de culture ont été décrits par M. Williams.
C'est avec le bois d'un jeune palétuvier qu'ils font les bâtons
dont ils se servent pour bêcher. Ces bâtons ont la dimension
moyenne des fourches à faner le foin. « L'extrémité inférieure
est amincie d'un côté et affecte la forme d'un cure-dents en
plume. Quand on creuse, ce côté aplati est tenu en bas. Lorsqu'ils
préparent une pièce de terre pour recevoir de l'igname, ils se mettent à plusieurs, répartis en groupes de trois ou quatre; chaque
homme muni de son outil, l'enfonce dans le sol, de manière à
former un cercle d'environ 2 pieds de diamètre. Quand, par des
coups répétés, les bâtons sont arrivés à une profondeur de
18 pouces, on s'en sert alors comme de leviers pour soulever

la masse de terre qu'ils enfermaient (1). » Les mottes sont
ensuite brisées par des enfants armés de petits bâtons. Ils sar-
clent à l'aide d'un instrument dont l'emploi est analogue à
celui de la houe hollandaise; l'ouvrier s'accroupit de façon à
mettre le manche presque au niveau du sol. La lame consistait
primitivement en un os extrait du dos d'une tortue ou en un
fragment de sa carapace; d'autres fois on se servait de l'écaille
d'une grosse huître ou d'une *pinna* de grande espèce. Dans les
îles sous le vent, ils font usage d'un grand plantoir de 8 pieds
de long sur 18 pouces environ de circonférence, et terminé en
pointe. Ils ont aussi des serpes faites d'une écaille de tortue
fixée au bout d'une perche de 10 pieds de long. Ils sont habiles
à faire des paniers et ont de bons et solides filets faits avec des
plantes grimpantes ou des garcettes.

Les femmes sont tenues dans une grande sujétion. « Les
hommes les attachent souvent pour leur donner le fouet.
Comme toute autre propriété, une épouse peut être vendue à
plaisir, et le prix ordinaire est un fusil. Ceux qui les achètent
peuvent en user avec elles comme il leur plaît, et même les
assommer. » Toutefois, Erskine fournit un témoignage plus
satisfaisant de la condition des femmes, et il semble qu'elles
sont en général plus chastes que dans plusieurs des autres îles
du Pacifique : c'est quelque chose, mais, assurément ce n'est
pas beaucoup dire. Bien que fort relâchés sous bien des rapports, ils sont très stricts à d'autres points de vue. Ainsi, on
pense, dans quelques-unes de ces îles, qu'il est fort indécent que le mari et la femme passent la nuit sous le même
toit.

Quoique peu vêtus, les Fijiens apportent, dit-on, beaucoup de
soin à leur toilette et à leur peinture. Ils tirent surtout vanité
de leur chevelure, et, si elle est trop courte, ils y substituent
une perruque; plusieurs de ces perruques sont faites avec
beaucoup d'art. Les hommes portent le « tapa », sorte de vêtement fabriqué avec l'écorce intérieure du mûrier à papier, et
qui a la forme d'une ceinture de 3 à 100 mètres de longueur.
Toutefois, la dimension ordinaire est de 6 ou 10 mètres. Cette
écharpe passe entre les jambes et s'enroule autour de la

(1) Williams, *loc. cit.*, vol. I, p. 63.

taille (1). Les femmes n'ont pas le droit de porter le « tapa », et leur costume est encore plus léger que celui des hommes : il se réduit en effet à un morceau d'écorce d'hibiscus, appelé « liku » qui s'attache autour de la taille. Ce vêtement est bordé d'une frange que les jeunes filles portent courte, mais qui s'allonge après le mariage. Néanmoins, bien que presque nus, les Fijiens ont, dit-on, beaucoup de pudeur, et si quelqu'un était trouvé entièrement nu, le capitaine Wilkes croit que le coupable serait immédiatement puni de mort.

Le tatouage est restreint aux femmes qui s'ornent ainsi les doigts, les coins de la bouche, et, chose assez bizarre, les parties du corps que couvre le « liku ». L'opération est très douloureuse ; mais on regarde comme un devoir religieux de s'y soumettre (2).

Les tombes des gens du peuple ne sont recouvertes que par quelques pierres ; mais sur celles des chefs on bâtit des petites cabanes de 2 à 6 pieds de haut, ou bien, dans certains cas, on élève de grands tas de pierres, « lesquels sont parfois aussi destinés à marquer la place où un homme est mort (3) ». Le corps est enterré dans la position assise. On se coupe ordinairement, en signe de deuil, la chevelure ou la barbe, et quelquefois l'une et l'autre. Très souvent aussi on se fait lever des ampoules sur la peau, et l'on se retranche la dernière phalange du petit orteil et du petit doig.

Chez les Fijiens, le parricide n'est pas un crime, mais un usage. Les parents sont généralement tués par leurs enfants. Parfois les personnes âgées se mettent dans l'esprit que le temps de mourir est venu ; parfois ce sont les enfants qui avertissent leurs parents qu'ils leur sont à charge. Dans l'un ou l'autre cas, on fait venir les amis et les proches, on tient conseil et l'on fixe un jour pour la cérémonie, qui commence par un grand festin. Les missionnaires ont souvent été témoins de ces horribles tragédies. Un jour, un jeune homme invita M. Hunt à assister aux obsèques de sa mère, qui allaient avoir lieu. M. Hunt accepta, mais quand parut le cortège funèbre, il fut surpris de ne point voir de cadavre, et comme il en demandait la raison, le jeune

(1) Williams, *loc. cit.*, vol. I, p. 156.
(2) *Id.*, *loc. cit.*, p. 160. — Wilkes, *loc. cit.*, p. 355.
(3) *Ibid.*, vol. I, p. 192.

sauvage « lui montra sa mère (1), qui marchait avec eux,
aussi gaie, aussi allègre qu'aucun des assistants, et apparemment
aussi contente... Il ajouta que c'était par amour pour sa mère
qu'il agissait ainsi, qu'en conséquence de ce même amour ils
allaient maintenant l'enterrer, et qu'eux seuls pouvaient et
devaient accomplir un devoir aussi sacré... Elle était leur mère,
ils étaient ses enfants ; *ils* devaient donc la mettre à mort. » En
pareil cas, la tombe est creusée à 4 pieds environ de profondeur, les parents et les amis commencent leurs lamentations,
disent un adieu affectueux à la pauvre victime, et l'enterrent
vivante. On est surpris après cela de voir que M. Hunt considère les Fijiens comme pleins de tendresse et de pitié filiale. En
réalité pourtant, « ils regardent cet usage comme une si grande
preuve d'affection, qu'on ne peut trouver que des fils pour s'en
acquitter. Le fait est que non seulement ils croient à une vie
future, mais ils sont persuadés qu'ils renaîtront dans l'état où
ils ont quitté cette terre (2). » Ils ont donc un puissant motif
pour abandonner ce monde avant d'être affaiblis par la vieillesse, et si générale est cette croyance, si considérable l'influence qu'elle exerce sur eux, que, dans une ville de plusieurs
centaines d'habitants, le capitaine Wilkes ne vit pas un seul
homme qui dépassât la quarantaine : comme il s'informait des
vieillards, on lui répondit que tous avaient été enterrés. D'autre
part, durant la première année du séjour de M. Hunt à Somo-
Somo, il n'y eut qu'un seul cas de mort naturelle, toutes les
personnes âgées, tous les malades, ayant été étranglés ou enterrés vivants.

Quand un chef meurt, il est d'usage « d'envoyer avec lui »
plusieurs de ses femmes et de ses esclaves. A la mort de Ngavindi, M. Calvert alla à Mbau, dans l'espoir d'empêcher l'étran-
glement des femmes, mais il était trop tard. Trois avaient été
égorgées. Thakombau proposait d'étrangler sa sœur, l'épouse
favorite du défunt, selon l'usage accoutumé, mais le peuple de
Lasakau demanda qu'elle fût épargnée et que son fils devînt
leur chef. La mère de Ngavindi s'offrit à sa place et fut étran-
glée. Le chef mort, revêtu de tous ses ornements, était étendu

---

(1) Wilkes, *loc. cit.*, p. 95.
(2) Williams, *loc. cit.*, vol. I, p. 183.

sur une estrade, ayant à ses côtés le cadavre d'une de ses
femmes, et, sur un cercueil, à ses pieds, celui de sa mère; un
esclave égorgé reposait sur une natte au milieu de la maison.
On creusa une vaste tombe dans les fondations d'une maison
voisine, et l'on y mit d'abord le cadavre de l'esclave, puis les
trois autres enveloppés ensemble (1). » En pareille circonstance,
les femmes meurent d'ordinaire volontairement, car elles croient
que de cette façon seulement elles peuvent espérer le ciel. Si
horribles que soient ces faits, ils montrent du moins combien
doit être forte leur croyance à une seconde vie.

Toutefois, et quoiqu'on puisse alléguer le mérite de l'intention pour atténuer l'horreur de semblables atrocités, il faut
reconnaître que la vie humaine n'est que peu respectée dans
les îles Fiji. Non seulement l'infanticide, mais encore les sacrifices humains y sont très communs et forment l'accompagne-
ment obligé de presque tout ce que l'on entreprend. Le roi
lance-t-il un canot à la mer, on immole dix hommes, ou plus,
sur le pont, pour le laver avec du sang humain. Mais ce qui
reste à dire est plus révoltant encore. Le cannibalisme est invé-
téré chez les Fijiens, et ils aiment tellement la chair humaine,
qu'ils ne peuvent donner de plus grand éloge à un mets que de
dire : « Il est tendre comme de l'homme mort. » Telle est la
délicatesse de leurs goûts, qu'ils dédaignent la chair des
blancs (1), préfèrent celle des femmes à celle des hommes, et
considèrent l'avant-bras et la cuisse comme les morceaux les
plus friands; dans leur gourmandise, ils réservent cette nourriture pour les hommes, trouvant les femmes indignes de s'en
repaître. Quand le roi donne un festin, un des plats est toujours
composé de cet aliment, et, bien que les corps des ennemis
tués sur le champ de bataille soient toujours mangés, ils ne
suffisent point, et l'on engraisse des esclaves pour les vendre
au marché. Quelquefois on les fait rôtir tout vivants pour les
manger immédiatement, dans d'autres cas on conserve les corps
jusqu'à un état de décomposition avancée. Ra Undre-Undre,
chef de Raki-Raki, avait, dit-on, mangé à lui tout seul neuf

---

(1) Williams, *loc. cit.*, vol. II, p. 301.
(2) Les Australiens, les habitants de Tonga et les Nouveaux-Zélandais par-
tagent les mêmes goûts.

cents personnes, sans avoir partagé avec qui que ce soit (1).

Ce n'est pas le manque de nourriture qui rend les Fijiens cannibales. Dans une occasion, ils offrirent au dieu « dix mille ignames (pesant de 6 à 12 livres chacune), trente tortues, quarante racines de yakona (plusieurs très grosses), plusieurs centaines de poudings du pays (deux tonneaux), cent cinquante huîtres géantes, quinze melons d'eau, des noix de coco, une grande quantité de crabes de terre violets, de taro et de bananes mûres (2) ». A un repas public, M. Williams vit une fois « deux cents hommes occupés pendant près de six heures à réunir et à entasser des aliments apprêtés. Il y avait six monceaux d'ignames, de taro, de vakalolo, de porcs et de tortues : le tout se montait à environ cinquante tonneaux d'ignames cuits et de taro, quinze tonneaux de pouding doux, soixante-dix tortues, cinq charretées de yakona, et environ deux cents tonneaux d'ignames frais. A un festin donné à Lakemba, un pouding mesurait 21 pieds de circonférence ». Pourtant le cannibalisme est devenu chez eux si habituel, que tous les mots qui signifient cadavre impliquent une idée de comestible. Ils appellent la chair humaine « puaka balava », c'est-à-dire « long porc (3) ». « Quand on examine, dit Erskine (4), le caractère de ce peuple extraordinaire, on demeure frappé d'étonnement et d'effroi à la vue de ce système politique si savamment compliqué, de ces mœurs raffinées, de cette politesse cérémonieuse, qui s'unissent à une férocité et à des vices dont on ne trouverait probablement pas d'exemple dans aucun autre endroit du monde ». « Le meurtre, dit M. Williams, loin d'être à Fiji un fait accidentel, est habituel, systématique et compte parmi les événements ordinaires de la vie (5). » Ailleurs, il nous dit qu'un Fijien ne se croit jamais en sûreté quand il a un étranger derrière lui (6), et que « l'ambi-

(1) Williams, *loc. cit.*, vol. I, p. 213.
(2) *Ibid.*, vol. I, p. 44.
(3) Erskine, *loc. cit.*, p. 260. Quand d'autres mammifères furent importés dans les îles de la mer du Sud, ils reçurent des noms en rapport avec le principal quadrupède de ces contrées : ainsi le cheval fut appelé « le cochon qui porte l'homme ». A Taïti, on appelait le mouton « le cochon qui a des dents sur le front ». (Forster, *loc. cit.*, p. 384.)
(4) Erskine, *loc. cit.*, p. 272.
(5) Williams, *loc. cit.*, vol. I, p. 134.
(6) *Loc. cit.*, p. 133.

tion la plus grande d'un insulaire de ces îles, c'est d'arriver à
être un assassin reconnu (1) ». Dans l'île de Vanua-Levu, même
parmi les femmes, « il y en avait peu qui n'eussent, de manière ou d'autre, commis un meurtre (2). » On les y forme dès
leur enfance. « Une des premières leçons qu'on donne à un enfant, c'est de lui apprendre à frapper sa mère ». A Somo-Somo,
M. Williams vit des mères conduire leurs enfants « près des
cadavres de leurs ennemis, pour les leur faire fouler aux pieds
et les insulter (3) ». Il n'y a pas à s'étonner que, sous l'influence d'une pareille éducation, « le bonheur et la concorde
règnent très rarement dans une famille ». Cela est à peu près
impossible, en effet, car, par une convention qui semble à
peine croyable, « il est défendu respectivement aux frères et
aux sœurs, aux cousins germains, aux beaux-pères et aux
gendres, aux belles-mères et aux brus, aux beaux-frères et
aux belles-sœurs, de se parler et de manger à la même table (4) ».
Pourtant, malgré tout ce que ces mœurs ont d'odieux, le
Fijien n'est pas absolument inhumain. Si sa haine est profonde, son affection est sincère; si son ressentiment est implacable, sa fidélité et sa loyauté sont solides et durables. Thakombau était un Fijien pur sang. Presque jusqu'au bout, il
résista aux missionnaires. Il n'était pas seulement païen, mais
antichrétien. A la fin, il se convertit et rassembla son peuple
en Église : « Quelle congrégation il avait! dit M. Calvert. Des
maris dont il avait déshonoré les femmes! des veuves dont il
avait tué les maris! des sœurs dont les frères avaient été étranglés par ses ordres! des parents dont il avait mangé les amis!
et des enfants, fils de ceux qu'il avait égorgés, et qui avaient
juré de venger les malheurs de leurs pères (5)! » Cependant,
cet adultère, ce parricide, ce cannibale, dont les mains étaient
souillées de cent meurtres, avait encore en lui quelque chose
de noble et de sympathique, puisque, en dépit de tous ses
crimes, il sut se concilier l'affection, l'amitié, et jusqu'au respect d'un aussi excellent homme que M. Calvert.

(1) *Loc. cit.*, p. 112.
(2) *Loc. cit.*, p. 180.
(3) *Loc. cit.*, p. 177.
(4) *Loc. cit.*, p. 136.
(5) Williams, *loc. cit.*, vol. II, p. 357.

LES MAORIES.

Les Nouveaux-Zélandais sont les représentants les plus méridionaux de la grande famille polynésienne. Leur principale nourriture consiste en racines de fougère, qu'ils passent au feu et qu'ils frappent ensuite avec un bâton pour en détacher l'écorce et l'enveloppe desséchée ; ce qui en reste est une substance molle, légèrement gluante et sucrée, qui ne serait pas désagréable au goût, si elle n'était mêlée de nombreux filaments (1). Dans les districts du nord, il y a de grandes plantations d'ignames et de patates douces. Ils cultivent aussi des courges, qui leur servent de vases, car ils n'ont point de poterie. Leur unique instrument aratoire est « un pieux long et étroit, aiguisée par un bout. A peu de distance de l'extrémité aiguisée est attachée une pièce de bois transversale qui permet de l'enfoncer en pressant avec le pied ». Leur nourriture animale consiste principalement en poisson et en crustacés, et le capitaine Cook remarqua près de leurs habitations de vastes monceaux d'écailles. Ils tuent aussi quelquefois, mais rarement, des râles, des pingouins, des nigauds et autres oiseaux. Ils se procurent le feu avec deux morceaux de bois à la manière ordinaire (2). Les figures 111-113 (t. 1er, p. 96) représentent une hache en pierre de la Nouvelle-Zélande.

Les seuls quadrupèdes de ces îles sont des chiens et des rats. Ils n'ont point de porcs et les chiens servent exclusivement à l'alimentation. Ils sont très habiles pêcheurs, ayant d'excellentes lignes, des hameçons faits en os et en coquillages, et de très grands filets fabriqués avec les feuilles d'une espèce de chanvre découpées en bandes de la largeur convenable et liées ensemble. Pour faire les lignes, « on râcle les feuilles avec une écaille qui en enlève la partie supérieure ou partie verte, et laisse intactes les fibres longitudinales, fortes et blanches, qui les traversent par dessous (3). » Ils préfèrent même cette espèce de cordage à celui qu'on tire du chanvre d'Europe.

(1) Dieffenbach, *Nouvelle-Zélande*, vol. II, p. 11.
(2) D'Urville, vol. II, p. 179.
(3) Fitzroy, *Voyage of the Adventure and Beagle*, vol. II, p. 599.

C'est aussi avec ces feuilles qu'ils font la plus grande partie de leurs vêtements, car, bien qu'ils connaissent la manière d'employer l'écorce à cet usage, les habillements ainsi fabriqués sont rares, et portés seulement comme ornement. Les feuilles sont partagées en trois ou quatre morceaux, qu'on entrelace de façon à former une sorte d'étoffe qui tient le milieu entre le filet et le drap. Le poil laineux du chien s'emploie aussi au même usage (1). Le costume ne diffère pas pour les deux sexes, et se réduit à deux pièces : un morceau de leur grossière étoffe (si on peut lui donner ce nom) est noué sur les épaules et descend jusqu'aux genoux, rattaché par devant au moyen d'un cordon ou d'une aiguille en os; l'autre pièce est nouée autour de la ceinture et atteint presque jusqu'à terre. Toutefois ce vêtement n'est porté par les hommes que dans les circonstances extraordinaires.

Pour ornements, ils portent des peignes en bois ou en os, des plumes, des colliers, des bracelets, des anneaux en os ou en coquillages, qui entourent la cheville, et des boucles d'oreilles faites de jade et de duvet d'albatros. Beaucoup d'entre eux ont, en outre, de grotesques petites figures de jade qu'ils se suspendent au cou, et auxquels ils attachent un très grand prix. Les Nouveaux-Zélandais se tatouent aussi avec autant de dextérité que d'élégance, non seulement le corps, mais même le visage : tatouage dont l'effet général, en beaucoup de cas, est loin d'être disgracieux. Mais l'opération est extrêmement douloureuse, à ce point qu'on ne peut la supporter tout d'une fois, et qu'on y met souvent des mois entiers, ou même des années. Les lèvres et le coin de l'œil sont les parties les plus sensibles. Cependant c'est un déshonneur que de se soustraire à cette souffrance.

Leurs maisons ont environ 18 ou 20 pieds de long, sur 8 ou 10 de large et 5 ou 6 de haut. Les parois descendent jusqu'à terre, à la différence des habitations de Taïti, laissées ouvertes sur les côtés. Ce n'est pas qu'ils cherchent à être plus chez eux, mais simplement à se garantir de la pluie et du vent. Les murs consistent en bâtons recouverts de gazon et de foin, en guise de chaume. A l'une des extrémités se trouve la porte, juste assez haute pour laisser passer un homme marchant à quatre

(1) D'Urville, vol. II, p. 500.

pattes. Un autre trou sert à la fois de fenêtre et de cheminée.
Le toit est souvent orné de sculptures, et l'on a l'habitude
d'attacher au faîte une figure monstrueuse, représentant le
propriétaire de la demeure (1).

Leurs villages sont tous fortifiés. Ils choisissent les plus fortes
positions naturelles, qu'ils entourent d'une palissade ayant
environ 10 pieds de haut. Les côtés faibles sont aussi défendus
« par deux fossés : le fossé intérieur est garni d'un talus et d'une
seconde palissade ». Les pieux sont plantés obliquement dans
le sol, de manière à surplomber le fossé qui, « depuis le fond
jusqu'au haut, ou au couronnement du talus, a 24 pieds. Immédiatement après la palissade intérieure, est une estrade,
haute de 20 pieds, longue de 40 et large de 6 ; elle est supportée
par de forts poteaux, et destinée à être, pour les assiégés, un
poste d'où ils peuvent accabler les assaillants de traits et de
pierres ; on en tient des monceaux en réserve à cet effet. Une
autre estrade du même genre, également située dans l'enceinte
de la palissade, commande l'avenue escarpée au revers de la
position (2). » Dans l'intérieur de ces palissades, on ramène le
terrain « à différents niveaux s'étageant les uns sur les autres,
comme un amphithéâtre, et chacun possède son retranchement
distinct ». Ces diverses plates-formes ne communiquent ensemble que par d'étroits passages, si bien que chacune d'elles
est capable d'une défense séparée ; elles sont pourvues d'ap-
provisionnements considérables en poisson séché, en racines de
fougère, etc. Comme ces naturels, quand on les découvrit,
n'avaient ni arcs, ni flèches, ni frondes, en un mot, « aucune
arme de trait, à l'exception de la lance qu'on envoyait avec la
main », de telles positions devaient être presque imprenables.
Leur principale arme était le patoo-patoo (fig. 210), qu'ils s'attachaient au poignet par une forte courroie, de crainte qu'il
ne leur fût arraché. Ils n'avaient point d'armure défensive,
mais, outre leurs armes, les chefs portaient un « bâton de
commandement ».

Leurs canots bien construits ressemblent à ceux des autres
îles. Beaucoup, toutefois, sont assez larges pour naviguer sans

(1) Dieffenbach, *loc. cit.*, p. 69.
(2) Cook, *Premier Voyage*, p. 343.

boute-hors. Les deux extrémités offrent souvent d'ingénieuses
sculptures (1).

Les cadavres sont enveloppés dans la toile du pays, et enterrés dans la position assise, ou bien exposés pendant quelque
temps sur de petites plates-formes carrées;
quand la chair s'est décomposée, les os sont
lavés et finalement déposés dans une petite
boîte fermée qu'on a l'habitude de placer sur
une colonne dans le village ou aux environs(2).
Dans certains districts, toutefois, il est d'usage
de jeter les cadavres à la mer, à l'exception de
ceux des hommes morts en combattant. Ceux-
ci sont ordinairement mangés par l'ennemi.
Aucun des objets qui a servi au défunt durant sa maladie n'est employé après sa
mort (3); on a coutume de les briser ou de
les enterrer avec lui. On a trouvé un jour
un œuf de *moa* entre les mains d'un Maori
mort et inhumé, suivant l'usage, dans la position assise. L'œuf était dans un état parfait
de conservation (4), et avait peut-être été
destiné à servir de nourriture au mort.

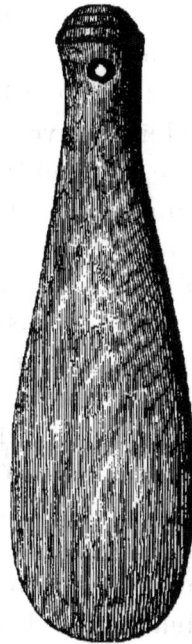

Fig. 210.

Massue.
Nouvelle-Zelande.

Dans le district de Taranaki, selon Taylor,
on enterrait les indigènes dans leurs maisons,
on attachait la porte et on la peignait en ocre
rouge pour prouver que la maison était « ta-
bou ». Dans la plupart des pahs ou villages fortifiés, la moitié
des maisons appartenaient aux morts; or, ces maisons n'étant
jamais réparées, le village avait l'air fort délabré (5).

Leur principal instrument de musique est la flûte; ils en
possèdent trois ou quatre variétés. D'Urville (6) remarqua aussi,
chez eux, une sorte de lyre à trois ou quatre cordes. Ils se servent encore, en guise de trompette, de grands coquillages. Ils

(1) *Observations* de Forster, *loc. cit.*, p. 326.
(2) Dieffenbach, *loc. cit.*, p. 63. — Fitzroy, *loc. cit.*, p. 579.
(3) D'Urville, vol. II, p. 536.
(4) *Le Zoologiste*, février 1865, p. 9454.
(5) *New-Zealand and its inhabitants*, Taylor, p. 101.
(6) D'Urville, *loc. cit.*, vol. II, p. 105.

aiment beaucoup le chant, la poésie et la danse. Celle-ci a deux
formes : elle est guerrière ou amoureuse.

Les Nouveaux-Zélandais ont le caractère fier, jaloux, iras-
cible, cruel et implacable, mais en même temps sensible, généreux, sincère, hospitalier et affectueux. Comme les autres
Polynésiens, les Maories sont fort adonnés à l'infanticide (1).
Les jeunes filles jouissent, avant le mariage, d'une grande
liberté. Une fois mariées cependant, les femmes sont fidèles
et attachées à leurs maris, qui, en revanche, les traitent généralement avec bonté et respect. En somme, il faut reconnaître
que la condition de la femme, dans la Nouvelle-Zélande, est
loin d'être mauvaise. Les Maories sont continuellement en
guerre durant leur vie, et ils espèrent continuer après leur
mort. Ils considèrent le ciel comme un lieu où il y a d'éternels
festins de poissons et de patates douces, où ils se battront et
seront toujours victorieux. Peut-on dire qu'ils ont une religion?
Cela dépend du sens que l'on attache à ce mot. Ils croient à
l'immortalité de l'âme, mais non à la résurrection du corps :
c'est là un article de foi que, suivant M. Marsden, les missionnaires ne peuvent pas leur faire admettre. Ils n'ont point l'idée
d'un Dieu tout-puissant. Te Heuheu, chef de Taupo, en causant
avec M. Taylor, tournait cette idée en ridicule. « Y a-t-il, lui
demanda-t-il, un créateur de toutes choses chez vous autres
Européens? N'y a-t-il pas des charpentiers, des serruriers, des
constructeurs de vaisseaux et d'autres qui bâtissent les maisons?
Il en fut de même dans le commencement. Un dieu a fait ceci,
un autre a fait cela : Tane a fait les arbres; Ru les montagnes;
Tangaroa les poissons, et ainsi de suite. Votre religion date
d'hier, la nôtre est d'une grande antiquité. Ne cherchez donc
pas à détruire notre foi antique avec votre religion si nouvelle (2). »

Leur divinité principale, Atoua, est, comme eux, un féroce
cannibale. Quand quelqu'un est malade, on le suppose dévoré
intérieurement par Atoua, et l'on s'efforce d'éloigner le mauvais
esprit en l'effrayant par des malédictions et des menaces (3).
On peut regarder cela comme une sorte de culte négatif, mais,

(1) Dieffenbach, *loc. cit.*, p. 16.
(2) *Missionary Register*, novembre 1819.
(3) *Loc. cit.*, p. 13.

dans certaines occasions, ils lui offrent positivement des sacrifices humains, dans le vain espoir d'apaiser sa colère. Ils n'adorent point d'idoles, mais beaucoup de leurs prêtres semblent
croire sincèrement qu'ils ont été en communication réelle avec
Atoua, et plusieurs des premiers missionnaires sont disposés
à penser que Satan a pu obtenir la permission de les tromper,
afin d'affirmer son pouvoir. Si extraordinaire que cela puisse
paraître, le cas était le même à Taïti. « Il résulte, dit M. Ellis,
de la fausse conviction que conservent encore beaucoup de gens
qui étaient sorciers ou agents des pouvoirs infernaux, et d'autres
qui ont été victimes de leurs enchantements, que plusieurs des
premiers missionnaires sont portés à croire que le fait est
réel(1). » M. Ellis lui-même partageait cette opinion. Avec
d'aussi basses idées de la Divinité, il n'est peut-être pas surprenant que certains chefs aient été, même de leur vivant,
regardés comme des dieux. Les blancs et leurs montres étaient
aussi, à l'origine, considérés comme des divinités : pour les
premiers, l'erreur était assez naturelle, puisqu'ils se présentaient armés du tonnerre et des éclairs.

Les Nouveaux-Zélandais ont fort peu de respect pour la vie
humaine. Earle raconte qu'un jeune chef nommé Atoi, qui
avait l'air ouvert et bon, reconnut une fois une jolie fille de
seize ans, qui avait travaillé pour M. Earle, et la réclama
comme une esclave qui s'était enfuie de chez lui. Il la ramena
à son village, où il la tua et la mangea. Le lendemain, il montra à M. Earle « le poteau auquel il l'avait attachée, et se mit à
rire en pensant à la façon dont il l'avait trompée ». Car, ajouta-
t-il, je lui dis que j'avais seulement l'intention de la fouetter,
mais je lui tirai un coup de fusil dans le cœur. « Cependant,
ajoute M. Earle, je puis affirmer que c'était non seulement un
charmant jeune homme, mais qu'il était doux, bien élevé et
notre favori à tous (2). »

Le cannibalisme offrait un tout autre caractère chez les Nouveaux-Zélandais que chez les Fijiens. Sans doute, les premiers
trouvaient du plaisir à manger la chair humaine : il en est
ainsi, paraît-il, de tous les peuples qui ont une fois surmonté

(1) Ellis, *Recherches sur la Polynésie*, vol. II, 226.
(2) *Residence in New-Zealand*, p. 117.

l'horreur naturelle inspirée, à ce qu'on doit croire, par le premier essai de cette nourriture. Mais le cannibalisme, dans la Nouvelle-Zélande, était moins un repas qu'une cérémonie; son objet ne se réduisait pas à une pure satisfaction des sens; il faut le regarder comme un acte religieux, comme une sorte de sacrement impie. Ce qui le prouve, c'est qu'après une bataille, les corps qu'on préférait n'étaient pas ceux des jeunes gens aux formes potelées, ni des tendres jeunes filles, mais ceux des chefs les plus célèbres, quelque vieux et quelque coriaces qu'ils pussent être (1). Ils croyaient, en effet, qu'ils ne s'assimilaient pas seulement la substance matérielle, mais encore le courage, l'habileté et la gloire de celui qu'ils dévoraient. Plus ils avaient mangé de cadavres, plus ils devaient avoir une position élevée dans l'autre monde. Une telle croyance rehaussait cette coutume d'une certaine noblesse diabolique, qui la mettait bien loin, à tout prendre, de l'ignoble sensualité des Fijiens. Être mangé était, d'un autre côté, le plus grand malheur qui pût arriver à un Nouvéau-Zélandais, puisqu'il croyait que par là son âme était détruite en même temps que son corps. Le chef assez heureux pour tuer et pour dévorer son ennemi n'avait plus rien à craindre de lui, ni dans cette vie, ni dans la vie future; au contraire, la force, l'habileté et le prestige, contre lesquels il avait eu à lutter, il ne les avait pas seulement vaincus, mais, par cet horrible procédé, il se les était incorporés et les avait ajoutés à sa personnalité.

Dans d'autres occasions, on tuait des esclaves et on les mangeait en l'honneur des dieux. Les Maories affirmaient que les criminels seuls étaient ainsi traités. Cependant le célèbre chef E'hongui considérait que toutes les analogies de la nature plaidaient en faveur du cannibalisme. Il était surpris de l'horreur qu'en éprouvait d'Urville. Les gros poissons, disait-il, mangent le fretin : les insectes dévorent les insectes ; les grands oiseaux se nourrissent des petits : c'est en conformité avec toutes les analogies de la nature que les hommes doivent manger leurs ennemis (2).

(1) D'Urville, vol. II, p. 547.
(2) *Ibid.*, p. 548.

TAÏTI.

Taïti, la reine des îles, a excité l'étonnement et l'admiration de presque tous ceux qui l'ont visitée. A quelques égards, les Taïtiens sont inférieurs à d'autres insulaires des mers du Sud, les Fijiens, par exemple, qui, comme nous l'avons vu, connaissaient la poterie; mais, en général, on peut les considérer comme représentant le plus haut degré de civilisation auquel l'homme se soit élevé en aucun pays avant la découverte ou l'introduction des instruments en métal. Il n'est nullement probable, en effet, qu'une population quelconque des grands continents ait été aussi avancée durant son âge de la pierre. Sans doute les insulaires des îles de la Société ne seraient pas restés sans métal, si le pays leur eût fourni les moyens de s'en procurer. D'un autre côté, les habitants primitifs de l'Europe ne furent réduits à se servir d'armes en pierre que jusqu'à ce qu'ils aient reconnu la supériorité du cuivre, du bronze ou du fer, et appris l'art de travailler les métaux. Or il est évident que, selon toutes les probabilités, une nation découvrirait l'usage

FIG. 211.

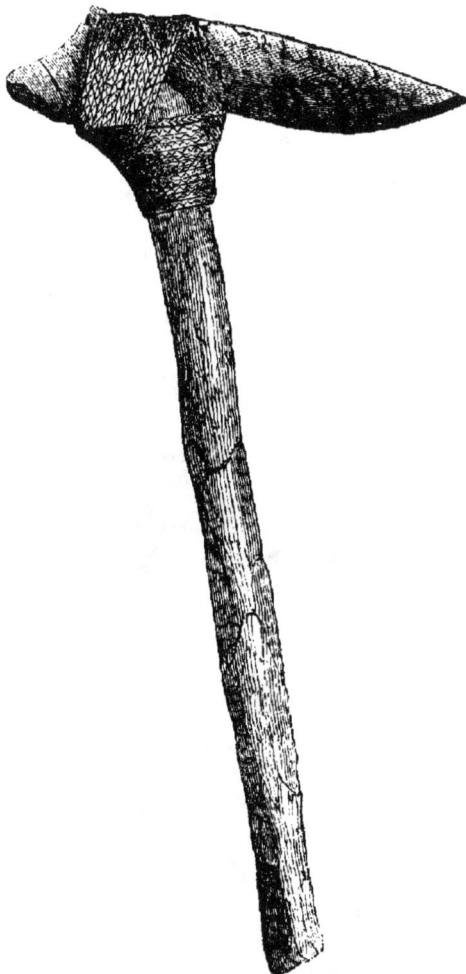

Hache en pierre emmanchée de bois.

FIG. 212.

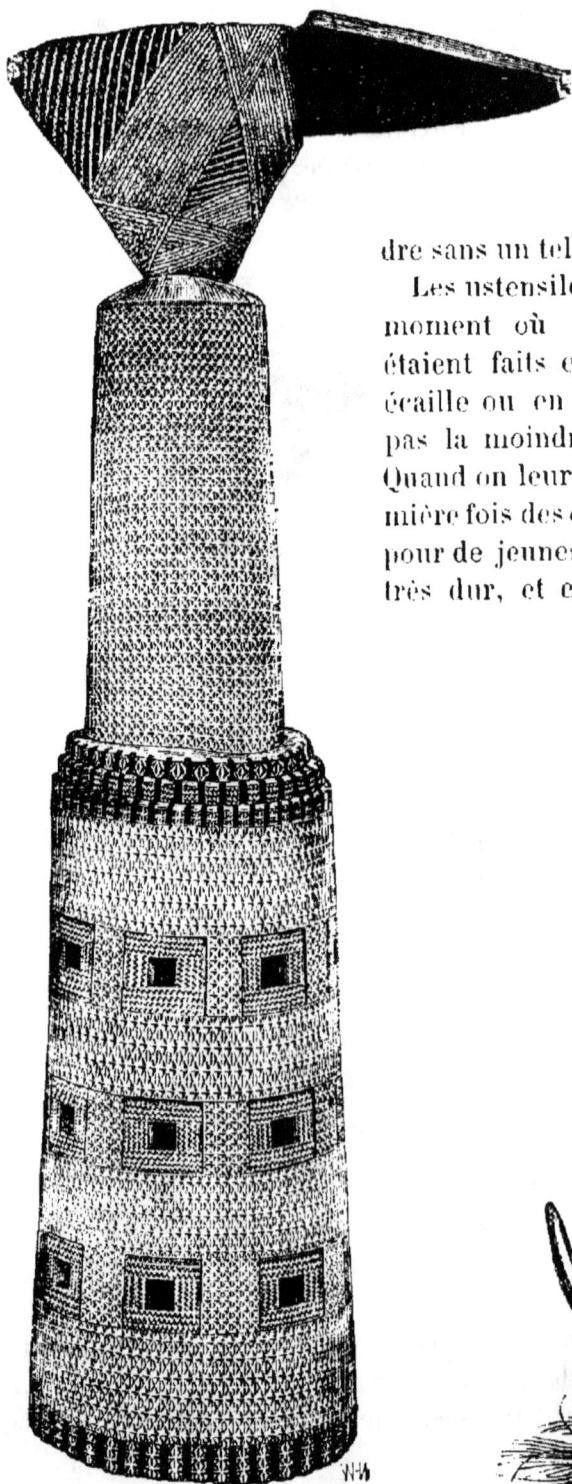

du métal avant d'avoir atteint le plus haut point de civilisation auquel l'humanité puisse atteindre sans un tel secours.

Les ustensiles des Taïtiens, au moment où on les découvrit, étaient faits en pierre, en os, en écaille ou en bois. Ils n'avaient pas la moindre idée du métal. Quand on leur donna pour la première fois des clous, ils les prirent pour de jeunes pousses d'un bois très dur, et espérant que la vie

FIG. 213.

ne les avait peut-être pas complétement abandonnées, ils en plantèrent précieusement plusieurs dans leurs jardins (1).

Toutefois, au bout de très peu de temps, les ustensiles primitifs furent entièrement remplacés par des ustensiles en fer, et, dans son dernier voyage, le capitaine Cook nous dit (2) « qu'une hachette en pierre est à présent aussi rare parmi eux qu'une en fer l'était il y a huit ans, et qu'on ne pouvait plus voir de ciseaux en os ou en pierre ». Les haches, ou plutôt les doloires en pierre, avaient des dimensions diverses : celles avec lesquelles on abattait les arbres pesaient six ou sept livres; les petites, qui servaient à des travaux de ciselure, ne pesaient que quelques onces. Toutes avaient besoin d'être continuellement aiguisées, et une pierre était toujours tenue en réserve pour cet usage. Les naturels étaient très adroits à se servir de leurs doloires, néanmoins il leur fallait plusieurs jours pour abattre un arbre. Quelques-unes de ces haches avaient des manches admirablement sculptés. La figure 212 représente l'une d'elles d'après un spécimen qui se trouve dans ma collection. C'étaient des haches de cérémonie. Les ciseaux ou gouges étaient faits en os, et généralement avec l'os du bras humain, entre le poignet et le coude. On employait des morceaux de corail comme râpes, et des éclats de bambou comme couteaux. Pour cultiver la terre, ils avaient des instruments en bois dur, longs d'environ 5 pieds, étroits, armés de pointes et de tranchants. Ils en usaient comme de bêches ou de houes (3). Ils avaient des hameçons en nacre de perle, et chaque pêcheur faisait les siens. Ces engins servaient à la fois de crochet et d'amorce (4). « On coupe d'abord l'écaille en morceaux carrés avec le tranchant d'une autre écaille, et on lui donne la forme extérieure d'un hameçon, à l'aide d'un fragment de corail suffisamment raboteux pour faire fonction de lime; on perce ensuite un trou au milieu : la première pierre pointue qu'on rencontre sert de foret. On la fixe au bout d'un morceau de bambou, et l'on tourne avec ses mains cette vrille improvisée, comme un moulin à chocolat, jusqu'à ce que l'écaille soit percée et le trou suffi-

(1) Ellis, *Recherches sur la Polynésie*, p. 298.
(2) Cook, *Voyage dans l'océan Pacifique*, vol. II, p. 137.
(3) Wilson, *Voyage d'un missionnaire au sud du Pacifique*, p. 345.
(4) Cook, *Voyage autour du monde*, vol. 483; vol. II, I, p. 218.

samment large ; alors on y introduit une petite lime de corail,
par l'application de laquelle l'hameçon est bientôt terminé : il
n'en coûte guère plus d'un quart d'heure à l'ouvrier. Avec
l'écorce du *poerou*, variété de l'*hibiscus*, ils faisaient des cordes
qui avaient depuis l'épaisseur d'un pouce jusqu'à la dimension
d'une petite ficelle d'emballage : ils s'en servaient pour fabriquer leurs filets de pêche. »

Ils avaient aussi une espèce de seine « faite d'une herbe
épaisse et large, dont les feuilles ressemblent à celles du
glaïeul : ils les entrelacent et les lient ensemble d'une manière
assez lâche, jusqu'à ce que le filet, qui a environ la largeur
d'un grand sac, ait atteint une longueur de 60 à 80 brasses. Ils
halent ce filet dans les bas-fonds, et son propre poids le tient
si près de la terre, que c'est à peine si un seul poisson peut
échapper. Ils employaient aussi certaines feuilles et certains
fruits qui, jetés dans l'eau, enivraient les poissons à tel point
que ceux-ci se laissaient prendre à la main (1). Leurs lignes
étaient fabriquées avec l'écorce de l'*eroua*, espèce d'ortie qui
croît sur les montagnes, et elles sont représentées comme étant
les meilleures du monde, meilleures même que nos plus fortes
lignes de soie. Ils se servaient aussi des fibres du cocotier pour
faire les cordes avec lesquelles ils attachaient les diverses pièces
de leurs canaux. Ils se servaient aussi des fibres du cocotier
pour faire les cordes avec lesquelles ils attachaient les diverses
pièces de leurs canots. Ils étaient très habiles à faire des paniers et des ouvrages en osier « de mille modèles différents, et
dont beaucoup étaient très soignés ». Ils faisaient encore plusieurs sortes de nattes avec du jonc, de l'herbe ou de l'écorce,
le tout d'un tissu très net et très régulier, quoique fait entièrement de main d'homme, sans métier ni mécanique (2). Mais
leur principale denrée manufacturée était une sorte d'étoffe
faite d'écorce, et dont il y avait trois variétés, suivant qu'elle
était tirée du mûrier à papier, — c'était la meilleure, — de
l'arbre à pain et d'une espèce de figuier. Cette dernière quoique moins élégante que les deux autres, rendait plus de services, parce qu'elle avait sur elles l'avantage d'être imper-

---

(1) Forster, *Observations faites durant un voyage autour du monde*, p. 463.
— Ellis, vol. II, p. 288.
(2) Ellis, vol. II, pp. 179, 180.

méable. Ces trois sortes d'étoffes se faisaient de la même manière, la seule différence entre elles consistait dans la matière première. Quand les arbres avaient atteint la croissance convenable, c'est-à-dire 6 ou 8 pieds de haut, et un peu plus que l'épaisseur du pouce d'un homme, on les arrachait et l'on coupait leurs branches et leurs racines.

L'écorce, après avoir été fendue dans le sens de la longueur, se détachait promptement, et on la laissait alors tremper pendant quelque temps dans de l'eau courante. Après quoi la partie extérieure et verte était grattée avec une écaille, et l'on étendait les fibres le soir, pour sécher, en les plaçant les unes à côté des autres, « de manière à former des tas d'un pied de largeur; on superposait ainsi deux ou trois couches ». Dès le matin, une grande partie de l'eau s'était séchée ou évaporée, et « les diverses fibres adhéraient ensemble, si bien que le tout pouvait être enlevé de terre d'un seul morceau ». La matière ainsi préparée était placée ensuite sur la surface polie d'une longue pièce de bois qui avait la forme d'un cuir à rasoir carré, et qui était long d'environ un pied. « Les quatre côtés de cet instrument étaient sillonnés, dans le sens de la longueur, par de petites rainures ou rides, qui présentaient différents degrés de ténuité. Sur un côté, ces rainures étaient assez larges et assez profondes pour recevoir une simple ficelle d'emballage, mais sur les autres elles allaient en s'amincissant suivant une gradation régulière, si bien que les dernières avaient la finesse d'un fil de soie. » On battait l'écorce, d'abord avec le côté le plus grossier, et ensuite sur les autres, en finissant par le plus fin : cette opération l'élargissait beaucoup, et pouvait la rendre presque aussi légère que la mousseline. Les diverses fibres étaient de la sorte unies si étroitement entre elles, qu'on pouvait laver et tordre l'étoffe, sans crainte de la déchirer; mais si cela arrivait par hasard, la réparation ne souffrait aucune difficulté : il suffisait de coller une pièce dessus à l'aide d'un gluten extrait de la racine du pois. Cela se faisait si proprement, qu'on ne pouvait en découvrir la place. Cette étoffe était fraîche et agréable au toucher, plus douce même que notre drap fin. Il est à peine nécessaire de dire que la finesse était réglée sur la destination de l'objet. Les deux premières qualités se blanchissaient aisément, et pouvaient ensuite rece-

voir diverses teintures, généralement rouge et jaune. Ces deux
couleurs étaient végétales et peu durables.

Ils portaient, dans les grandes occasions, diverses toilettes
étranges et compliquées, mais leur habillement ordinaire était
très simple et se composait de deux pièces. L'une était un
morceau d'étoffe « avec un trou au milieu pour passer la tête »,
et assez long pour aller de l'épaule au genou. L'autre, nouée
autour de la ceinture, pendait, comme un jupon, jusqu'au
genou : on l'appelait le *parou*. Souvent aussi ils portaient un
morceau d'étoffe enroulé autour de la tête en forme de turban.
Ellis décrit ainsi le costume de la reine (1) : « Elle portait un
vêtement léger, lâche et flottant, fait d'étoffe indigène, mais
d'une blancheur éclatante. Gracieusement ajusté sur l'épaule
gauche, il descendait jusqu'à la cheville. Les cheveux de la
reine étaient plus blonds que ne le sont, en général, ceux des
naturels. Sa tête était coiffée d'un bonnet du pays, léger et
élégant, composé de feuilles de cocotier vertes et jaunes ;
chaque oreille était percée, et dans l'ouverture étaient insé-
rées deux ou trois fleurs de jasmin odoriférant du Cap. » Le
costume des hommes ressemblait fort à celui-là ; mais au lieu
du jupon des femmes, ils portaient parfois un morceau d'étoffe
entre les jambes : cela s'appelait le *maro* (2). En temps de chaleur, et à midi, les deux sexes allaient presque nus, ne portant
que le vêtement qui entourait la taille. Outre les turbans et les
coiffures en feuillage, ils portaient parfois de longues tresses
de cheveux, qu'ils enroulaient autour de la tête de façon à
produire un très bel effet. Ils étaient très soigneux de leur
personne et de leurs habits, se lavant régulièrement trois fois
par jour. Les hommes aimaient, autant que les femmes, à se
charger d'ornements, qui consistaient en plumes, en fleurs,
en morceaux d'écailles et en perles. Le tatouage était aussi
d'un usage presque universel, et quelqu'un qui n'eût pas été
convenablement tatoué « eût encouru le même blâme et la
même animadversion que si, chez nous, il se fût promené
tout nu à travers les rues (3). » Ils s'oignaient fréquemment la

_____

(1) *Loc. cit.*, p. 148.
(2) Les insulaires des îles Sandwich avaient de petits éventails carrés en
natte ou en osier, avec des manches de même matière ou en bois.
(3) Wilson, *loc. cit.*, p. 355.

tête avec de l'huile de coco parfumée, mais n'avaient point de peignes, dont la privation devait se faire vivement sentir dans un pays si chaud. Malgré cela, la plupart d'entre eux savaient arranger très proprement leur chevelure.

Leurs maisons leur servaient surtout pour dormir. Elles étaient faites de bois, et avaient généralement 24 pieds environ de long, 11 en large et 9 de haut. Elles n'avaient point de murs de côté, mais le toit descendait jusqu'à 3 pieds 1/2 environ du sol. Ils employaient des feuilles de palmier en guise de chaume, et le plancher était ordinairement couvert de foin nouveau.

Leurs canaux ressemblaient à ceux des Fijiens, mais, dit-on, ils n'étaient pas aussi bien construits. Ce n'était déjà pas une tâche aisée que de préparer les planches, et la plus grande difficulté était de les attacher ensemble. On y arrivait au moyen de « fortes lanières tressées, que l'on passait à plusieurs reprises dans des trous percés avec une gouge ou une tarière en os (1). » La longueur des canots variait de 90 pieds à 10, « mais la largeur n'était nullement en proportion, car ceux de 10 pieds avaient environ 1 pied de large, et ceux de plus de 70 en avaient 2 à peine (2) ». Toutefois les plus larges n'étaient pas employés seuls, mais étaient accouplés deux à deux, de la manière que nous avons déjà décrite. Un canot sans boute-hors leur paraissait une impossibilité (3). La construction de ces canots devait présenter de grandes difficultés, néanmoins les insulaires des mers du Sud en possédaient une grande quantité. Un jour, le capitaine Cook en vit plus de trois cents réunis dans le même lieu, sans compter les petites embarcations; il estimait l'ensemble de la force maritime des îles de la Société à 1 700 canots de guerre, montés par 68 000 hommes d'équipage (4).

Leur principal instrument de musique était le tambour, fait avec un morceau de bois solide, évasé et recouvert d'une peau de requin. Ils avaient aussi une espèce de trompette faite avec un grand coquillage, dont le petit bout était percé d'un trou

(1) Cook, *Premier Voyage*, p. 225. — Forster, *loc. cit.*, p. 459.
(2) Cook, *Premier Voyage*, p. 221.
(3) Ellis, *loc. cit.*, vol. II, p. 53.
(4) Cook, *Second Voyage*, vol. I, p. 349.

dans lequel ils enfonçaient un roseau de bambou, d'environ
3 pieds de long. Leurs flûtes étaient en bambou, et l'on en
jouait par le nez. Ils avaient différentes sortes de jeux, dont
plusieurs paraissaient ressembler à notre *hockey* et à notre
balle au pied. Ils aimaient aussi beaucoup la danse.

Ils ignoraient complètement l'art de faire la poterie, mais
ils avaient de grands plats en bois poli. Les coquilles des noix
de coco servaient de bouteilles et de coupes. On les raclait
pour les amincir; on les polissait, non sans les orner souvent
de ciselures très jolies, et on les tenait extrêmement propres.
Généralement, les naturels de Taïti s'asseyaient, les jambes
croisées, sur des nattes placées sur le sol, mais les chefs
avaient souvent des tabourets à quatre pieds. C'était aussi sur
des nattes qu'ils couchaient, avec un oreiller en bois qui ressemblait fort à un petit tabouret. La partie supérieure était
inclinée comme le siège d'un tabouret, pour recevoir la tête.
Chaque maison renfermait aussi un mince poteau fiché dans le
sol et garni de branches auxquelles étaient pendus les divers
plats, calebasses, paniers de vivres, etc. [1].

Leurs armes étaient redoutables, quoique simples. Elles consistaient en frondes, en piques terminées par une pierre, et en
longues massues d'un bois dur et pesant. Ils étaient fort
adroits à se servir de la première de ces armes. Leurs pierres
de fronde étaient de deux sortes : « les unes lisses, polies par
le frottement dans le lit d'une rivière; les autres pointues, an-
guleuses et rudes; on les appelait *ofai ara* : pierres plates ou
pierres aiguës (2) ». Nous avons déjà dit chap. IV que deux
sortes de pierres de fronde, exactement correspondantes à celles-
ci, étaient en usage chez les habitants primitifs de l'Europe. Il
serait intéressant de connaître les avantages respectifs de ces
deux espèces, dont, à coup sûr, l'emploi devait être différent.
Ils avaient aussi des arcs et des flèches, mais dont la force
n'était pas suffisante pour qu'ils pussent servir à la guerre. La
corde de l'arc était faite avec l'écorce du *roara* (3). Les insulaires des îles de la Société étaient, dit-on, cruels à la guerre,
mais, suivant le capitaine Cook, « ils sont rarement troublés

1) Ellis, *loc. cit.*, vol. II, p. 184.
2) Ellis, *loc. cit.*, vol. II, p. 49.
3) Wilson, *loc. cit.*, p. 368.

par des luttes extérieures ou intestines ». Quoiqu'ils ne soient point lâches, « ils trouvent bien moins honteux de prendre la fuite devant l'ennemi, en conservant l'intégrité de leurs membres, que de se battre et d'être blessés (1) ».

« En fait d'animaux domestiques, ils n'avaient que des porcs, des chiens et des volailles (2). Il n'y avait pas non plus d'animaux sauvages dans l'île, à l'exception des canards, des pigeons, des perroquets et de quelques autres oiseaux, ainsi que des rats ; point d'autre quadrupède et aucun serpent (3). » On n'élevait les chiens que pour l'alimentation, et le capitaine Cook nous assure « qu'un chien des mers du Sud n'est guère inférieur en qualité à un agneau d'Angleterre ; ils doivent probablement l'excellence de leur goût aux soins qu'on prend d'eux et à leur nourriture exclusivement composée de végétaux ». Ces indigènes préféraient la viande du chien à celle du porc. La mer leur fournissait des poissons et des crustacés excellents. Ils avaient aussi des arbres à pain, des bananiers, des plantains, des ignames, des cocotiers, des patates, des cannes à sucre, un fruit assez semblable à la pomme, et plusieurs autres plantes qui, en leur procurant du fruit, n'exigeaient que très peu de culture. L'arbre à pain leur fournissait en abondance du fruit frais pendant huit mois, et, durant les quatre autres ils mangeaient du *mahie*, espèce de pâte aigre qu'on obtenait en faisant fermenter le fruit mûr de cet arbre. Il est probable que les neuf dixièmes de leur alimentation se composaient de nourriture végétale, et que le bas peuple ne goûtait presque jamais ni au porc, ni au chien, bien que les premiers semblent avoir été très abondants.

Ils se procuraient du feu par le frottement. Quand le bois était tout à fait sec, l'opération ne prenait pas plus de deux minutes, mais, en temps d'humidité, elle était très longue. N'ayant point de poterie, ils ne faisaient point bouillir leurs aliments. « Ils témoignèrent, dit Wallis, un étonnement impossible à décrire, quand ils virent le canonnier, qui, en gardant le marché, avait coutume de dîner sur le rivage, préparer son

(1) Wilson, *loc. cit.*, p. 363.
(2) Wallis, *Voyage autour du monde.* — Hawkesworth, *Voyages*, vol. 1, p. 482.
(3) Cook, *Voyage autour du monde*, p. 187.

porc et sa volaille en les faisant bouillir dans un pot; comme ils n'avaient, ainsi que je l'ai déjà fait observer, aucun vase capable d'aller au feu, ils n'avaient point d'idée de l'eau chaude (1). » Le capitaine Cook dit aussi en termes exprès « qu'ils n'avaient que deux manières d'appliquer le feu à leur cuisine : ils grillaient ou cuisaient leurs aliments au four (2) ». Toutefois M. Tylor a démontré (3) qu'ils connaissaient l'usage des pierres à bouillir, et que par conséquent ils devaient savoir ce que c'était que de l'eau chaude. Pour cuire un porc, ils faisaient dans le sol une petite fosse qu'ils pavaient de larges pierres sur lesquelles ils allumaient ensuite un grand feu. Quand les pierres étaient assez échauffées, ils retiraient les braises, balayaient les cendres, et couvraient les pierres de feuilles vertes de cocotier. L'animal qu'il s'agissait de cuire, après avoir été nettoyé et mis en état, était enveloppé dans des feuilles de bananier et couvert de braises chaudes; là-dessus, on plaçait des fruits de l'arbre à pain et des ignames, également enveloppés de feuilles de bananier. On recouvrait le tout avec le reste des braises et quelques pierres chaudes, et en dernier lieu on répandait une couche de terre. La viande ainsi cuite était, dit-on, tendre et succulente; il est de fait que Wallis et Cook la trouvaient « meilleure à tous égards que celle qui est préparée d'une autre manière ». En guise de sauce, ils prenaient de l'eau salée, sans laquelle ils ne mangeaient jamais rien, et une sorte de pâte épaisse faite avec le noyau de la noix de coco. A leurs repas, ils buvaient de l'eau ou du jus de coco. Les insulaires des Sandwich aimaient beaucoup la viande salée, et ils avaient de véritables salines sur le rivage de la mer (4).

Leur seule liqueur enivrante était l'*ava*, infusion faite avec la racine, la tige et les feuilles d'une espèce de poivrier. Toutefois cette boisson, heureusement pour eux, était entièrement interdite aux femmes, et rarement permise aux classes inférieures. Dans certaines îles, on la préparait d'une façon très dégoûtante. Les racines, coupées en morceaux, étaient net-

(1) Wallis, *loc. cit.*, vol. I, p. 484.
(2) Cook, *Second Voyage*, vol. II, p. 197.
(3) Tylor, *Histoire primitive de l'humanité*.
(4) *Troisième Voyage*, vol. III, p. 151.

toyées, mâchées, et placées ensuite dans une tasse de bois, avec une certaine quantité d'eau, pour être remuées à la main. Toutefois, à Taïti, on se dispensait de la mastication. Les bols de bois dans lesquels les chefs buvaient leur ava étaient souvent de très beaux échantillons de ciselure. Ceux des îles Sandwich sont représentés « comme ayant ordinairement un diamètre d'environ 8 à 10 pouces, parfaitement ronds et bien polis. Ils sont supportés par de petites figures humaines, au nombre de trois et quelquefois de quatre, dans des attitudes variées. Plusieurs de ces cariatides soutiennent leur fardeau sur les mains élevées au-dessus de la tête, d'autres sur la tête et les mains, d'autres sur les épaules. » Ces figures « se distinguent autant, dit-on, par l'exactitude des proportions que par la perfection du travail, et même l'anatomie des muscles tendus dans l'effort est bien rendue (1) ».

Le capitaine Cook (2) fait une description intéressante de la manière dont dînaient les chefs. « Ils n'avaient point de table, et chacun mangeait seul et en silence. Quelques feuilles étaient étendues sur le sol, en guise de nappe; à côté du chef on plaçait un panier contenant ses provisions, lesquelles, chair ou poisson, étaient enveloppées de feuilles. Le chef avait près de lui deux coquilles de noix de coco contenant l'une de l'eau salée, et l'autre de l'eau douce. Il se lavait d'abord, avec soin, les mains et la bouche avec de l'eau douce, et répétait ses ablutions presque continuellement durant tout le repas. Il tirait ensuite du panier une partie de ses vivres, qui consistaient en un ou deux petits poissons, deux ou trois fruits de l'arbre à pain, quatorze ou quinze bananes mûres, ou bien six ou sept pommes. »

Il commençait par manger du fruit de l'arbre à pain, rompant en même temps un des poissons dans l'eau salée. Puis il retirait les morceaux avec ses doigts, de manière à amener avec eux le plus d'eau salée possible, et très souvent il buvait une gorgée de cette eau dans la noix de coco ou dans sa main. Quelquefois aussi il buvait du jus de coco. Quand il avait fini le fruit de l'arbre à pain et le poisson, il entamait ses bananes ou ses pommes, après quoi il mangeait une sorte de pâte faite avec

(1) *Troisième Voyage*, vol. III, p. 148.
(2) Cook, *Premier Voyage*, vol. II, p. 200.

le fruit de l'arbre à pain, et généralement mélangée de bananes ou d'autres fruits qui lui donnaient du goût. Une écaille ou un éclat de bambou lui tenait lieu de couteau, et, pour finir, il se lavait de nouveau les mains et la bouche. Ils ignoraient complétement l'usage des fourchettes, et le capitaine Wallis (1) nous dit que, durant sa visite dans ces îles, un des naturels qui « essaya de manger avec cet instrument ne put le guider, mais que la force de l'habitude ramena sa main à sa bouche, tandis que les morceaux qui pendaient au bout de sa fourchette allèrent à son oreille ». Ils ne se servaient pas non plus d'assiettes. Poulaho, chef des îles des Amis, dînant un jour à bord du vaisseau, fut tellement stupéfait de voir des assiettes d'étain, que le capitaine Cook lui en donna une. Il ne songea pas toutefois à l'employer à la manière ordinaire, mais il dit que « toutes les fois qu'il aurait occasion de visiter une autre île, il laisserait en partant cette assiette à Tongataboo, pour le représenter pendant son absence (2) ».

Le capitaine Cook remarqua avec beaucoup de surprise qu'un peuple si sociable, et qui trouvait tant de plaisir dans le commerce des femmes, ne prenait jamais ses repas en commun. Frères et sœurs, chacun avait son panier, et quand ils voulaient manger, ils sortaient, « allaient s'asseoir par terre à deux ou trois mètres de distance l'un de l'autre, et, détournant la tête, prenaient leur nourriture sans échanger un seul mot ». Ils mangeaient seuls, disaient-ils, « parce que c'est comme il faut ». Mais pourquoi était-ce comme il faut? c'est ce qu'ils ne pouvaient expliquer. Nous devons, toutefois, nous souvenir que ces insulaires étaient ensemble beaucoup plus que nous ne le sommes. Nous aimons à dîner en société, parce que nos nombreuses occupations nous tiennent séparés dans les autres moments; mais chez des gens dont les besoins exigeaient si peu d'efforts pour être satisfaits, qui étaient tout le long du jour ensemble, et qui n'avaient point d'appartements où ils pussent se retirer pour trouver la solitude, ce devait être un grand point que d'avoir un moyen d'échapper à ses amis, et d'être laissé tranquille sans blesser personne. Comme il n'y avait pas d'heure fixe pour

(1) Wallis, *Voyage autour du monde*, p. 482.
(2) *Troisième Voyage*, vol. I, p. 326.

les repas, un homme qui voulait être seul n'avait qu'à emporter son panier de provisions, et il pouvait être sûr qu'on ne viendrait pas le déranger. Cet usage semble donc avoir été à la fois ingénieux et commode (1).

Quoiqu'ils allassent ordinairement se coucher à la nuit tombante, les indigènes de Taïti n'étaient pourtant pas entièrement dépourvus de chandelles. Ils employaient pour cet usage l'amande d'une sorte de noix huileuse. « Ils les fichent l'une à la suite de l'autre, sur une brochette plantée au milieu de la société. » Ces chandelles brûlaient lentement et fournissaient, dit-on, une assez bonne lumière. Les insulaires des îles de la Société confondaient la médecine avec la sorcellerie, mais on raconte des histoires étonnantes de leur habileté chirurgicale. Je vais donner celle qui est peut-être la plus extraordinaire. « On raconte, dit M. Ellis (quoiqu'il ajoute avec le plus grand sérieux : « j'avoue que j'ai peine à y croire »), que dans certains cas de lésion au cerveau, aussi bien qu'à la boîte osseuse du crâne, ils ouvrent le crâne, retirent la partie malade de la cervelle, et, après avoir tué un porc qu'ils tiennent prêt dans ce but, introduisent la cervelle de l'animal dans la tête de l'homme, et referment le crâne (2). »

Le nez des filles était souvent écrasé ou aplati dès l'enfance, parce qu'ils considéraient un nez plat comme un signe de beauté. Les enfants mâles avaient quelquefois aussi le front et le derrière de la tête écrasés, de manière à donner à la partie supérieure du crâne la forme d'un coin. On supposait que cela rendait leur aspect plus formidable à la guerre (3).

Les morts n'étaient pas inhumés immédiatement; on les plaçait sur une estrade élevée de plusieurs pieds au-dessus du sol, entourée d'une palissade de bambou. Le corps était couvert d'un drap et abrité par une toiture. A côté étaient déposées les armes

(1) Depuis que les lignes ci-dessus ont été écrites, j'ai rencontré dans Burchell le passage suivant : « J'avais un excellent motif pour admirer un des usages des Bahapins : bien qu'en tout autre temps, ils ne me laissassent jamais seul, ils se retiraient toujours au moment où l'on m'apportait mon déjeuner ou mon dîner. Cela me reposait quelques instants de la fatigue d'une incessante conversation. » (Voyages dans l'Afrique méridionale, vol. II, p. 408.)
(2) Loc. cit., vol. II, p. 277.
(3) Ellis, loc. cit., vol. II, p. 342.

du défunt, ainsi qu'une provision de vivres et d'eau. Quand le
cadavre avait subi une décomposition complète, les os étaient
recueillis, nettoyés avec soin et enterrés, suivant le rang du
mort, soit au dedans d'un « moraï », soit au dehors(1). Le plus
grand moraï observé par le capitaine Cook était celui qu'on
avait préparé pour Oamo et Oberea, les souverains du moment.
C'était, en effet, « le principal morceau d'architecture de l'île.
Il consistait en un monceau de pierres, élevé en forme de pyra-
mide; sa base avait 267 pieds de long et 87 pieds de large. Sa
construction ressemblait à celle de ces petites éminences pyra-
midales sur lesquelles nous plantons quelquefois le poteau
d'un cadran scolaire, et dont chaque côté est une suite de degrés; toutefois ceux-ci étaient plus larges sur les côtés qu'à
l'extrémité, si bien que le monument, au lieu de se terminer
par un carré reproduisant la même figure qu'à la base, finissait
en forme de faîte, comme le toit d'une maison. Il y avait onze
degrés de 4 pieds de haut chacun, ce qui donnait pour hauteur
totale 44 pieds. Chaque degré était fait d'un seul bloc de corail
blanc, équarri et poli soigneusement. Le reste de la masse, car
l'édifice n'était point creux à l'intérieur, se composait de petits
cailloux ronds, dont la régularité semblait accuser le travail de
l'homme(2). » Plus récemment, Wilson(3) a donné une description presque identique de ce moraï; selon lui, toutefois son étendue et sa hauteur sont un peu plus considérables. Quand on songe
que les ouvriers n'avaient ni outils en fer pour tailler les pierres,
ni ciment pour les fixer ensemble, il est impossible de n'être point
frappé d'admiration à la vue de la grandeur de l'entreprise, et
de l'habileté qu'on a dû déployer pour la mener à terme. De
tous les monuments construits exclusivement à l'aide d'instruments en pierre, c'est peut-être le plus important que l'on con-
naisse, et celui qui rend la moins invraisemblable l'opinion que

---

(1) Dans certains cas, la tête n'était pas enterrée avec les autres ossements, mais déposée dans une espèce de boîte.

(2) Cook, *Voyage autour du monde*, vol. II, p. 166. Des moraïs semblables,
mais un peu plus petits, ont été observés dans les îles Sandwich (*Troisième
Voyage*, vol. III, p. 6). Dans les îles des Amis, d'Urville vit un mausolée
semblable bâti de blocs de pierre dont plusieurs avaient vingt pieds de
long, six ou huit de large, et deux de haut. Ils étaient parfaitement équarris.
(*Loc. cit.*, vol. IV, p. 106.)

(3) Wilson, *loc. cit.*, p. 207.

plusieurs des vastes tumuli et autres anciens monuments de l'Europe peuvent appartenir à l'âge de la pierre. Quand un chef taïtien mourait, ses parents et ses serviteurs se tailladaient et se déchiraient le corps d'une manière effrayante. Ils se passaient des lances à travers les cuisses, les bras et les joues, et se donnaient des coups de massue sur la tête, « jusqu'à faire jaillir des ruisseaux de sang » ; souvent aussi, dans ces occasions, ils se coupaient le petit doigt : coutume bizarre qu'on retrouve également dans les îles des Amis.

A Tiarrabou, le capitaine Cook vit un grossier ouvrage de vannier, figurant la forme humaine, et haut d'environ 7 pieds. Cet objet était censé représenter un des dieux inférieurs; mais c'était, dit-on, le seul de ce genre qui existât dans l'île, car les naturels, bien qu'adorant de nombreuses divinités, auxquelles ils offraient même parfois des sacrifices humains, n'étaient pourtant pas idolâtres. Cependant Ellis vit chez eux beaucoup d'idoles grossières (1). Le capitaine Cook trouva leur religion, « comme celle de la plupart des autres pays, enveloppée de mystère et embarrassée d'apparentes contradictions (2) » . Ils croyaient à l'immortalité de l'âme, et à « deux situations où le bonheur différait de degré, quelque chose d'à peu près analogue à notre ciel et à notre enfer »; mais, bien loin de les considérer comme des lieux de récompense ou de punition, ils croyaient que le sort le plus heureux était naturellement destiné aux chefs et aux classes supérieures, tandis que l'autre était réservé aux gens de condition inférieure (3). Ils ne supposaient pas que leurs actions d'ici-bas eussent la moindre influence sur leur état futur; si bien que la religion n'agissait point sur eux ni par promesses, ni par menaces, et « que l'adoration et le respect qu'ils exprimaient par des paroles ou par des actes provenait uniquement de l'humble sentiment de leur propre infériorité et de l'ineffable excellence de la perfection divine ». Quelles qu'aient pu être leurs erreurs sur plusieurs points, et quelque détestables que nous paraissent, sans doute, beaucoup de leurs usages, à coup sûr une croyance comme celle-là rend

(1) Ellis, *loc. cit.*, vol. I, p. 526. — Wilson, *loc. cit.*, p. 242.
(2) Voyez aussi Forster, *loc. cit.*, p. 539.
(3) Cook, *Premier Voyage*, vol. II, p. 239. — Ellis, vol. I, p. 518.

les bonnes actions doublement vertueuses, et donne à la vertu elle-même un nouvel éclat.

Ils avaient des coutumes très nombreuses et très suivies, mais pas de tribunaux. On ne s'inquiétait que médiocrement, chez eux, de la sécurité personnelle et des droits de la propriété privée. Les chefs et les prêtres exerçaient une autorité fondée sur la crainte et la superstition. Ils n'avaient point de mot dans leur langue pour dire « loi »(1). Il faut rendre aux chefs cette justice d'ajouter qu'ils n'étaient point oisifs, et qu'ils considéraient comme une honte de ne point se distinguer dans toutes les branches de travail (2). Quant au caractère, les habitants de Taïti, d'après le capitaine Cook, « étaient libéraux, braves, francs et candides, point défiants ni perfides, point cruels ni haineux (3). » Ils tenaient beaucoup à l'éducation. Les femmes étaient affectionnées, tendres et obéissantes ; les hommes doux, généreux, lents à se mettre en colère et prompts à s'apaiser. La santé des deux sexes était très bonne. « Jamais, dit Forster (4), je n'ai vu dans toute la nation quelqu'un ayant le caractère maussade, chagrin ou ennuyé ; tous joignent à leur humeur enjouée une politesse et une élégance qui s'unissent heureusement à la plus innocente simplicité de mœurs. » Les meurtres étaient très rares parmi eux, et, quoiqu'on accordât beaucoup de licence aux jeunes filles avant le mariage, les femmes mariées, suivant le capitaine Cook (5), se conduisaient aussi bien « que dans tout autre pays ». Ils étaient très enclins au vol, mais nous devons tenir compte des tentations immenses auxquelles ils étaient en butte, et de la valeur, à leurs yeux inestimable, des objets qu'ils dérobaient. Comme les autres sauvages, il ressemblaient, sous beaucoup de rapports, à des enfants : leurs chagrins étaient fugitifs, leurs passions se traduisaient avec fougue et énergie. Un jour, Oberea, la reine, alors âgée d'environ quarante ans, eut envie d'avoir une grande poupée, dont, en conséquence, on lui fit cadeau. Peu de temps après, on rencontra Tootahah, un des

---

(1) Ellis, *loc. cit.*, vol. II, p. 427.
(2) Ellis, *loc. cit.*, vol. II, p. 178.
(3) Cook, *Premier Voyage*, vol. II, p. 188.
(4) Forster, *loc. cit.*, p. 582.
(5) Cook, *Voyage au pôle Sud*, vol. I, p. 187.

principaux chefs, et celui-ci devint si jaloux de la poupée d'Oberea, qu'on se vit obligé de lui en donner une aussi. Il n'y a guère de nation, soit barbare, soit civilisée, où les relations des deux sexes soient tout à fait satisfaisantes. Les sauvages, presque sans exception, traitent les femmes comme des esclaves, et trop souvent les peuples civilisés n'évitent cet abus que pour tomber dans d'autres.

Les habitants de Taïti étaient, dit-on, absolument dépourvus de toute idée de décence, ou plutôt, comme s'exprime avec plus de justesse peut-être le capitaine Cook, « d'indécence ». Sans doute, cela venait en partie de ce que leurs maisons étaient toutes ouvertes, et non divisées en appartements séparés. Quoi qu'il en soit, là où il n'y avait point de mal, ils ne voyaient point de honte, et il faut avouer qu'en beaucoup de cas, l'idée qu'ils se faisaient du mal était très différente de la nôtre. Toutefois, avant de les condamner, souvenons-nous qu'ils auraient été aussi scandalisés d'un dîner en société que nous le sommes de beaucoup de leurs coutumes. Si la liberté de langage et d'action qu'ils se permettaient nous semble prêter à plus d'une objection, nous ne devons pas oublier que nos idées de délicatesse excluent de la conversation générale beaucoup de sujets d'un intérêt et d'une importance considérables.

Il y avait à Taïti une association nombreuse comprenant les personnes les plus distinguées des deux sexes, et qu'on appelait les « Arreoy ». Tous les membres étaient considérés comme mariés l'un à l'autre. Si une des femmes de la société avait un enfant, il était presque invariablement mis à mort; mais, quand on le laissait vivre, le père et la mère étaient considérés comme définitivement engagés l'un à l'autre, et on les bannissait de l'association : la femme étant, dès lors, connue comme « une porteuse d'enfants », ce qui, chez ce peuple extraordinaire, était une qualification injurieuse. L'existence d'une telle société montre les différences fondamentales qui peuvent exister dans l'idée qu'on se fait de la vertu dans les divers pays. Pourtant les femmes mariées étaient fidèles à leurs époux et remplies de modestie. On ne saurait les acquitter de l'accusation d'infanticide, crime auquel nous pouvons trouver une cause, mais non une excuse. Je ne fais pas allusion à la loi curieuse d'après laquelle un enfant, à peine né, héritait des

titres, rang et biens de son père, de telle façon qu'un homme
qui, hier, était chef, pouvait se voir ainsi réduit immédiatement à la condition de particulier; je ne parle pas non plus de
ce fait que toute Arreoy qui épargnait son enfant était à l'instant exclue de l'association. Nous ne pouvons pas supposer
que de tels usages n'aient pas eu leur influence, mais il y a
peut-être une raison plus puissante à tirer de cette observation
que, l'île de Taïti étant déjà très peuplée, les moyens d'existence limités, et, d'autre part, la guerre ou la maladie n'enlevant que peu de personnes, la population eût bientôt dépassé
toute proportion avec les ressources du pays, si l'on n'eût pris
des mesures pour en restreindre l'augmentation (1). Quoi qu'il
en soit, l'infanticide paraît avoir atteint chez eux un effrayant
développement. On a estimé que les deux tiers des enfants
étaient mis à mort par leurs propres parents (2), et MM. Nott
et Ellis s'accordent à dire que, durant tout leur séjour dans
l'île, jusqu'à l'adoption du christianisme, ils n'ont pas connu
une seule mère qui ne fût point coupable de ce crime.

Selon Wilson (3), le mot « merci » n'existait point dans leur
vocabulaire, et Cook lui-même reconnaît qu'ils n'avaient point
de respect pour la vieillesse. Fitzroy va plus loin encore : il
nous assure qu' « ils ne se faisaient aucun scrupule de tuer
ceux d'entre eux qui étaient âgés ou malades, et jusqu'à leurs
propres parents, quand ceux-ci étaient affaiblis par la vieillesse
ou la maladie (4) ». Toutefois les écrivains primitifs ne portent
point contre eux cette accusation, ce qui fait croire que les faits
de ce genre étaient probablement très rares, et que, comme
chez les Fijiens ils avaient peut-être pour cause une affection
mal comprise plutôt qu'une cruauté raisonnée.

Ils ne connaissaient point l'argent, et quoiqu'il fût facile de
se procurer les choses nécessaires à la vie, il était presque impossible d'amasser des richesses. En outre, l'absence de liqueurs fortes et les relations qui existaient entre les sexes
(bien que fâcheuses à d'autres égards) écartaient d'eux plusieurs des mobiles ordinaires du crime. En général donc, si.

(1) Voir, par exemple, Kotzebue, *Nouveau Voyage*, vol. I. p. 308.
(2) Ellis, vol. I, p. 334, 336.
(3) Wilson, *loc. cit.*, p. 365.
(4) Fitzroy, *loc. cit.*, vol. II, p. 551.

pour les juger, nous empruntons les idées des mers du Sud, les naturels des îles de la Société paraissent très purs d'actions criminelles.

Malgré les différends qui s'élevèrent quelquefois par suite du penchant de ces indigènes pour le vol, et aussi peut-être, en grande partie, faute de pouvoir bien se comprendre réciproquement, le capitaine Cook et ses officiers vécurent avec les naturels « sur le pied de la plus cordiale amitié », et ne prirent congé d'eux qu'avec beaucoup de regret. M. Ellis, au contraire, nous assure « qu'aucune portion de la race humaine n'est peut-être jamais tombée plus bas que ce peuple isolé dans la licence brutale et dans la dégradation morale (1) ». Une telle assertion ne s'accorde point, à coup sûr, avec ce qu'il dit de leur désir de posséder des exemplaires de la Bible, quand elle eût été traduite dans leur langue. « Ils les jugeaient, dit-il, plus précieux que l'or, oui, que l'or le plus pur », et « ce livre devenait immédiatement leur compagnon de toutes les heures, la source de leurs plus vives jouissances (2) ».

Les habitants des îles des Amis ou de l'archipel de Tonga, et ceux des îles Sandwich, ont aussi été très bien décrits par le capitaine Cook; mais ils appartenaient à la même race que ceux de Taïti et de la Nouvelle-Zélande et ils leur ressemblaient par la religion, la langue, les canots, les maisons, les armes, la nourriture, les habitudes, etc. Il est assez remarquable que les insulaires des Sandwich offraient, sous divers rapports, par exemple dans leur danses, leurs demeures, leur tatouage, etc., plus de ressemblance avec les Nouveaux-Zélandais qu'avec les indigènes des îles de la Société et des Amis, leurs voisins plus rapprochés. Dans les îles des Amis, le capitaine Cook observa une coutume très singulière, à laquelle se livraient les chefs. Quand l'un d'eux veut dormir, deux femmes viennent s'asseoir à côté de lui, « et lui donnent de vigoureux coups de poing sur le corps et sur les jambes, comme sur un tambour, jusqu'à ce qu'il soit endormi; elles continuent cet exercice toute la nuit, à quelques intervalles près ». Quand le chef est profondément endormi, elles prennent quelquefois un moment

(1) Ellis, *loc. cit.*, vol. II, p. 25.
(2) Id., *loc. cit.*, vol. I, pp. 396-408.

de repos, « mais elles recommencent dès qu'il a l'air de s'éveiller (1) ». Wilson fait la même remarque dans son *Voyage d'un missionnaire* (2). Dans toutes les îles, les chefs paraissent avoir été traités avec un respect qui n'était pas moins profond, pour s'exprimer d'une manière qui nous semble bizarre. L'un de ces témoignages de respect consistait à se découvrir le corps depuis la ceinture : se découvrait-on par en haut ou par en bas ? c'était, paraît-il, une question indifférente ou plutôt laissée à la convenance de chacun (3). Dans les îles des Amis, on considérait comme une marque de grossièreté extrême de rester debout en parlant au roi.

Il existait un certain commerce entre les différentes îles. Bora-Bora et Otahaw produisaient beaucoup d'huile de noix de coco, que l'on échangeait à Taïti contre des vêtements. Le mûrier à papier ne poussait pas bien dans les basses îles, mais celles-ci avaient, en revanche, une race de chiens au poil long et soyeux, qui était fort estimée dans les autres îles.

(1) *Troisième Voyage*, vol. I, p. 323.
(2) Wilson, *loc. cit.*, p. 237.
(3) Cook, *Premier Voyage*, vol. II. p. 125.

CHAPITRE XIV

LES SAUVAGES MODERNES (SUITE)

LES ESQUIMAUX

Les Esquimaux, seuls, parmi les races sauvages, occupent à la fois l'ancien et le nouveau monde. Ils habitent les rivages de l'océan Glacial arctique, depuis la Sibérie jusqu'au Groenland, et, à travers cette vaste étendue de territoire, la langue, l'aspect, les occupations, les armes et les coutumes des naturels sont les mêmes, et il faut ajouter qu'elles sont très ingénieuses. Le langage des Innuits, ou Esquimaux, ressemble, pour la construction, à celui des Indiens de l'Amérique du Nord, tandis que les traits du visage, et en particulier les yeux, offrent une ressemblance marquée avec ceux des Chinois et des Tartares.

Ils ont deux sortes d'habitations. L'été, ils vivent sous des tentes ou wigwams, dont l'entrée regarde le sud ou le sud-est. Dans les cas observés par le capitaine Parry, les pieux destinés à soutenir les tentes étaient, faute de bois, faits de cornes de cerfs ou d'os attachés ensemble. Les bords inférieurs des peaux sont fixés au sol au moyen de grosses pierres. La forme de ces tentes est quelquefois un cercle régulier de 8 à 6 pieds de diamètre ; la hauteur, de 4 à 5 pieds (1). On avait d'abord supposé que ces cercles n'étaient que l'emplacement des maisons d'hiver, mais on reconnut ensuite qu'ils servaient exclusivement pour tendre les peaux des tentes pendant l'été. Près de ces « huttes circulaires », on a remarqué plusieurs fois de longues rangées

(1) *Voyage de Parry*, 1821-1823, pp. 17, 51.

de pierres droites (1). Dans les régions du sud, les demeures
d'hiver sont construites en terre ou en bois flotté, lequel est
très abondant en certains endroits. Au nord, toutefois, le bois
devient extrêmement rare. Les Esquimaux habitant l'extrémité
septentrionale de la baie de Baffin (2), n'ayant en fait de bois que
des pousses de bruyère naine, connaissaient si peu la nature du
bois de construction, que plusieurs d'entre eux saisirent, à
diverses reprises, sur l'*Isabelle*, le mât de hune de rechange,
évidemment avec l'intention de le voler, et dans la parfaite
ignorance de son poids. Vu le manque de bois, ils bâtissent
leurs maisons avec de la glace et de la neige; celles de glace
sont belles et presque diaphanes, si bien que, même à quelque
distance, on peut voir tout ce qui s'y fait. Elles sont beaucoup
plus froides que celles de neige, qui, pour cette raison, sont
généralement préférées. A l'ouest des montagnes Rocheuses,
les habitations d'hiver sont ordinairement souterraines. « Un
yourt » kamtchadale est ainsi décrit par le capitaine Cook (3) :
« On creuse dans la terre, à environ 6 pieds de profondeur, un
carré long, de dimensions proportionnées au nombre de personnes qu'il doit recevoir (car il est à propos d'observer que
plusieurs familles vivent ensemble dans le même yourt). A
l'intérieur, on enfonce dans le sol, à des distances convenables,
de forts poteaux ou des piliers en bois d'où partent les traverses destinées à soutenir la toiture, laquelle est formée de
solives reposant d'un côté sur le sol, de l'autre sur les traverses. Les intervalles entre les solives sont remplis par de fortes claies d'osier, et le tout est couvert de gazon, ce qui donne
extérieurement à un yourt l'aspect d'un monticule arrondi et
peu élevé. On laisse, au milieu, un trou servant à la fois de
cheminée, de fenêtre et de porte, et les habitants y entrent et
en sortent au moyen d'un pieu solide qui tient lieu d'échelle,
et qui est assez profondément entaillé pour donner quelque
prise à l'orteil, comme dans la figure 141 (t. Ier, p. 129). » Toutefois, le plus souvent, l'entrée est un passage souterrain, comme
dans la figure 141 *a* (*ibid.*) ou la figure 143 (t. Ier, p. 154).

(1) *Loc. cit.*, pp. 62, 285, 363.
(2) Ross, *Baie de Baffin*, p. 122.
(3) Cook, *Voyage dans l'océan Pacifique*, vol. III. p. 374. Voir aussi vol. III,
p. 450.

En règle générale, nous pouvons dire que les yourts de l'ouest sont souterrains, tandis que ceux des tribus qui vivent à l'est des montagnes Rocheuses sont généralement au-dessus du sol. Le capitaine Parry a admirablement décrit la manière dont s'y prennent les Esquimaux pour construire leurs *igloos* de neige. Ils choisissent (1) un morceau de neige dure et compacte, dans lequel ils taillent des tranches oblongues de 6 à 7 pouces d'épaisseur et d'environ 2 pieds de longueur. Avec ces matériaux ils construisent un mur circulaire, arrondi intérieurement, de manière à former un dôme, qui quelquefois n'a pas moins de 9 à 10 pieds de haut et de 8 à 15 pieds de diamètre. On perce alors une petite porte au midi. Elle a environ 3 pieds de haut, 2 pieds 1/2 de large, et donne sur un passage d'environ 10 pieds de long, avec une marche au milieu, car, à mi-chemin, le niveau s'abaisse au-dessous du plancher de la hutte et du passage extérieur. Pour avoir de la lumière, on pratique dans le toit une ouverture ronde, où l'on insère une plaque de glace circulaire de 3 ou 4 pouces d'épaisseur et de 3 pieds de diamètre. Si plusieurs familles ont l'intention de vivre ensemble, on construit d'autres chambres qui s'ouvrent sur la première, et après qu'une bonne quantité de neige a été accumulée sur l'extérieur, le gros œuvre de la hutte est terminé. Il s'agit ensuite, à l'intérieur, d'élever un banc de neige de 2 pieds 1/2 de haut, faisant le tour de l'habitation, sauf devant la porte. Ce banc sert de lit. On y dépose d'abord du gravier, par-dessus des rames, des pieux de tentes, des morceaux de baleine, des verges de bouleau et d'*andromeda*, etc.; enfin des peaux de rennes, ce qui forme une couche douce et moelleuse. Ils n'ont point de foyer proprement dit, c'est-à-dire point d'âtre, mais chaque famille a sa lampe, sorte de vase peu profond de lapis ollaris, dans lequel ils brûlent de l'huile de veau marin, avec une mèche faite de mousse sèche.

Quoiqu'ils ne connaissent point la poterie, le capitaine Cook vit à Unalashka des vases « faits avec une pierre plate, avec des parois d'argile, ce qui les fait ressembler quelque peu à une croûte de pâté (2) ». Nous pouvons ici nous faire une idée

(1) Parry, *loc. cit.*, p. 500.
(2) Cook, *Voyage dans l'océan Pacifique*, vol. II, p. 510.

de la manière dont l'usage de la poterie s'est peut-être développé. Après avoir employé l'argile pour faire les parois de leurs vases en pierre, on s'est dit naturellement que la même substance servirait aussi bien pour le fond, et la pierre a pu être remplacée par une matière plus commode.

Les indigènes habitant le cours inférieur du Murray font cuire leurs aliments dans un trou creusé en terre, qu'ils enduisent d'argile. D'autres fois ils enduisent d'argiles des gourdes et des vases en bois pour qu'ils puissent aller sur le feu. Voici donc trois systèmes qui ont pu conduire à l'invention de la poterie.

Les maisons de neige fondent à chaque printemps, mais, dans certains endroits, les Esquimaux, en conservant le même plan, construisent leurs habitations sur des fondations en pierre, avec des os de baleine et de morse, et les recouvrent de terre. Les demeures de neige sont naturellement assez propres d'abord, mais elles deviennent ordinairement très sales. Les huttes bâties en os sont encore plus malpropres, parce qu'elles durent plus longtemps. « Autour des huttes, dans toutes les directions, dit le capitaine Parry, le sol est jonché d'innombrables ossements de morses et de veaux marins, mêlés à des crânes de chiens, d'ours et de renards, dont beaucoup gardent encore des lambeaux de chair en putréfaction qui exhalent les miasmes les plus infects (1). » Il observa même un grand nombre d'ossements humains gisant avec les autres (2). L'intérieur des huttes, à cause du manque d'air et par suite des ordures qui s'y accumulent, répand une puanteur presque insupportable, à laquelle contribuent pour beaucoup d'abondantes provisions de chair de morse crue et à demi pourrie (3). »

Sur les rivages nord-ouest de l'Amérique, les naturels trouvent beaucoup de bois flottant, et le plancher de leurs yourts est fait, selon Belcher, avec des fragments de bois parfaitement aplanis, qu'ils calfatent soigneusement avec de la mousse. Au-dessous il y a souvent une vaste cave destinée à serrer les provisions, car l'été ils tuent beaucoup de rennes,

(1) Parry, *loc. cit.*, p. 280.
(2) Voyez aussi le *Journal de Lyon.* p. 236.
(3) Parry, *loc. cit.*, p. 358.

de baleines, de morses, de veaux marins, de cygnes, de canards, etc., dont la plus grande partie est mise en réserve pour la mauvaise saison. Sir E. Belcher a décrit ainsi, d'une manière frappante, quoique un peu rapide, un de ces magasins d'hiver (1) : « La congélation en avait fait une masse solide par en bas, mais lâche à la surface, qui semblait, par un procédé inexpliqué, s'être condensée en une sorte de neige gélatineuse. Ils la grattaient aisément avec la main, et la mangeaient d'un air de satisfaction : — l'huile de poisson y dominait. Il n'y avait ni puanteur, ni décomposition. A combien d'années pouvait remonter la masse inférieure : c'est ce que je ne parvins pas à déterminer; mais en estimant que les subsistances d'un yourt sont destinées à dix personnes, — ce qui est le chiffre moyen de la population de chaque yourt, — l'ensemble des provisions pour trois cents jours serait d'environ 24 livres par âme. » Il estime la quantité de viande solidifiée, dans ce seul magasin, à 71 424 livres. Le capitaine Ross mentionne (2) aussi les vastes amas de provisions que les Esquimaux de Boothia Felix faisaient pendant l'été pour l'usage de l'hiver. Toutefois cette habitude ne paraît pas générale chez les Esquimaux, quoique tous aient des dépôts de viande sous des tas de pierres.

Charlevoix fait dériver le nom d'Esquimaux du mot indien *Esquimantsik*, qui veut dire « mangeurs d'aliments crus », beaucoup de ces tribus septentrionales étant dans l'usage de manger leur viande sans la cuire. Nous devons rappeler, pour être juste envers eux, que plusieurs de nos expéditions dans l'océan Arctique ont adopté la même coutume, laquelle semble effectivement, sous ces latitudes, fort utile à la santé (3).

Leur nourriture, quand elle subit une cuisson, est grillée ou bouillie. Leur vaisselle, faite en pierre ou en bois, ne va point au feu, mais ils y mettent des pierres chauffées, jusqu'à ce que l'eau soit assez chaude et que leurs aliments soient

---

(1) *Transactions de la Société ethnologique*, nouvelle série, vol. I, p. 132.

(2) Ross, *Récit d'un second voyage*, p. 251, et *Appendice*, p. 21. — Voyez aussi *Vie de Hall chez les Esquimaux*, vol. II, p. 311. — Kane, *Explorations dans l'océan Arctique*, vol. II, p. 133.

(3) Voyez, par exemple, Kane, *Explorations dans l'océan Arctique*, vol. II, p. 14.

cuits. Le produit naturel d'une telle cuisine est un mélange de
suie, de boue et de cendres qui, suivant nos idées, serait à peine
mangeable; mais si la puanteur de leurs maisons n'ôte point
l'appétit à un homme, il n'y a rien qui puisse le faire. Ils ne
lavent jamais leurs pots ni leurs chaudrons : les chiens leur
épargnent cette peine. Ceux qui sont arrivés à avoir une conscience obscure de leur malpropreté ne font généralement
qu'empirer les choses; car, s'ils veulent traiter un hôte « avec
distinction, ils commencent par lécher avec leur langue le
morceau de viande qu'ils lui destinent, afin d'enlever le sang
et la crasse dont il s'est couvert dans le chaudron, et quiconque
ne l'accepterait point de bonne grâce, serait regardé comme
un homme mal élevé, pour dédaigner ainsi leur politesse (1). »
Les Esquimaux observés par le docteur Rae, à Repulse-bay,
avaient toutefois des habitudes beaucoup plus propres.

Leur nourriture consiste principalement en rennes, en bœufs
musqués, en morses, en veaux marins, en oiseaux et en saumons. Du reste, ils mangent la chair de tous les animaux. Ils
aiment beaucoup la graisse, ainsi que la moelle, qu'ils se procurent en broyant les os avec une pierre. Les tribus du Sud
trouvent quelques baies pendant l'été, mais celles qui habitent
le nord n'ont guère d'autre nourriture végétale que celle qu'ils
retirent à demi digérée de l'estomac du renne, et ils la regardent
comme une grande friandise (2). Les Esquimaux de l'extrême
nord, étant incapables de tuer le renne, sont entièrement privés de nourriture végétale.

« Je me trouvai là (3), dit le capitaine Cook, un jour que le
chef d'Unalashka dîna de la tête crue d'un grand flétan qu'on
venait de prendre. Avant que rien fût servi au chef, deux de ses
serviteurs mangèrent les ouïes, se bornant pour tout apprêt à
en exprimer les matières visqueuses. Cela fait, l'un d'eux coupa
la tête du poisson, la porta à la mer, la lava, la rapporta, et
s'assit auprès du chef, non sans avoir d'abord arraché du gazon dont il fit deux parts, l'une sur laquelle il déposa la tête,
l'autre qu'il étendit devant le chef. Il coupa alors de grandes

1) Crantz, p. 168. — Parry, *Second Voyage*, p. 293. — *Journal de Lyon*,
p. 142.
(2) Ross, *Récit d'un second voyage*, p. 352.
(3) Cook, *Troisième Voyage*, vol. II, p. 511.

tranches sur la face du flétan, et les approcha du grand homme, qui les avala avec autant de plaisir que nous en aurions à avaler des huîtres fraîches. Quand il eut fini, les restes de la tête furent coupés en morceaux et donnés aux serviteurs, qui déchiquetèrent la chair avec leurs dents et rongèrent les os comme eussent fait des chiens. »

Le capitaine Lyon fait un récit plus dégoûtant encore d'un repas d'Esquimaux : « Kooilittuck (1) me fit connaître, dit-il, un nouveau genre d'orgie des Esquimaux. Il avait mangé jusqu'à ce qu'il fût ivre, et à chaque moment il s'endormait, le visage rouge et brûlant, et la bouche ouverte : à côté de lui était assise Arnalooa (sa femme), qui surveillait son époux, pour lui enfoncer, autant que faire se pouvait, un gros morceau de viande à moitié bouillie dans la bouche, en s'aidant de son index : quand la bouche était pleine, elle rognait ce qui dépassait les lèvres. Lui mâchait lentement, et à peine un petit vide s'était-il produit, qu'il était comblé par un morceau de graisse crue. Durant cette opération, l'heureux homme restait immobile, ne remuant que les mâchoires, et n'ouvrant pas même les yeux ; mais il témoignait de temps à autre son extrême satisfaction par un grognement très expressif chaque fois que la nourriture laissait le passage libre au son. La graisse de ce savoureux repas ruisselait en telle abondance sur son visage et sur son cou, que je pus aisément me convaincre qu'un homme se rapproche plus de la brute en mangeant trop qu'en buvant avec excès. Les femmes, après avoir donné de leur mieux la pâtée à leurs maris, jusqu'à ce que ceux-ci se soient endormis, et ne s'étant pas négligées elles-mêmes, n'avaient plus maintenant qu'à caqueter et à mendier, selon leur habitude. »

Crantz (2) décrit ainsi un festin chez quelques Esquimaux plus civilisés du Groenland : « Un commissionnaire, invité à un grand dîner chez plusieurs Groenlandais de distinction, compta les plats suivants : 1° harengs secs ; 2° chair de veau marin séchée ; 3° *ditto* bouillie ; 4° *ditto* à moitié crue et gâtée ; on l'appelle alors *mikiak* ; 5° guillemots bouillis ; 6° morceau

---

(1) *Journal de Lyon*, p. 181. — Voyez aussi Ross, *loc. cit.*, p. 448.
(2) Crantz, *Histoire du Groenland*, vol. I, p. 172.

de queue de baleine à moitié gâtée : c'était le plat principal,
l'attrait principal du repas; 7° saumon sec; 8° renne séché;
9° dessert de camarines mêlées au chyle extrait de la panse d'un
renne; 10° le même, à l'huile de baleine. »

Pendant la plus grande partie de l'année, ils ont beaucoup de
peine à se procurer la quantité d'eau suffisante pour se désalté-
rer. Il peut sembler étrange qu'un peuple entouré de neige et
de glace souffre de la privation d'eau; mais la somme de chaleur nécessaire pour fondre la neige est si grande, qu'un
homme dépourvu des moyens de faire du feu pourrait mourir
de soif au milieu de ces régions polaires, tout aussi bien que
dans les déserts sablonneux de l'Afrique. « Toute tentative directe, dit Kane, pour se rafraîchir avec de la neige amène le
sang aux lèvres et à la langue; on est brûlé comme par un caus-
tique (1). » Quand les Esquimaux visitaient le capitaine Parry,
ils demandaient toujours de l'eau, et ils en buvaient de telles
quantités, « qu'il était impossible de leur fournir la moitié de
ce qu'ils eussent voulu (2). » Dans l'extrême nord, une des
principales fonctions des femmes, pendant l'hiver, consiste à
faire fondre de la neige au-dessus des lampes, en nourrissant
la mèche d'huile, si la flamme ne s'élève pas bien d'elle-
même (3); la chaleur naturelle de la chambre n'est point suffisante pour liquéfier la neige, car les huttes sont toujours main-
tenues, autant que possible, à une température inférieure à
celle de la glace. Toutefois, au sud du Groenland, les huttes
sont construites en gazon, etc., et sont très chaudes (4). Mais il
faut se souvenir que le froid est plus nécessaire que la chaleur
à ceux des Esquimaux qui habitent des demeures en neige,
parce que, si la température s'élève à zéro, le suintement con-
tinuel du toit produit beaucoup d'inconvénients, et, en fait, la
saison la plus malsaine est le printemps, lorsqu'il fait trop
chaud pour rester sous les huttes de neige et trop froid pour
vivre sous la tente. Ainsi donc, les Esquimaux, quoique habitant un climat si rigoureux, seraient, par la nature même de
leurs demeures, privés de l'usage du feu, quand même ils pos-

(1) Kane, *Explorations dans l'océan Arctique*, vol. I, p. 190.
(2) Parry, *loc. cit.*, p. 188.
(3) *Journal arctique d'Osborne*, p. 17.
(4) Egede, *loc. cit.*, p. 116.

séderaient du bois de chauffage. « Jamais, dit Simpson, ils ne paraissent songer au feu comme à un moyen de donner de la chaleur (1). » Ils se servent de leurs lampes pour cuisiner, s'éclairer, faire fondre la neige et sécher les vêtements, bien plus que pour échauffer l'atmosphère (2); et, comme la température du corps des Esquimaux est presque la même que la nôtre, il est évident qu'ils ont besoin de beaucoup de nourriture animale. La quantité de viande qu'ils consomment est étonnante, et il est à remarquer que, par suite de la rareté du bois dans l'extrême nord, ils emploient la même substance comme nourriture et comme combustible; la matière calorifique est la même — c'est-à-dire la graisse de baleine, — qu'il s'agisse d'obtenir de la chaleur par digestion ou par combustion; que cette matière doive être mise dans une lampe pour brûler, ou dans l'estomac pour être digérée. Toutefois, l'été, quand il est moins nécessaire de tenir abaissée la température générale, ils brûlent quelquefois des os bien saturés d'huile. Pour obtenir du feu, les Esquimaux se servent généralement de pyrites de fer et de morceaux de quartz; ils font jaillir des étincelles sur de la mousse qui a été préalablement bien séchée et frottée entre les mains (3). Ils connaissent aussi le moyen de se procurer le feu par la friction (4), mais l'opération est plus longue et plus fatigante. Il paraît, pourtant, que tel est le procédé communément employé par les Esquimaux du Groenland (5).

On croit communément que, sans le secours du feu, l'homme pourrait à peine vivre dans les climats tempérés, et ne vivrait certainement pas dans les régions arctiques. Cependant, en présence des faits ci-dessus, ainsi que d'autres que nous allons bientôt rapporter, on peut douter qu'il en soit réellement ainsi. Les Esquimaux n'emploient pas le feu pour chauffer leurs habitations; la cuisson des aliments est chez eux un raffinement. Il est de fait que ceux des Esquimaux qui vivent plutôt de renne

(1) Simpson, *Découvertes dans l'Amérique du Nord*, p. 346.
(2) Kane, *loc. cit.*, vol. II, p. 202.
(3) Kane, *loc. cit.*, vol. I, p. 379. — Parry, *loc. cit.*, p. 501. — Ross, *loc. cit.*, p. 513.
(4) *Journal de Lyon*, p. 290.
(5) Egede, *loc. cit.*, p. 138.

que de veau marin, ayant peu de graisse à leur disposition, ne font guère usage du feu.

Au sud, les objets à la disposition des hommes sont des arcs et des flèches, des harpons, des lances, des lignes, des hame-

FIG. 214.   FIG. 215.   FIG. 216.

Couteaux esquimaux.

cons, des couteaux, des *coupe-neige*, des ciseaux à fendre la glace, des bêches pour enlever la neige, des outils à faire des rainures, des archets, des forets, etc. Les femmes ont des lampes et des chaudrons qu'on chauffe avec des pierres rougies au feu, de la mousse pour la lampe, des morceaux de pyrites

de fer, des aiguilles en os, des nerfs pour faire des ligatures,
des grattoirs (fig. 105-107, t. Ier, p. 94), des cuillers en corne, des
vases de peau de veau marin, des os pointus, des cuillers à recueillir la moelle, et des couteaux (fig. 214-216). Généralement
aussi elles ont, suivant le docteur Rae, un petit morceau de
pierre, d'os ou d'ivoire, long d'environ 6 pouces et épais d'un
demi-pouce, qui est destiné à arranger la mèche dans la lampe.

Kane fait l'inventaire suivant d'une hutte d'Esquimaux qu'il
visita : une coupe de peau de veau marin pour recueillir et
conserver l'eau ; une omoplate de morse pour servir de lampe,
une large pierre plate pour la recevoir ; une autre pierre large,
mince et plate, pour recevoir la neige fondante ; une pointe de
lance avec une longue corde en boyau de morse ; une penderie
pour les vêtements ; enfin les vêtements eux-mêmes : tels
étaient tous les biens terrestres de cette pauvre famille (1).
Dans leurs voyages, il leur faut moins encore : de la viande
crue et un sac de fourrure, voilà tout ce dont ils ont besoin.

Les ustensiles des Esquimaux sont simples et en petit nombre, mais très ingénieux. Outre les couteaux dont nous venons
de parler, les femmes se servent de couteaux demi-circulaires,
et offrant beaucoup de ressemblance avec les curieux couteaux
en forme de croissant, qui sont si communs au Danemark.
Maintenant, toutefois, ils sont faits en métal, depuis que les
Esquimaux du Sud ont pu, quoique en petite quantité, en obtenir des Européens.

Quelques-uns de ces indigènes brisent aussi des fragments
d'aérolithes qu'ils aiguisent à coups de marteau, et fixent ensuite dans un manche en corne ou en os. Les pointes de flèche
sont d'espèces et de formes diverses. On fabrique les pointes
en pierre (fig. 217), non par percussion, mais par pression, et,
pour ce travail, on se sert de l'extrémité d'un bois de renne in-
séré dans un os : l'os lui-même ne serait pas assez dur. D'autres pointes de flèche sont en corne ; celles-là portent souvent la
marque du propriétaire, comme on peut le voir fig. 2 (t. Ier, p. 10).
Le bois des flèches est court : on le dresse en le soumettant à
l'action de la vapeur, et on le garnit de plumes à son extrémité
supérieure. Ces plumes sont attachées avec des nerfs de renne.

(1) Kane, *Explorations dans l'océan Arctique*, vol. I, p. 381.

Les arcs sont généralement en bois, soit en un seul morceau
roidi à la fumée, soit en trois parties qui sont très adroitement
rapprochées et assujetties ensemble avec des morceaux d'os ou

FIG. 217.   FIG. 218.   FIG. 219.

Pointe de flèche.   Pointe de lance.   Harpon en os.

des nerfs. Quand on ne peut se procurer du bois, on a recours
à l'os ou à la corne. Ils ne paraissent pas être très bons archers ;
mais le capitaine Parry (1) croit qu'ils atteindraient généralement
un renne à une distance de 40 ou 45 mètres, à condition

(1) Parry, loc. cit., p. 511.

que l'animal reste en repos (1). En outre, leurs flèches ne sont pas fort utiles contre le gros gibier. Sir J. C. Ross nous fait le récit intéressant d'une chasse au bœuf musqué, à laquelle il a assisté. S'impatientant de voir les Esquimaux tirer sans effet apparent et perdre beaucoup de temps à viser puis à rechercher leurs flèches, Sir James cassa d'un coup de fusil l'omoplate de l'animal, qui s'abattit à la grande stupéfaction des indigènes (2).

Les lances sont faites comme les flèches, mais plus grandes; les pointes aussi sont souvent barbelées, et, dans beaucoup de cas, adaptées faiblement au bois, mais solidement attachées à une longue courroie qui est liée à l'extrémité du javelot. Pour lancer le harpon, ils font usage d'un manche court, ou bâton de trait, long d'environ 2 pieds, étroit par en bas, large de 4 pouces par en haut, et pourvu, sur chaque côté, d'une entaille destinée à recevoir le pouce et l'index. Avec de telles armes, ils ne craignent pas d'attaquer, non seulement le veau marin et le morse, mais encore la baleine. Autant que possible, ils lancent contre la baleine un grand nombre de harpons à la fois, « harpons auxquels pendent des vessies faites de grandes peaux de veau marin, qui gênent et embarrassent tellement l'animal, qu'il ne peut plonger très profondément. Quand il est à bout de forces, ils l'achèvent avec leurs petites lances. » Kane donne le dessin d'une de ces lances, dont le tranchant ressemble exactement aux « haches » les plus longues qu'on retrouve dans les amas de coquilles du Danemark (3).

Les Esquimaux ont trois procédés principaux pour tuer les veaux marins. Le plus souvent ils emploient le harpon et la vessie. Quand un Esquimau, dans son kayak, découvre un veau marin, il essaie de le surprendre à l'improviste, en faisant face au vent et au soleil, de manière à n'être vu ni entendu de sa proie. Il tâche de se cacher derrière une vague et se dirige en hâte, mais sans bruit, vers l'animal, jusqu'à ce qu'il n'en soit plus qu'à une distance de quatre, cinq ou six brasses; pendant

---

(1) Les Esquimaux du Groenland ont depuis longtemps abandonné l'arc et les flèches, pour se servir de fusils que leur procurent les Danois. A beaucoup d'autres égards aussi, leurs anciennes habitudes se sont modifiées, et leur état s'est fort amélioré par suite de ces relations. (Sir J. Ross, *Arctic Expedition* (1829-33, p. 350.)

(2) Sir James Ross, *Arctic Expedition*, 1829-33, p. 350.

(3) Kane, *Explorations dans l'océan Arctique*, vol. II, p. 129.

ce temps, il prend bien soin que le harpon, la corde et la vessie
soient tout près (1). » Aussitôt que le veau marin est frappé, la
pointe du javelot se détache du bois et, au même moment,
l'Esquimau jette à l'eau la grosse vessie gonflée d'air. Elle est
souvent entraînée sous les flots pendant quelques instants, mais
c'est un si lourd obstacle, que la bête blessée est bientôt obligée
de revenir à la surface. « Le Groenlandais se hâte vers l'endroit
où il voit reparaître la vessie, et frappe le veau marin dès qu'il
se montre », avec la grande lance ou « angovigak ». Celle-ci
n'est pas barbelée, et, par conséquent, ne reste pas dans le
corps de la victime ; on peut donc s'en servir à plusieurs reprises, jusqu'à ce que l'animal soit épuisé. La seconde manière
est la « chasse aux battements des mains ». Si les Esquimaux
trouvent des veaux marins dans une crique ou dans une passe,
ou qu'ils puissent les y faire entrer, ils les effrayent en poussant
des cris, en claquant des mains, en jetant des pierres, chaque
fois que ces pauvres bêtes viennent à la surface pour respirer,
jusqu'à ce qu'enfin, à bout de forces, elles se laissent tuer aisément. L'hiver, lorsque la mer est gelée, les veaux marins, obligés
de mettre le nez à l'air de temps en temps, tiennent ouverts
quelques trous qui leur permettent de venir respirer : quand
l'Esquimau en a découvert un, il attend patiemment l'apparition
de l'animal, et alors il le tue avec son harpon.

Les Esquimaux chassent très bien à l'affût ; ils attirent les
rennes en imitant très habilement leur cri. Ils attrapent les
poissons tantôt à l'hameçon et à la ligne, tantôt au moyen de
petits filets, quand ils viennent en troupes au rivage pour frayer,
tantôt enfin avec le javelot. Leurs filets se composent de « petits cercles ou anneaux de baleine fortement unis ensemble par
d'autres anneaux de même matière (2) ». Les lignes de pêche
sont aussi faites avec de la baleine (3). Le saumon est quelquefois si abondant, que dans Boothia Felix, le capitaine Ross en
acheta une tonne pour un couteau. Ils tuent les oiseaux avec
un instrument qui ressemble, à plusieurs égards, aux « bolas »
de l'Amérique du Sud : il consiste en un certain nombre de
pierres ou de dents de morse attachées à de courts morceaux de

(1) Crantz, p. 154.
(2) Parry, *loc. cit.*, p. 100.
(3) Egede, *loc. cit.*, p. 107.

ficelle, qui tous, par l'autre bout, sont reliés ensemble (1). Les javelots destinés à être lancés aux oiseaux ou aux autres petits animaux se bifurquent à leur extrémité, outre qu'ils offrent vers le milieu trois autres pointes barbelées dirigées en sens divers. Si donc les deux du bout manquent leur but, un des trois dards du centre peut encore frapper la victime. On prend aussi les oiseaux aquatiques dans des nœuds coulants de baleine, mais « l'époque de la mue amène la grande récolte d'oiseaux, car quelques hommes, traversant à gué les lacs peu profonds, peuvent bientôt fatiguer les hôtes de ces eaux, et les saisir à la main (2) ».

Toutefois, ceux qu'on appelle « les montagnards des terres arctiques » n'ont, dit-on, aucun moyen de tuer le renne, quoiqu'il abonde dans leur pays, et ils ne savent point pêcher non plus, bien que, chose assez curieuse, ils prennent de grandes quantités d'oiseaux avec des petits filets à main. Les veaux marins, les ours, les morses et les oiseaux constituent presque toute leur alimentation (3). Ni les Esquimaux Américains, ni ceux du Groenland, n'ont réussi à apprivoiser le renne. Ils n'ont d'autre animal domestique que le chien, qu'on emploie quelquefois pour la chasse, mais surtout pour l'attelage des traîneaux.

La forme des traîneaux varie beaucoup et on se sert de beaucoup de matériaux pour les construire; selon le capitaine Lyon, les meilleurs sont faits avec des mâchoires de baleine sciées à une épaisseur de 2 pouces environ et à une profondeur de 6 pouces à 1 pied. Ce sont là les supports; on les double avec un morceau plat de la même matière.

Les côtés sont fixés au moyen de morceaux en os, en corne ou en bois, fortement unis ensemble. Dans la Boothia, le capitaine Ross vit des traîneaux dont les supports étaient faits de saumons empaquetés en forme de cylindre, roulés dans des peaux, et congelés de manière à offrir une masse compacte. Au printemps, on fait des sacs avec les peaux, et l'on mange

---

(1) Simpson, *loc. cit.*, p. 156.
(2) Lyon, *Journal*, p. 338.
(3) Kane, *Explorations arctiques*, vol. II, pp. 208, 210. — Voyez aussi Richardson, *Expédition arctique*, vol. II, p. 25. — Simpson, *Découvertes dans l'Amérique du Nord*, p. 347. — Ross, *loc. cit.*, p. 585.

le poisson (1). Quoi qu'il en soit, ces traîneaux sont admirablement construits, si l'on songe à la simplicité des instruments qui aident à leur confection.

Les chiens qui traînent ces traîneaux ne sont pas faciles à conduire. Chacun d'eux est attelé séparément au-devant du traîneau par une corde qui lui passe entre les pattes et vient s'attacher à son collier. Les chiens se trouvent donc tous sur une seule rangée et les traits s'emmêlent facilement. On guide l'attelage en fouettant tantôt à droite et tantôt à gauche et en répétant certains mots, « wooa », par exemple, qui équivaut à peu près au « hue » de nos charretiers (2).

Leurs bateaux prouvent aussi un travail très ingénieux. Il y en a de deux sortes : le kajak, ou bateau des hommes, et l'umiak, qui est celui des femmes. Le premier est long de 18 à 20 pieds, large de 18 pouces au milieu, et va en s'amincissant aux deux extrémités. Il a à peine un pied de profondeur. Comme il n'a point de boute-hors, il est très difficile de s'y tenir en équilibre. Il est entièrement ponté, à l'exception d'un trou au milieu, où l'Esquimau passe les jambes. Le bateau ne saurait donc se remplir d'eau, et même, s'il chavire, il suffit, pour le redresser, d'un vigoureux coup d'aviron ou plutôt de pagaie. Un Esquimau habile exécute avec la plus grande aisance des sauts périlleux avec son embarcation. Malgré cela, ils se noient souvent, et la navigation est si dangereuse, qu'ils vont généralement deux par deux, de façon à pouvoir s'aider mutuellement dans les circonstances critiques, car les bords du kajak, faits en peau, sont très minces, et s'ils viennent à se heurter contre un banc de glace, ou contre l'un de ces trains de bois flottant qui abondent dans les mers du Groenland, ils peuvent être mis en pièces : en pareil cas, le malheureux Esquimau n'a guère chance de se sauver. L'umiak est beaucoup plus large, et il a un fond plat. Il est fait de lattes minces, ajustées ensemble avec des baleines, et couvertes de peaux de veau marin. Les Esquimaux que Ross observa à l'extrémité septentrionale de la baie de Baffin étaient absolument dépourvus de canots, « et ne se

---

(1) Ross, *loc. cit.*, Appendice, p. 24.
(2) Parry, *Three voyages for the discovery of a north western passage*, vol. IV, p. 310.

souvenaient même pas d'avoir vu un bateau (1) ». Il est extraordinaire, comme il le remarque avec raison, de trouver « un
peuple maritime et adonné à la pêche dénué de tout moyen de
naviguer » ; mais nous devons nous rappeler qu'ils ne possédaient point de bois, et que la mer dégèle quelques semaines
seulement pendant l'année. Rien donc de surprenant à ce qu'ils
prissent les vaisseaux de Ross pour des créatures vivantes (2), et
à ce que ces bateaux excitassent un étonnement et une admiration sans bornes. Kane (3) confirme aussi l'absence de bateaux,
mais il ajoute « qu'ils avaient la tradition du kajak ».

Pour préparer les peaux, les Esquimaux emploient certains
instruments en pierre (fig. 105-107, t. Ier, p. 94) qu'on a souvent
méprisés à cause de leur simplicité, mais qui pourtant offrent un
intérêt particulier, par suite de leur exacte ressemblance avec
certains ustensiles anciens, très communs dans diverses parties
de l'Europe, et dont nous avons déjà donné la description à la
page 94, t. Ier. La magnifique collection de feu M. Christy contient trois de ces outils à gratter les peaux, qui viennent de chez
les Esquimaux situés au nord du détroit de Behring. Ils sont en
ivoire fossile. Ils en possèdent un autre, trouvé dans un tombeau du Groenland, qui ne remonte probablement pas au delà
du xve siècle, et qui appartient à la période de la pierre, ame-
née par la suspension des rapports avec la Norvège. Plusieurs
archéologues avaient cru que les « racloirs » étaient probablement des couteaux qu'on tenait par leur gros bout entre le doigt
et le pouce, ou que peut-être on attachait à un petit manche
en bois (4) ». Toutefois la comparaison des anciens racloirs
avec ces spécimens modernes auxquels ils ressemblent parfaitement en a expliqué de tout point la véritable nature et l'objet. La manière de préparer les peaux est à la fois curieuse
et ingénieuse, mais très malpropre.

Les vêtements des Esquimaux sont faits de peaux de renne,
de veau marin et d'oiseaux, cousues ensemble avec des nerfs.
Ils emploient comme aiguilles des os d'oiseau ou de poisson,
et pourtant, malgré la grossièreté de ces instruments, leurs

---

(1) Ross, *Baie de Baffin*, p. 170.
(2) Id., *loc. cit.*, p. 118.
(3) Kane, *Explorations arctiques*, vol. II, pp. 135, 210.
(4) Voyez *Archæologia*, vol. XXXVIII, p. 415.

coutures sont très solides et assez régulières. Le vêtement de
dessus, pour les hommes, ressemble à un surtout court, avec
un capuchon qu'on peut ramener sur la tête, et qui tient lieu
de chapeau ou de bonnet. Leurs vêtements de dessous, ou
chemises, sont faits de peaux d'oiseaux ou de bêtes, dont on
retourne intérieurement les plumes ou les poils; quelquefois,
cependant, ils y ajoutent une autre chemise faite avec les entrailles du veau marin. Les chausses « dont, pendant l'hiver,
ils portent aussi deux paires, disposées semblablement quant
au poil (1), sont en peau de veau marin ou en peau de renne,
et pour leurs bas ils emploient la dépouille d'animaux très
jeunes. Les bottes sont en cuir de veau marin, doux et noir,
et parfois, en mer, ils portent un grand pardessus de même
substance. Leurs habits sont généralement très gras et très
sales, et ils fourmillent de vermine. Le costume des femmes
ne diffère pas beaucoup de celui des hommes.

Leurs principaux ornements sont les « labrets » (fig. 220),
morceaux de pierre ou d'os poli qu'ils portent à la lèvre infé-

Fig. 220.

Labret esquimau.

rieure ou aux joues. Le trou est fait dès la première enfance
et élargi peu à peu au moyen d'une série de « cônes » (2). Toutefois les tribus de l'est ne font pas usage de ces « labrets ».
Selon Richardson, on les porte depuis le détroit de Behring
jusqu'au fleuve Mackenzie (3). Les autres ornements consistent
en bandes de fourrures de diverses couleurs, et en colliers de
dents, ordinairement celles du renard ou du loup. Chez les
Esquimaux que visita le capitaine Lyon, les hommes se réser-

(1) Parry, loc. cit., p. 495.
(2) Voyage de Vancouver, vol. VII, p. 287; voyez aussi p. 408. — Belcher,
loc. cit., p. 141.
(3) Richardson Expédition arctique, vol. I, p. 355.

vaient toutes les parures(1). Quelques tribus ont l'habitude de
se tatouer.

Les hommes vont à la chasse et à la pêche. Ils fabriquent les
armes et les ustensiles et préparent le bois pour les bateaux.
Les femmes font la cuisine, préparent les peaux, et font les
vêtements. Ce sont elles aussi qui exécutent les réparations
des maisons, des tentes et des canots, car les hommes ne font
que la charpente. Bien qu'elles ne paraissent pas être traitées
très durement, la condition des femmes n'en est pas moins
« pénible et presque celle des esclaves »; peut-être après tout,
ne sont-elles pas plus malheureuses que les hommes(2).

Les Esquimaux ne sont pas tout à fait sans musique. Ils ont
une espèce de tambour, et ils chantent, soit seuls, soit en
chœur. Ils connaissent plusieurs sortes de jeux(3) tant de force
que d'adresse, et ils sont passionnés pour les danses, lesquelles
sont souvent très indécentes. Un de leurs jeux ressemblait à
notre *cat'scradle*(4), et Kane vit les enfants dans le détroit de
Smith jouer au *hockey* sur la glace. Les Esquimaux ont aussi
beaucoup d'aptitude naturelle pour le dessin. Dans plusieurs
cas, ils ont fait, pour nos officiers, des cartes grossières qui
étaient matériellement exactes. La plupart de leurs ustensiles
en os sont couverts de dessins. Les figures 221 à 223 représentent trois archets donnés au musée Ashmoléen par le capitaine
Beechey, archets qu'il s'est procurés, je crois, à l'îlot de
Hotham, détroit de Kotzebue, qu'il a décrit dans son *Voyage
au Pacifique*. La figure 223 nous représente des yourts ou habitations d'hiver; des chiens se tiennent au sommet de ces habitations ; des hommes sont armés d'arcs et de flèches, d'autres
traînent des veaux marins sur la glace et un homme se dispose,
un harpon mobile à la main, à frapper un renne de sa lance.
La figure 222 nous représente un renne, des oies, un bateau à
fond plat, une tente, autour desquels se trouvent différents
articles de vêtements étendus pour sécher, et une femme occupée apparemment à préparer des aliments, et une scène de
chasse. On a dressé un mannequin représentant grossièrement

(1) *Journal de Lyon,* p. 314.
(2) Crantz, p. 164.
(3) Egede, *loc. cit.,* p. 162.
(4) Hall, *loc. cit.,* vol. VII, p. 316.

la tête et les bois d'un renne, un renne vivant vient brouter
auprès, et un chasseur esquimau se prépare à le tuer. Dans la
figure 221 on remarque deux animaux qui ressemblent à des
crocodiles; le dessinateur a voulu, je crois, représenter des
crocodiles qu'il a dû voir sur quelque vase européen.

D'après Crantz, les Esquimaux du Groenland « n'ônt ni religion, ni culte, et l'on ne remarque chez eux aucune cérémonie
qui y ressemble (1). Cette assertion a été confirmée par plusieurs
autres observateurs (2). Toutefois leurs cérémonies funèbres
ont paru indiquer une croyance à la résurrection. Généralement
ils disposent le corps dans la position assise, en ramenant les
genoux sous le menton, et, ensuite, ils enveloppent le cadavre
dans une de leurs meilleures peaux. Pour lieu de sépulture, ils
choisissent un endroit élevé, et ils entassent sur le corps un
monceau de pierres. Près de la personne décédée, quelques-
uns placent ses ustensiles, et même parfois, si c'est un homme,
son kajak; croyant qu'il s'en servira dans le monde où il va entrer. Mais Egede (3) nie formellement que telle soit leur pensée
en agissant ainsi. Cette manière de voir est également confirmée
par Hall; suivant ce voyageur, les Esquimaux ont une répugnance superstitieuse à employer et même à toucher ce qui se
trouvait dans une maison où il y a eu un cadavre (4). C'est peut-
être la même répugnance qui les pousse à enlever un cadavre
d'une maison, non par la porte, mais par la fenêtre (5). D'autres
fois, quand une personne est mourante, ils placent à ses côtés
tout ce qui peut adoucir et soulager ses derniers moments, puis
ils abandonnent l'igloo, ou maison, qu'ils ferment de façon à
le convertir en tombeau (6). Crantz nous dit, « qu'ils déposent
une tête de chien près de la tombe d'un enfant, parce que l'âme
du chien sait trouver son chemin partout, et qu'elle montrera
à l'ignorant baby la route du pays des âmes ». Ce fait est admis
par Egede. Leur coutume de déposer dans le tombeau des mo-

(1) Crantz, loc. cit., p. 197.
(2) Graah, Voyage to Greenland, p. 123; Ross, Baie de Baffin, vol. I, p.
175. — Voyage de découverte, p. 128. — Parry, loc. cit., p. 551. — Richardson, Expédition arctique, vol. II, p. 44. — Egede, loc. cit., p. 183.
(3) Egede, loc. cit., p. 151.
(4) Hall, loc. cit., vol. I, p. 201; vol. II, p. 221.
(5) Graah, loc. cit., p. 128; Ross, Arctic Expedition 1829-33, p. 290.
(6) Graah, loc. cit., p. 126.

FIG. 221.   FIG. 222.   FIG. 223.

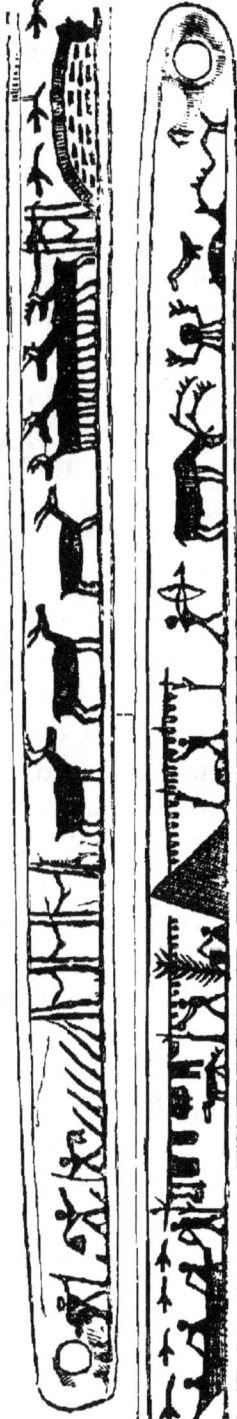

Dessins esquimaux.

dèles d'ustensiles, au lieu des ustensiles eux-mêmes, semble aboutir à la même conclusion.

Le capitaine Cook vit des monticules funèbres en terre et en pierres à Oonalashka. Un de ces derniers se trouvait près du village, et il remarqua que chaque passant y jetait une pierre (1). Les enfants, s'ils ont le malheur de perdre leur mère, sont toujours enterrés avec elle, et les personnes âgées et maladives sont quelquefois enterrées vivantes, ce qui est considéré comme un bienfait, destiné à leur épargner les souffrances d'une mort lente. Une idée superstitieuse des Esquimaux observés par le capitaine Parry, c'est que tout poids pesant sur un cadavre causerait au défunt une sensation douloureuse. Une telle croyance aurait naturellement, dans un pays plus favorisé, amené la construction de tombeaux voûtés, mais, dans l'extrême nord, elle n'a d'autre résultat que de faire couvrir très légèrement les cadavres : aussi les renards et les chiens les déterrent fréquemment et les mangent. Les naturels regardent cette profanation avec la plus profonde indifférence ; ils laissent traîner les ossements humains près de leurs huttes, pêle-mêle avec ceux des animaux qui leur ont servi de nourriture. C'est là une autre raison pour douter que leurs usages funéraires puissent être considérés comme une preuve satisfaisante de quelque croyance générale et bien définie à une résurrection, ou qu'en enterrant certains objets avec le corps de leurs amis, ils supposent réellement que ceux-ci en feront usage. En somme, les pratiques funèbres, chez les Esquimaux, offrent une ressemblance curieuse avec celles que nous attestent les anciens tombeaux de l'Europe septentrionale et occidentale.

Quant au caractère, les Esquimaux sont un peuple tranquille et paisible. Ceux que Ross a observés dans la baie de Baffin « ne pouvaient comprendre ce qu'on entendait par guerre, et ils n'avaient aucune arme de combat (2) ». Comme les autres sauvages, ils ressemblent aux enfants sous un grand nombre de rapports. Ils sont si faibles en arithmétique, que « compter jusqu'à dix est une fatigue, et jusqu'à quinze une impossibilité pour beaucoup d'entre eux (3) ». Le docteur Rae, dont on connaît la

---

(1) Cook, *Voyage dans l'océan Pacifique,* vol. II, p. 521.
(2) Ross, *loc. cit.,* p. 186.
(3) Parry, *loc. cit.,* p. 251.

partialité à l'endroit des Esquimaux, nous assure que si l'on demande à un homme combien il a d'enfants, il est d'ordinaire fort embarrassé. Après avoir compté quelque temps sur ses doigts, il consulte ordinairement sa femme, et tous deux diffèrent souvent dans leur calcul, lors même que leur famille ne se monte pas à plus de quatre ou cinq personnes.

Ils sont excessivement sales. En considérant quelle difficulté ils ont à se procurer assez d'eau, même pour boire, durant la plus grande partie de l'année, nous ne pouvons peut-être pas nous étonner qu'ils ne songent jamais à se laver. Leur mot pour dire saleté, *eberk*, ne comporte aucun sens odieux ou désagréable (1), mais, pour être juste, il ne faut pas oublier que la rigueur du froid, en empêchant la putréfaction, leur épargne une des principales raisons qui nous sollicitent à la propreté, et qu'en même temps, elle rend l'eau si rare, qu'il leur devient presque impossible de se laver. En général, on ne peut avoir aucune confiance dans leurs promesses, non pas tant parce qu'ils ont l'intention de tromper, qu'à cause du caractère inconstant et mobile qui leur est commun avec tant d'autres sauvages. Le chasseur ou le pêcheur qui a eu de la chance est toujours prêt à partager son veau marin ou son morse avec ses voisins moins favorisés du sort, mais il attend, comme chose toute naturelle, un service réciproque, le cas échéant. Ils ne donnent jamais rien sans espérer quelque chose d'équivalent en retour; et, comme ils sont incapables d'imaginer une autre manière d'agir, il en résulte qu'ils manquent complètement de reconnaissance. Toutefois le capitaine Ross et le docteur Rae observent que les Esquimaux qu'ils ont rencontrés n'étaient ni ingrats ni égoïstes. A d'autres égards aussi, ils paraissent considérer la race sous un jour très favorable. Sans être cruels, les Esquimaux semblent quelque peu dépourvus de cœur. A la vérité, ils n'éprouvent aucun plaisir à faire le mal, mais ils ne se soucient guère de faire cesser ni de soulager la souffrance d'autrui. Ce sont, en outre, de grands voleurs; toutefois, ainsi que l'observe avec raison le capitaine Parry (2), « il faut tenir compte du degré de tentation auquel ils étaient chaque jour

(1) Kane, *Explorations arctiques*, vol. II, p. 116.
(2) Parry, *loc. cit.*, p. 522.

exposés, au milieu des richesses infinies qu'ils croyaient voir dans nos vaisseaux ». Selon Hall (1), cependant, ils sont entre eux d'une stricte honnêteté, bons, généreux, et dignes de confiance. Leurs femmes n'ont pas une excellente réputation. La polygamie et la polyandrie semblent exister l'une et l'autre. Un homme qui est fort ou habile a plus d'une femme ; une femme belle ou adroite a, dans certains cas, plus d'un mari (2). De plus, prêter temporairement sa femme passe pour un témoignage de grande amitié, mais l'avantage n'est pas tout entier d'un côté, car une famille nombreuse, loin d'être une charge, est, chez les Esquimaux, une chose fort avantageuse (3).

LES INDIENS DE L'AMÉRIQUE DU NORD.

Les aborigènes de l'Amérique du Nord, ou au moins les habitants antérieurs à la découverte de l'Amérique par Colomb, se divisent naturellement en trois classes : les Esquimaux à l'extrême nord, les tribus indiennes au centre, et les Mexicains, comparativement civilisés, au sud. Les tribus centrales, qui occupaient incontestablement la plus grande partie du continent, étaient à leur tour divisées par les montagnes Rocheuses en deux groupes, dont celui de l'ouest était de beaucoup réduit à la condition la plus abjecte. Quoique sans doute il y ait eu et qu'il y ait encore une immense différence entre les diverses tribus, notamment entre les nations semi-agricoles de l'ouest et les grossiers barbares du nord de la Californie, pourtant M. Schoolcraft, à qui nous devons un excellent ouvrage sur *l'histoire, la situation et l'aspect des tribus indiennes* (4), montre que « leurs mœurs et leurs coutumes, leurs idées et leurs habitudes, partout où on les a étudiées, avaient, dès l'époque la plus ancienne, beaucoup de traits communs. On remarque une grande similitude dans leur manière de faire la guerre, dans le culte, la chasse et les amusements. Le sacrifice des prisonniers de guerre ; la loi du talion ; le caractère sacré attaché aux tran-

(1) Hall, *loc. cit.*, vol. II, p. 312.
(2) Ross, *loc. cit.*, p. 273.
(3) Id., *loc. cit.*, p. 515.
(4) Publié par ordre du Congrès (Philadelphie, 1853).

sactions publiques qu'a solennisées le calumet; l'adoption
dans les familles de personnes prises à la guerre; les danses
auxquelles on se livre dans presque toutes les occasions qui
peuvent exciter les passions humaines; le style maigre et sans
art de la musique; le lien générique qui unit les membres
d'une même famille; l'ensemble des symboles et des figures
gravés sur les poteaux funéraires, les arbres et quelquefois les
rochers : tout cela témoigne d'une parfaite identité de principes, d'arts et d'opinions La vie nomade et la guerre des
buissons les tenaient seules dans l'état sauvage, quoique le
maïs fût pour eux un élément de civilisation commun avec leurs
voisins (1). »

Beaucoup de chefs indiens avaient de magnifiques costumes
faits de peaux et de plumes. Plusieurs tribus, il est vrai,
n'avaient point de vêtements, mais c'était rarement le cas pour
les femmes, et même les hommes portaient généralement un
morceau d'étoffe autour des reins. Toutefois ils s'habillaient
plus ou moins, suivant le climat. Dans les plaines et les forêts
des latitudes tropicales et méridionales, « l'Indien ne porte que
peu ou point de vêtements pendant une grande partie de
l'année »; mais il n'en était point de même sur les montagnes
et dans le nord, où le costume ordinaire se composait de
chausses et de mocassins, avec une peau de buffle jetée sur
les épaules. Les habitants de l'île de Vancouver avaient des
nattes faites, soit de poil de chien seulement, soit d'un tissu
de poil de chien et de duvet d'oie, soit encore de fil provenant
de l'écorce du cèdre. Ils portaient souvent « des colliers de
coquilles, des griffes d'animaux ou wampums, des plumes sur
la tête, et des bracelets ainsi que des bijoux aux oreilles et au
nez (2). Dans beaucoup de tribus, les Indiens se tiennent fort
proprement, et font un usage fréquent des bains de vapeur et
des bains froids; d'autres, dit-on, ont l'extérieur repoussant et
sont très malpropres sur eux-mêmes et dans leurs vêtements.

Les tribus de l'est n'ont point coutume de se défigurer artificiellement, sauf par l'usage de la peinture, mais tel n'est point
le cas dans l'ouest. Les Indiens Sachet du détroit de Fuca por-

(1) Schoolcraft, vol. II, p. 47.
(2) Loc. cit., vol. III, p. 65.

tent des morceaux d'os ou de bois passés à travers le cartilage du nez. Les Indiens Classet se coupent le nez quand ils prennent une baleine. Chez les Babines, qui vivent au nord du fleuve Columbia, on juge de la beauté d'une femme par la dimension de sa lèvre inférieure (1). Dès l'enfance, on perce cette lèvre, et dans le trou on insère un petit os; de temps en temps l'os est remplacé par un plus gros, jusqu'à ce qu'enfin on introduise dans l'ouverture un morceau de bois de 3 pouces de long et de 1 pouce 1/2 de large, ce qui donne à la lèvre une saillie effrayante. L'opération semble être très douloureuse.

Grâce à l'usage presque universel d'attacher les enfants sur une planche-berceau, on remarque un caractère commun dans les crânes américains, l'aplatissement de l'occiput. Cette particularité ne s'observe pas maintenant sur les têtes européennes, mais on la constate sur beaucoup d'anciens crânes provenant de diverses parties des vieux continents, et elle atteste, comme l'ont remarqué Vesalius, Gosse et Wilson, que la planche-berceau, quoique abandonnée depuis longtemps, fut, à une certaine époque, en usage dans l'Europe occidentale, comme elle l'est encore aujourd'hui chez les Indiens de l'Amérique du Nord. La coutume étrange de mouler la forme de la tête était aussi commune à plusieurs tribus indiennes. Elle régnait au Mexique et au Pérou, dans les îles des Caraïbes et parmi les tribus sauvages de l'Orégon. Chez les Natchez, suivant l'historien de l'expédition de Soto, la déformation consiste à amincir le crâne jusqu'à ce qu'il se termine en pointe. Les Choctaws, quoique ennemis des Natchez, modifiaient leur tête de la même façon. Ils plaçaient les enfants sur une planche, et leur mettaient sur le front un sac de sable. « Cette pression légère et continue fait quelque peu ressembler le front à une brique depuis les tempes jusqu'en haut: ils obtiennent ainsi des fronts élevés et fuyants (2). » Un usage pareil aurait été également en vigueur chez les Vaxsaws, les Muscogees ou Creeks, les Catawbas, et les Altacapas. Il n'y avait toutefois que les enfants mâles à qui l'on fît subir ce traitement. Chez les Colombiens Nootka, l'aplatissement de la tête était une pratique uni-

(1) Kane, *les Indiens de l'Amérique du Nord*, p. 242. — Vancouver, *loc. cit.*, vol. II, pp. 280, 408.
(2) Schoolcraft, *loc. cit.*, vol. II, p. 324.

verselle. L'enfant était placé dans une boîte ou berceau garni
de mousse. L'occiput reposait sur une planche fixée à la partie
supérieure de la boîte, et l'on mettait sur le front une autre
planche solidement attachée à la tête de l'enfant. L'opération
durait jusqu'à ce que le patient pût marcher. A ce moment, la
description qu'on en fait est hideuse. « Les yeux sont démesu-
rément éloignés l'un de l'autre », les prunelles débordent en
avant et sont dirigées verticalement; la tête est très large et
affecte presque la forme d'un coin. Les Newattees, tribu habitant l'extrémité septentrionale de l'île de Vancouver, donnaient à la tête une forme conique, au moyen d'une corde de
peau de daim rembourrée avec l'écorce intérieure du cèdre.
Cette corde, qui a environ l'épaisseur d'un pouce, est roulée
autour de la tête de l'enfant, et lui donne peu à peu l'aspect
d'un cône pointu (1). Chez les Péruviens, le front était écrasé
et rejeté en arrière à l'aide de ligatures. Ces ligatures, à ce
qu'il semble, étaient généralement au nombre de deux, laissant un intervalle entre elles, et produisant ainsi un sillon
bien marqué qui faisait transversalement le tour du crâne. De
cette façon, tandis que l'on empêchait le front de s'élever et
les côtés de la tête de s'élargir, une pleine liberté de croissance était laissée à la région occipitale, et le développement
du cerveau était dévié de sa direction naturelle. Telle était le
changement produit; si bizarre est la forme de ces crânes anor-
maux, que plusieurs ethnologues ont été portés à les considérer comme appartenant à une race particulière. Toutefois, on
a clairement démontré la fausseté de cette théorie, qui est
maintenant abandonnée de tout le monde. Il est très remarquable qu'une opération si contraire à la nature ne paraît porter
aucun préjudice à l'intelligence de ceux qui y sont soumis (2).

Les tribus indiennes, en général, croyaient à l'existence d'un
Grand-Esprit et à l'immortalité de l'âme, mais elles ne semblent pas avoir eu de pratiques religieuses, et moins encore
d'édifices sacrés. Burnet (3) n'a jamais trouvé chez les Co-

---

(1) Wilson, *De l'ethnologie physique* (*Smithsonian Report*, 1862, p. 288).
(2) Beecher, *Voyage autour du monde*, vol. I, p. 308. — Wilson, in *Smithsonian Report*, 1862, p. 287.
(3) Schoolcraft, vol. I, p. 237. — Voyez aussi Richardson, *Expédition arctique*, vol. II, 21.

manches l'ombre d'un culte. Les Dacotahs ne prient jamais le Créateur; s'ils veulent du beau temps, ils implorent le temps lui-même. Ils croient que le Grand-Esprit a tout fait, excepté le tonnerre et le riz, mais ils ne nous disent pas sur quel motif ils fondent ces deux singulières exceptions.

La condition sociale des femmes semble avoir été fort triste parmi les tribus aborigènes de l'Amérique du Nord. « Leurs épouses, ou leurs chiens, comme plusieurs Indiens les appellent », sont bien traitées aussi longtemps qu'elles font tout l'ouvrage et qu'il y a abondance de vivres ; mais sur tout le continent, comme chez tous les sauvages, les occupations serviles sont leur lot, et les hommes n'ont d'autre besogne que la chasse et la guerre; pour être juste envers eux, il faut se souvenir que la première au moins de ces deux occupations est de la plus haute importance, et que les principaux moyens d'existence en dépendent. La polygamie règne généralement; le mari a un pouvoir absolu sur ses épouses, et le mariage ne dure que tant qu'il lui plaît. Chez quelques Indiens de la Californie septentrionale, on ne trouve pas juste de battre les femmes, mais les hommes « se réservent le privilège de les tuer quand ils en sont fatigués (1) ». Chez les Dogribs et autres tribus du nord, les femmes sont la propriété du plus fort. On considère que c'est pour chacun un droit légal et moral à la fois de prendre l'épouse d'un homme plus faible. En un mot, les hommes se battent pour la possession des femmes, comme les cerfs et les mâles d'autres espèces d'animaux.

« L'impassibilité (2), dans toutes les situations de la vie, est un des traits les plus frappants et les plus généraux du caractère indien. Se rendre maître de ses muscles, de manière à ne manifester aucune émotion, tel semble être le point à atteindre, et on l'observe particulièrement dans les occasions publiques. Ni la crainte, ni la joie, ne doivent altérer cette égalité d'âme à laquelle ils sont formés. » Même entre parents « il est rare qu'on s'abandonne à de chaleureuses effusions de tendresse. La fierté et le stoïcisme du chasseur et du guerrier

(1) Col. M'Kee, dans les *Indian Tribes* de Schoolcraft, vol. III, p. 127.
(2) Schoolcraft, vol. III, p. 58.

s'y opposent. La fierté de l'épouse, créature faite pour tout souffrir, s'y oppose également. »

Mais la preuve la plus évidente, peut-être, de ce qu'on vient de lire, est le fait que le dialecte algonquin, l'un des plus riches pourtant, ne renfermait point de mot pour dire « aimer », et quand Elliot traduisit la Bible à l'usage de ce peuple en 1661, il fut obligé d'en forger un. Pour combler cette lacune, il introduisit le mot « womon ». La langue Tinnee (1) ne contient, elle, aucun terme qui rende « cher » ou « bien-aimé ». Il est est juste d'ajouter que Kane trouva les Indiens Creehs jurant en français, car leur propre idiome ne leur fournissait aucune formule de serment (2). M. Schoolcraft veut prouver qu'ils ont réellement des sentiments affectueux : « Un jour, dit-il, m'étant aventuré à son insu, non loin du wigwam d'un Indien Renard, je le vis prendre son fils dans ses bras et l'embrasser à plusieurs reprises (3). » Mais en mentionnant ce fait d'une manière spéciale, il produit une impression contraire à celle qu'il se proposait. Néanmoins, parmi les meilleures tribus, beaucoup sans doute sont capables de fortes affections, et l'on cite même des cas où un père a racheté son fils du supplice en se faisant brûler pour lui.

Par suite de la haine que développaient des guerres presque incessantes, peut-être aussi excités par ce stoïque mépris de la douleur qu'ils mettaient leur orgueil à affecter, les Indiens de l'Amérique du Nord étaient très cruels envers les prisonniers de guerre. L'habitude de scalper semble avoir régné universellement, et l'on dit même que les Sioux dévoraient quelquefois le cœur de leurs ennemis : chaque guerrier, si c'était possible, en mangeait une bouchée.

L'infanticide était commun dans le nord, mais il ne paraît pas avoir atteint de grandes proportions chez les tribus du sud. Jusqu'à l'arrivée des Européens, ils semblent n'avoir point connu les liqueurs fermentées. Les Sioux, les Assiniboines et autres tribus riveraines du Missouri avaient, dit-on, l'habitude d'abandonner ceux que l'âge ou les infirmités mettaient dans

---

(1) Richardson, *Expédition arctique*, vol. II, p. 24.
(2) *Loc. cit.*, p. 339.
(3) Schoolcraft, *loc. cit.*, vol. III, p. 64.

l'impuissance de suivre les chasseurs. Le même cas se présentait fréquemment parmi les tribus du nord.

On trouve le cuivre à l'état natif dans les régions du nord, et même avant l'arrivée des Européens, on s'en servait pour faire de petites haches, des bracelets, etc. Néanmoins il était employé plutôt comme pierre que comme métal, c'est-à-dire qu'au lieu de le chauffer, de le couler dans des moules, ou de le travailler par la chaleur, les Indiens se bornaient à profiter de sa malléabilité, et le façonnaient à coups de marteau, sans recourir au feu. Les vases en métal étaient tout à fait inconnus aux aborigènes de l'Amérique septentrionale.

Wyeth donne la description du mobilier des Shoshonees, ou Indiens Serpents. Il se réduisait à « un pot, un arc et des flèches, des couteaux à travailler le cuir, des alènes, un instrument pour déterrer les racines, des lances pour tuer les poissons, des filets, une espèce de bateau ou de radeau, une pipe, des nattes pour s'abriter, et les instruments destinés à produire le feu (1) ».

Le pot était fait avec « des racines longues et dures, tressées autour d'un point central, et dont la circonférence extérieure allait en se rétrécissant, de manière à former un vase semblable à une ruche renversée. Telle était la perfection du travail, que cette vaisselle était absolument imperméable, et, quoique naturellement elle ne pût aller au feu, on s'en servait néanmoins pour faire bouillir, de la manière que nous avons déjà décrite à propos d'autres sauvages. Les Dacotahs faisaient, dit-on, quelquefois bouillir des animaux dans leur peau : après l'avoir enlevée, ils la suspendaient par les quatre coins, et faisaient usage de pierres à bouillir, comme à l'ordinaire. Ils avaient aussi des vases en pierre, mais ceux-ci étaient rares, et sans doute employés uniquement comme mortiers.

Leurs arcs sont très habilement faits avec la corne des brebis de montagne ou de l'élan, ou quelquefois en bois. « La corde est en nerf tressé ; on la tient lâche, et ceux qui se servent de cet arc ont besoin d'un garde-main pour se protéger. « La flèche est envoyée avec tant de force, qu'elle passe à travers le corps d'un cheval ou d'un buffle (2), et, dans la relation de

---

(1) Schoolcraft, vol. I, p. 212.
(2) Schoolcraft, loc. cit., vol. III, pp. 35, 46. — Kane, Indiens de l'Amé-

l'expédition de Soto, on lit qu'un jour une flèche traversa la selle et la housse d'un cheval, et pénétra d'un tiers dans le corps de l'animal. Quoique, sous tous les rapports, bien inférieur au fusil, l'arc a pourtant, à la chasse, le grand avantage de ne pas faire de bruit. Chez plusieurs tribus, la fabrication des flèches constituait une profession spéciale. Les pointes de flèche sont en obsidienne ; elles sont longues d'environ trois quarts de pouce, larges d'un demi-pouce et très minces. La base, élargie, est reçue dans une fente qu'on pratique à l'extrémité de la hampe, et maintenue en place par une ligature en nerf. La hampe a environ 2 pieds 1/2 de long. S'il s'agit d'une arme de chasse, elle s'élargit à l'extrémité, de sorte que, quand on retire le bois de la blessure, on retire en même temps la pointe ; mais les flèches de guerre sont autrement faites : le bout de la hampe est aminci, de manière que la pointe reste dans la plaie. Les Indiens se servaient peu de la fronde.

Les couteaux, grossièrement faits en obsidienne, étaient quelquefois fixés dans des manches en bois ou en corne. Les outils à greneler, destinés à la préparation des peaux, étaient tantôt en os, tantôt en obsidienne. M. Wyeth ne décrit pas leur forme. Les alênes étaient en os ; parfois aussi on se servait, pour cet usage, de grosses épines. Les instruments à déterrer les racines, quand ils ne sont pas faits en corne, consistent en bâtons recourbés, pointus et durcis au feu. « Le harpon est un engin aussi simple qu'ingénieux. La pointe est en os ; au milieu est attachée une petite ficelle solide qui la relie à la hampe, à 2 pieds environ de la pointe. A l'extrémité inférieure de ce que nous appelons le fer de la lance, il y a un petit creux peu profond et dirigé dans le sens de la pointe. C'est dans ce trou qu'on fait entrer le bout de la hampe. » Celle-ci, fabriquée avec du bois de saule léger, a environ 10 pieds de long. Lorsque le poisson est frappé, on tire à soi le bois de la lance, et la corde fait prendre immédiatement une position transversale à l'os qui sert de pointe. Les filets pour la pêche sont faits avec une écorce dont on obtient des cordes très solides, et sont de deux sortes : l'écope et la seine. Toutefois on en ignore l'usage dans

les tribus du Nord, à l'ouest du fleuve Mackensie (1). Les
bateaux des Shoshonees méritent à peine ce nom, et ne semblent guère employés que comme bacs. Ils ont environ 8 pieds
de long et sont construits en roseaux, mais on n'essaie nullement de les empêcher de prendre l'eau. D'autres tribus ont
cependant des canots beaucoup meilleurs, soit en écorce, soit

Fig. 224.   Fig. 225.

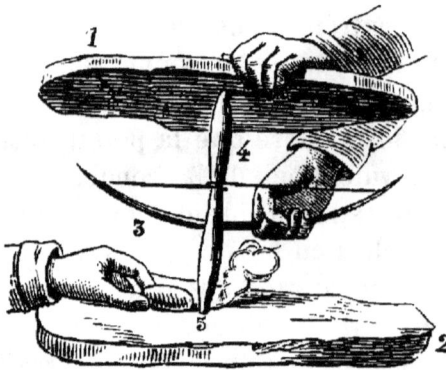

Tourniquet dacotah pour se procurer
du feu.

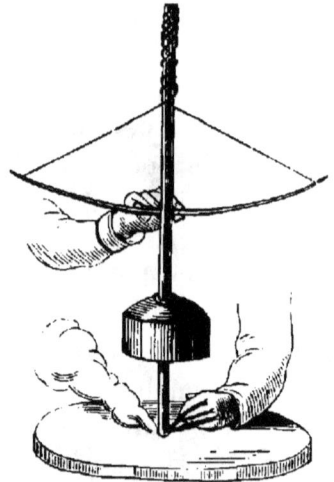

Tourniquet iroquois
pour se procurer du feu.

creusés dans un tronc d'arbre. Les pipes sont grandes et le
fourneau est généralement en terre à foulon. Les nattes ont
environ 4 pieds de long, sont faites en jonc, et servent, soit
comme lit, soit pour la construction des wigwams.

Ils se procurent le feu en tournant un morceau de bois dans
un trou. Les Chippeways et les Natchez avaient, dit-on, une
corporation de personnes spécialement chargées d'entretenir
un feu perpétuel.

Les Dacotahs se servaient d'un tourniquet (fig. 224) pour se
procurer du feu. Cet instrument, représenté dans les figures
ci-dessus, consiste en un arc dont la corde entoure un morceau
de bois vertical; en donnant à l'arc un mouvement d'avant à
l'arrière, et réciproquement, on communique au morceau de

bois un rapide mouvement de rotation. Les Iroquois avaient perfectionné cet instrument et se servaient d'un instrument (fig. 225) qui ressemble beaucoup à celui dont on se sert dans l'Europe occidentale et aussi à Ceylan (1) pour percer des trous dans la poterie et dans le métal.

Les huttes ou wigwams sont généralement de deux sortes : l'une pour l'été et l'autre pour l'hiver. Schoolcraft décrit ainsi le wigwam d'hiver des Dacotahs : « Pour en construire un, il suffit de couper quelques jeunes arbres d'environ 15 pieds de long, dont on enfonce le gros bout en terre en décrivant un cercle, et en laissant les cimes se rejoindre de manière à former un cône. On jette alors sur cette charpente des peaux de buffles cousues ensemble en forme de bonnet et assujetties avec des éclisses. Sur le sol, au centre du wigwam, on fait le feu, et la fumée sort par une ouverture pratiquée au sommet. Ces wigwams sont chauds et commodes. L'autre espèce de hutte est faite avec de l'écorce, ordinairement celle de l'orme (2). » Les huttes des Mandas (3), Minatarees, etc., affectaient la forme circulaire, et avaient de 40 à 60 pieds de diamètre. On creusait la terre à une profondeur d'environ 2 pieds. La charpente était en gros bois, couverte de branches de saule, mais laissant un espace libre au milieu, pour servir à la fois de cheminée et de fenêtre. Sur la construction, on plaçait une épaisse couche de terre et sur le tout une sorte d'argile dure, à l'épreuve de l'eau, et capable, avec le temps, d'acquérir beaucoup de consistance, à ce point que, lorsqu'il faisait beau, toute la tribu se livrait au *far-niente* sur le toit des huttes. Ces habitations étaient quelquefois très propres et très bien tenues (4), mais ce n'était pas toujours le cas. En parlant des Indiens du détroit de Nootka, le capitaine Cook (5) dit : « La saleté et la puanteur de leurs maisons sont au moins égales à la confusion qui y règne. En effet, comme c'est chez eux qu'ils font sécher leur poisson, c'est là aussi qu'ils le vident ;

---

(1) Davy, *Ceylan*, p. 263.
(2) Schoolcraft, *loc. cit.*, vol. II, p. 191.
(3) Cette tribu, l'une des plus intéressantes, a été entièrement détruite par la petite vérole.
(4) Catlin, *Indiens de l'Amérique*, vol. I, p. 82.
(5) Cook, *Troisième Voyage*, vol. II, p. 316.

ce qui, joint aux os et aux morceaux jetés par terre pendant les repas, ainsi qu'à toutes sortes d'autres ordures, forme partout des tas d'immondices, lesquels ne sont enlevés, je crois, que lorsqu'ils sont devenus assez considérables pour gêner la circulation. En un mot, leurs demeures sont aussi malpropres que des étables à porc : tout, au dedans comme au dehors, sent le poisson, l'huile de baleine et la fumée. »

Les Indiens Wallawalla (1) de la Colombie creusent dans le sol un trou circulaire d'environ 10 à 12 pieds de profondeur, et de 30 à 50 pieds de circonférence, qu'ils recouvrent de bois flotté et de boue. Sur un côté, on laisse une ouverture pour servir de porte, et une perche entaillée tient lieu d'échelle (V. fig. 141, t. Iᵉʳ, p. 129). C'est là que douze ou quinze personnes se tiennent pendant la mauvaise saison : elles n'ont besoin que de très peu de feu, car elles mangent leur saumon cru, et d'ailleurs la place est très chaude par suite du nombre d'hôtes qu'elle contient, et de l'absence de ventilation. Leurs habitations sont construites avec des joncs ou des nattes étendues sur des pieux. Cette tribu se nourrit surtout de saumon, et elle le préfère gâté.

Au sud du golfe de Saint-Laurent et à l'ouest des montagnes Rocheuses, presque toutes les tribus semblent avoir plus ou moins cultivé le maïs. Dans les deux Carolines et dans la Virginie, les Indiens en récoltaient de grandes quantités, et « tous y comptaient comme sur un moyen de subsistance assuré (2) ». Les Delawares avaient de vastes champs de maïs à l'époque de la découverte de l'Amérique. En 1527, de Vaca en vit de faibles quantités dans la Floride, et de Soto, douze ans plus tard, en trouva abondamment chez les Muscogees, les Chactaws, les Chickasaws et les Cherokees. Un jour, son armée, durant un espace de deux lieues, ne traversa que des champs de maïs. On sait que cette plante était cultivée par les Iroquois en 1610, et, dans de petites proportions, par les « communautés de chasseurs de l'Ohio, du Wabagh, du Miami et de l'Illinois », ainsi que par les naturels qui habitaient les deux rives du Mississippi. Nous avons déjà dit un mot des preuves de l'ancien-

(1) Kane, *Indiens de l'Amérique du Nord*, p. 272. — *Expédition d'exploration dans les États-Unis*, vol. IV, p. 452.
(2) Schoolcraft, *loc. cit.*, vol. I, p. 6. — Voyez aussi Richardson, *Expédition arctique*, vol. II, p. 51.

ncté de cette culture dans le chapitre relatif à l'archéologie de l'Amérique du Nord; le maïs paraît avoir été la seule plante qu'ils aient réellement cultivée, mais plusieurs tribus tiraient en grande partie leur subsistance de racines, etc. Le riz sauvage croissait aussi en abondance dans les lacs peu profonds, et dans les cours d'eau du Michigan, du Wisconsin, de l'Iowa et du Minnesota, ainsi que dans les vallées supérieures du Mississippi et du Missouri. Il était récolté par les femmes, et constituait une des principales branches de leur alimentation. Elles traversaient les rivières en canot, et prenant les tiges par poignées, elles les courbaient sur les bords de leur embarcation pour en extraire le grain à coups de pagaie.

Toutefois les Indiens de l'Amérique du Nord ont longtemps demandé au règne animal la plus grande partie de leur nourriture. Essentiellement chasseurs et pêcheurs, ils se nourrissaient surtout de buffle, de daim et de saumon. Les buffles étaient tantôt poussés dans des fourrés, tantôt tués à coups de flèches en pleine prairie. Contre les poissons, ils se servaient soit de lances, soit de filets, etc., soit même de flèches. Les Macaws et les Clallums, sur la côte du Pacifique, tuaient même de temps à autre des baleines. Pour cela, ils employaient de grands harpons barbelés en os, avec une corde et un sac solide de peau de veau marin gonflé d'air. Ils faisaient de cet appareil le même usage que les Esquimaux (V. *ante*, p. 177). Comme toutes les races carnivores, les Indiens passaient alternativement de l'extrême abondance à l'extrême disette. En général, il y avait beaucoup de gibier, et Noka, un des plus célèbres chasseurs, tua, dit-on, le même jour, seize élans, quatre buffles, cinq daims, trois ours, un porc-épic et un lynx. C'était naturellement un cas bien exceptionnel. Cependant il y a d'ordinaire une saison de l'année où l'on abat plus de gibier que n'en exigent les besoins de la consommation immédiate. En pareille occurrence, le surplus est séché et changé en pemmican. L'hiver, néanmoins, ils sont souvent très à court de vivres. Back fait un tableau terrible de leurs souffrances dans les temps de famine (1), et Wyeth nous dit que les Shoshonees

---

(1) Back, *Expédition aux terres arctiques*, pp. 194-226. — Voyez aussi Richardson, *Expédition arctique*, vol. II, p. 96.

« meurent presque de faim chaque année, et qu'au printemps ils sont réduits à la dernière maigreur. Les trappeurs croyaient généralement que tous finissaient par périr d'inanition, en devenant vieux et infirmes (1). »

Comme on peut naturellement s'y attendre, le mode des funérailles varie beaucoup suivant les différentes parties de l'Amérique du Nord. Dans la Colombie, « on place d'ordinaire sur le sol les morts couverts de leurs vêtements et cousus dans une peau ou dans une couverture ; les objets qui ont appartenu personnellement au défunt sont déposés près du corps : sur le tout, on met quelques planches qui forment une sorte d'abri contre les intempéries de l'air (2) ». Chez ces tribus le cadavre est plié en deux. Près du cap Orchard, dans le même district, on met les corps dans des canots, qu'on dépose au milieu des branches d'arbres. Les Mandans et la plupart des Indiens de la prairie suspendent aussi les cadavres en l'air. Chez les Indiens du lac Clair, les Carriers, etc., on avait l'habitude de les brûler, tandis qu'en Floride on les enterrait dans la posture d'un homme assis. Chez d'autres tribus, les os étaient recueillis tous les huit ou dix ans, et inhumés dans un cimetière commun.

L'art ne leur fait pas absolument défaut, car ils savent faire certaines sculptures grossières, et tracer des ébauches non moins grossières sur leurs wigwams, leurs costumes de cérémonie, etc. ; mais ils ont des idées singulières sur les portraits. Ils pensent que l'artiste acquiert une sorte de pouvoir mystérieux sur celui dont il a pu saisir la ressemblance, et un jour qu'il était ennuyé par des Indiens, M. Kane s'en débarrassa immédiatement en menaçant de faire le portrait de quiconque resterait. Pas un ne s'y hasarda. Si le portrait est fidèle, tant pis ; il est, à ce qu'ils s'imaginent, à demi vivant, et cela aux dépens du modèle. D'après leur raisonnement, on ne peut mettre tant de vie dans le tableau qu'aux dépens de l'original. Ils croient encore que si le tableau subit quelque injure, en vertu d'une relation mystérieuse, l'original y est sensible. Mais la plus bizarre peut-être de toutes leurs idées à cet égard est

(1) Schoolcraft, vol. I, p. 216.
(2) *Expédition d'exploration dans les États-Unis*, vol. IV, p. 289.

consignée dans un récit de Catlin. Il provoqua une vive émotion parmi les Sioux en dessinant de profil un de leurs grands
chefs. « Pourquoi a-t-on laissé de côté la moitié de son visage? » demandaient-ils. « Mahtocheega n'a jamais craint de
regarder un blanc en face. » Mahtocheega lui-même ne parut
point en avoir été blessé, mais Shonka, le Chien, profita de la
circonstance pour l'insulter. « L'Anglais sait bien, dit-il, que
tu n'es qu'une moitié d'homme; il n'a point qu'une moitié de
ton visage, parce qu'il sait que le reste ne vaut rien. » Cette
explication amena une rixe dans laquelle le pauvre Mahtocheega reçut un coup de fusil, et, comme par une sorte de
fatalité, la balle qui le tua traversa justement cette partie de
son visage que l'artiste avait négligé de reproduire. Il en ré-
sulta de grands embarras pour M. Catlin, qui eut beaucoup
de peine à se tirer de là, et vécut pendant plusieurs mois dans
des transes perpétuelles. L'affaire ne fut terminée qu'après
que Shonka et son frère eurent été tués, en représailles du
meurtre de Mahtocheega.

Les Américains du Nord, comme presque toutes les races
sauvages, disparaissent rapidement. Laissés à eux-mêmes,
peut-être une civilisation indigène se serait-elle développée,
mais ils étaient impropres à la nôtre. Trop inférieurs aux Européens pour pouvoir rivaliser avec eux, trop fiers pour se ré-
duire à un rôle subalterne, le seul endroit où ils aient profité
du contact de la civilisation européenne, c'est dans la baie
d'Hudson, où le gouvernement paternel de la compagnie les a
protégés à la fois et contre les colons et contre eux-mêmes, a
encouragé la chasse, mis fin aux guerres intestines, prohibé la
vente des spiritueux et pourvu aux subsistances dans les temps
de disette. Bientôt, peut-être, les derniers restes du sang indien
n'existeront plus que sur les territoires appartenant à la compagnie de la baie d'Hudson.

LES INDIENS DU PARAGUAY.

Les Indiens du Paraguay ont été décrits par don Félix de
Azara (1), qui vécut longtemps au milieu d'eux. Il les trouva

(1) Azara, *Voyages dans l'Amérique méridionale,* 1809.

divisés en plusieurs nations ou tribus différentes ayant au moins quarante idiomes distincts, et des coutumes diverses. Un certain nombre vivait de la pêche, mais la plupart tiraient leur subsistance des chevaux sauvages et du bétail : aussi doivent-ils avoir eu d'autres habitudes avant la découverte de l'Amérique par les Européens. Leurs principales armes étaient de longues lances, des massues, des arcs et des flèches. Quelques tribus toutefois, par exemple celles des Pampas, au lieu de faire usage des arcs et des flèches, leur préfèrent les *bolas*. En guerre, les Indiens du Paraguay ne faisaient point de quartier aux hommes, ils n'épargnaient que les femmes et les enfants.

Leurs maisons, si l'on peut employer ce terme, étaient très simples : ils coupaient trois ou quatre branches d'arbre, les plantaient par les deux bouts dans le sol, et les recouvraient d'une peau de vache. Leur lit consistait en une autre peau; ils n'avaient ni chaises, ni tables, ni meubles d'aucune espèce. Les hommes portaient rarement des vêtements; le costume des femmes consistait d'ordinaire en un poncho, bien que chez certaines tribus, telles que les Nalicuégas, ce vêtement même ne fût pas usité. Il semble qu'ils aient complètement ignoré l'usage de se laver, quoique Azara reconnaisse que, dans les temps de grande chaleur, ils se baignaient quelquefois, mais plutôt, à ce qu'il paraît, pour se rafraîchir que pour se nettoyer. Il est donc inutile de dire qu'ils étaient excessivement sales, et fort incommodés par les poux, si toutefois on peut dire qu'ils fussent incommodés par ce qui leur procurait une de leurs plus grandes distractions; car, bien que beaucoup de tribus ne connussent ni danses, ni jeux, ni musique, il n'en était pas qui ne prît un plaisir extrême à chercher et à manger la vermine dont fourmillaient leur personne, leurs cheveux et leurs vêtements.

Ils n'avaient ni animaux domestiques ni idée de l'agriculture. Leurs médecins ne possédaient qu'un remède, qu'ils appliquaient à toutes les maladies, et qui avait au moins le grand mérite d'être inoffensif, puisqu'il consistait « à sucer avec beaucoup de force l'estomac du patient, pour en tirer le mal (1) ».

(1) Azara, *loc. cit.*, p. 25.

Beaucoup de tribus se peignaient le corps de différentes manières, et ils avaient l'habitude de se percer la lèvre inférieure, pour y introduire un morceau de bois, long d'environ 4 à 5 pouces, qu'ils n'enlevaient jamais.

Ils n'avaient ni forme de gouvernement déterminée, ni idées religieuses. Azara fait cette dernière remarque pour tous les Indiens en général, et il l'applique tout particulièrement aux tribus suivantes, savoir : les Charruas, les Minuanas, les Aucas, les Guaranys, les Guayanas, les Nalicuégas, les Guasarapos, les Guatos, les Ninaquiguilas, les Guanas, les Lenguas, les Aguilots, les Mocobys, les Abissons et les Paraguas.

Azara nous représente la langue des Guaranys comme la plus riche, et pourtant elle était à beaucoup d'égards très pauvre. Ainsi, ils ne pouvaient compter que jusqu'à quatre, et au delà de ce nombre n'avaient plus de mots, pas même pour dire cinq ou six. Il va sans dire que le lien conjugal était peu respecté parmi eux : ils se mariaient quand cela leur plaisait, et se séparaient à leur fantaisie.

L'infanticide, chez plusieurs tribus, était plutôt la règle que l'exception; les femmes n'élevaient chacune qu'un enfant, et comme elles n'épargnaient que celui qu'elles présumaient devoir être le dernier, il leur arrivait souvent de rester absolument sans enfants.

LES PATAGONS.

Les habitants des parties méridionales de l'Amérique du Sud, quoique divisés en un grand nombre de tribus différentes, peuvent être considérés comme appartenant à deux groupes principaux : les Patagons, ou Indiens Chevaux, à l'est, qui possèdent des chevaux, mais point de canots, et les Chonos, ainsi que les habitants de la Terre de Feu, ou Indiens Canots, qui ont des canots, mais point de chevaux, et qui habitent les îles orageuses du sud et de l'ouest.

Les Yacana-kunny, habitant la partie nord-est de la Terre de Feu, sont moins, à proprement parler, des naturels de ce pays que des Patagons; ils leur ressemblent par le teint, la taille et les vêtements, sauf la particularité des bottes. Ils

vivent maintenant à peu près comme vivait sans doute le peuple
du continent avant l'introduction des chevaux. Leur nourriture
se compose surtout de guanacos, d'autruches, d'oiseaux et de
veaux marins. Pour chasser ces animaux, ils se servent de
chiens, d'arcs et de flèches, de bolas, de frondes, de lances et
de massues (1). Les habitudes des Patagons doivent s'être beaucoup modifiées par suite de l'introduction du cheval, mais
nous ne pouvons nous occuper d'eux qu'au point de vue de
leur état actuel.

Il y a un contraste frappant, sous le rapport de la taille,
entre les Indiens Chevaux et les Indiens Canots : tandis que
ceux-ci sont petits, de mauvaise mine, et mal proportionnés,
ceux-là dépassent de beaucoup la taille moyenne, et sont dé-
peints par les premiers voyageurs comme de véritables géants.
Magellan, qui les visita le premier en 1519, nous assure que
beaucoup d'entre eux avaient plus de 7 pieds (français) de haut.
Garcia de Loaisa les vit en 1525, et mentionne leur haute stature, mais il ne paraît pas les avoir mesurés. Des observations
semblables ont été faites par Cavendish, Knevett, Sibald de
Veert, Van Noort, Spilbergen et Lemaire. Bref, sur les quinze
premiers voyageurs qui franchirent le détroit de Magellan, il
n'y en a pas moins de neuf pour attester le fait de la taille gigantesque des Patagons, et leur témoignage est confirmé par
celui de plusieurs voyageurs subséquents. Falkner, en particulier, assure avoir vu beaucoup d'hommes qui dépassaient
7 pieds.

Il est difficile de rejeter tout à fait ces renseignements, et
comme, à coup sûr, ils ne s'appliquent point à la race actuelle,
on peut croire qu'il s'est produit une diminution de taille, due
à l'introduction et à l'usage général du cheval.

Les huttes ou « toldos » des Patagons « affectent la forme
rectangulaire. Elles ont environ 10 ou 12 pieds de longueur,
10 de profondeur, 7 de hauteur sur le devant et 6 sur le derrière. La bâtisse se réduit à des perches plantées en terre et
fourchues à l'extrémité pour recevoir des traverses sur lesquelles on place les solives destinées à supporter la toiture.
Celle-ci consiste en peau de bêtes, cousues ensemble de ma-

(1) Fitzroy, *loc. cit.*, vol. II, p. 137.

nière à être presque à l'épreuve du vent et de la pluie. Comme
les pieux et les solives ne sont pas faciles à trouver, ils les emportent d'un lieu à l'autre dans toutes leurs migrations. Quand
ils ont atteint leur bivouac, et choisi un emplacement, en ayant
soin qu'il soit à l'abri du vent, ils creusent avec un morceau
de bois dur et pointu les trous qui recevront les poteaux, et,
tout étant prêt, charpente et toiture, il ne leur faut que peu
de temps pour construire une habitation (1). »

Ils n'ont point de poterie, et le transport de l'eau ne se fait
qu'au moyen de vessies. Leur costume se compose surtout de
peaux cousues avec des nerfs d'autruche, et offrant souvent sur
un côté des peintures curieuses; mais, d'après Falkner (2),
plusieurs tribus « se fabriquent ou tissent de beaux manteaux
de laine, brillamment teints de couleurs variées ». Ils portent
aussi un petit tablier de forme triangulaire, dont deux pointes
se rejoignent autour de la taille, tandis que la troisième passe
entre les jambes et se rattache par derrière. A cheval, ils ont
une sorte de manteau ou poncho, fendu au milieu pour laisser
passer la tête. En fait de bottes, ils portent « la peau enlevée
aux cuisses et aux jambes des juments et des pouliches »; ils
lavent les peaux, puis, après les avoir fait sécher, les assouplis-
sent avec de la graisse, et les mettent ensuite, sans les façonner ni les coudre (3). Ils font des brosses avec de l'herbe, des
baguettes et des joncs, et emploient, en guise de peigne, une
mâchoire de marsouin (4). Les femmes portent un manteau attaché sur la poitrine par une brochette de bois ou une épingle,
et serré autour de la taille. Elles ont aussi une espèce de tablier
qui descend jusqu'aux genoux, mais qui ne les couvre que par
devant. Leurs bottes sont faites de la même manière que celles
des hommes. Comme les autres sauvages, ils aiment les colliers, les plumes et les ornements de tout genre. Ils se peignent
aussi en rouge, en noir et en blanc, ce qui toutefois, aux yeux
d'un Européen, n'est rien moins qu'un agrément de plus. Leurs

(1) Fitzroy, *loc. cit.*, vol. I, p. 93.
(2) Falkner, *Patagonie*, p. 128.
(3) Quand on les visita la première fois, ils se servaient pour cet usage de
la peau du guanaco, et ce fut à cause de ces souliers que Magellan les appela
Patagons.
(4) Fitzroy, vol. I, p. 75.

armes défensives consistent en un casque et un bouclier, faits tous deux d'un cuir épais, et assez fort pour résister à la flèche et à la lance.

Leurs arcs sont petits, et les flèches, terminées par une pointe en pierre ou en os, sont, dit-on, quelquefois empoisonnées. Ils ont en même temps des massues et de longues lances de roseau, dont la plupart sont maintenant armées d'une pointe de fer. Mais l'arme la plus caractéristique des Patagons, celle qui leur appartient presque en propre, c'est la bola dont on compte deux ou trois sortes. Celle qu'on emploie à la guerre se compose d'une seule pierre arrondie, ou d'une boule d'argile durcie, pesant environ une livre, et attachée à une courte courroie de nerf ou de peau. Quelquefois ils lancent à leur adversaire la corde et le reste, mais le plus souvent ils préfèrent le frapper à la tête avec la balle. A la chasse, ils se servent de deux pierres semblables reliées par une corde qui a généralement de 3 à 4 mètres de longueur. Ils prennent en main une de ces pierres, et alors, faisant tournoyer l'autre autour de leur tête, ils les jettent tous deux à l'animal qu'ils veulent atteindre. Parfois on fait usage d'un plus grand nombre de pierres, mais deux semblent être le nombre ordinaire (1). Ce n'est pas avec les balles elles-mêmes qu'ils cherchent à frapper leur victime, mais avec la corde, « et alors naturellement les balles se meuvent circulairement dans des directions différentes, et la courroie s'applique et s'enroule si bien autour du corps, que tous les efforts du captif ne font que le garrotter davantage (2) ». On dit qu'un homme à cheval peut se servir avec succès de la bola à une distance de 80 mètres (3). Ils emploient aussi le lasso.

Sur la côte, le fond de leur alimentation consiste en poisson qu'ils tuent, soit en plongeant, soit à coups de javelots. Pour les guanacos et les autruches, ils les prennent avec la bola. Ils mangent aussi de la viande de jument, ainsi que diverses espèces de petit gibier, et au moins deux sortes de racines sauvages. Ils n'ont point de liqueur fermentée, et la seule boisson préparée dont ils fassent usage est une décoction de *châlas*, ou le jus du fruit de l'épine-vinette mélangé d'eau.

(1) Falkner, *loc. cit.*, p. 130.
(2) Fitzroy, *loc. cit.*, vol. II, p. 148.
(3) *Journal de Darwin*, p. 129.

La mort d'un indigène est suivie de cérémonies particulières. Quand la chair a été, aussi bien que possible, détachée des os, ceux-ci sont suspendus « en l'air, sur un lit de roseaux ou de jeunes branches entrelacées, pour sécher et blanchir au soleil et à la pluie ». C'est une des femmes les plus distinguées qu'on choisit pour accomplir la tâche rebutante de faire le squelette. Tant que dure l'opération, « les Indiens, couverts de longs manteaux de peau et le visage noirci à la suie, se promènent autour de la tente, avec de longues perches ou des lances dans les mains, chantant sur un ton lugubre, et frappant la terre pour mettre en fuite les Valichus ou êtres méchants... Les chevaux du mort sont tués, afin qu'il puisse s'en servir pour chevaucher dans l'Alhue Mapu, ou le pays des morts. » Au bout d'un an, on rassemble les os dans une peau, et on les charge sur le dos d'un des chevaux favoris du défunt, qu'on a laissé vivre pour ce motif. C'est ainsi que les naturels portent ces restes, quelquefois très loin, jusqu'à ce qu'ils arrivent au cimetière particulier où gisent les ancêtres de la personne décédée. Les os sont replacés dans leur position naturelle et rajustés avec de la ficelle. Puis, le squelette est déposé, au milieu des autres, dans une fosse carrée, revêtu des plus beaux habits du défunt, orné de colliers, de plumes, etc. Les armes du mort sont enterrées avec lui, et autour du tombeau sont rangés plusieurs chevaux morts, dressés sur leurs pieds, et soutenus au moyen de bâtons (1). Parfois on élève sur la tombe un monceau de pierres (2).

Falkner regardait les Patagons comme polythéistes, mais nous ne savons pas grand'chose de leur religion. Selon les missionnaires, ni les Patagons, ni les Araucans n'avaient aucune idée de prière, « aucune trace de culte religieux (3) ».

LES FUÉGIENS.

Les habitants de la Terre de Feu sont encore plus dégradés que ceux du continent : de fait, beaucoup de voyageurs les

(1) Falkner, *Patagonie*, pp. 118, 119.
(2) Fitzroy, vol. II, p. 158.
(3) *The Voice of pity*, vol. II, pp. 37, 95.

ont regardés comme occupant le dernier échelon de l'humanité(1). Adolphe Decker, qui visita la Polynésie et l'Australie sous Jacques l'Hermite, en 1624, les dépeint « moins comme des hommes que comme des bêtes, car ils mettent en pièces des corps humains, dont ils mangent la terre toute crue et toute sanglante. On ne peut découvrir chez eux la moindre trace de religion ni de gouvernement : au contraire, ce sont, sous tous rapports, des brutes. » Et il se met à en donner des preuves si convaincantes, que je n'ose les citer(2). « Les hommes vont complètement nus, et les femmes n'ont pour tout vêtement qu'un morceau de peau autour de la ceinture... Leurs huttes, faites avec des branches d'arbre, sont en forme de tentes, avec un trou au sommet, pour laisser sortir la fumée. Intérieurement, elles sont creusées à 2 ou 3 pieds de profondeur dans le sol, et la terre est rejetée au dehors. Leurs engins de pêche sont très curieux, et leurs hameçons en pierre ont presque la même forme que les nôtres. Ils ont différentes armes : ceux-ci des arcs et des flèches terminées par une pointe en pierre; ceux-là, de longues javelines avec une pointe en os; d'autres, de grandes massues en bois; d'autres, enfin, des frondes et des couteaux en pierre très tranchants. » Leurs flèches sont en bois dur, droites et bien polies. Elles sont longues d'environ 2 pieds, et portent à leur extrémité un morceau d'agate, d'obsidienne ou de verre; la pointe n'étant pas adhérente au bois, reste dans la blessure, lors même qu'on retire la flèche. Les arcs ont de 3 à 4 pieds de long, et sont tout à fait droits : la corde est faite de nerfs tressés.

Forster(3) les trouva « remarquablement stupides, incapables de comprendre aucun de nos signes, qui pourtant étaient parfaitement intelligibles aux nations de la mer du Sud ». Wallis, dans son *Voyage autour du monde*(4), les décrit de la manière suivante : « Ils sont couverts de peaux de veau marin, qui exhalent une puanteur abominable; plusieurs d'entre eux mangent

---

(1) Byron, *Voyage autour du monde*, p. 80. — Wallis, *Voyage autour du monde*, p. 392. — Cook, *Voyage au pôle sud*, vol. II, p. 187. — *Journal de Darwin*, p. 235.

(2) *Voyages de Callander*, vol. II, p. 307.

(3) Forster, *loc. cit.*, p. 251.

(4) Hawkesworth, *Voyages*, *loc. cit.*, p. 403.

de la chair pourrie et de la graisse de baleine crue avec un
appétit vorace et d'un air de grande satisfaction. » Il dit encore :
« Plusieurs de nos hommes, qui pêchaient avec un hameçon
et une ligne, donnèrent à l'un d'eux un poisson un peu plus
gros qu'un hareng, au moment même où il sortait de l'eau,
c'est-à-dire encore vivant. L'Indien le saisit avidement, comme
un chien ferait d'un os, et le tua aussitôt en lui donnant un
coup de dent près des ouïes ; puis il se mit à le manger en com-
mençant par la tête et en finissant par la queue, sans rien
rejeter, ni les arêtes, ni les nageoires, ni les écailles, ni les
entrailles (1) ». Leur cuisine est plus dégoûtante encore, si
c'est possible. Fitzroy nous dit que « la plume se refuse à la
décrire », et la relation de Byron (2) confirme de tout point
cette assertion.

Les hommes, dit Fitzroy (3), « sont de petite taille, de mauvaise mine et mal proportionnés. Leur couleur est celle de
l'acajou très vieux, ou plutôt elle tient le milieu entre le cuivre
foncé et le bronze. Le tronc est large, eu égard aux membres,
qui sont tortus et cagneux. Leur chevelure noire, rude, inculte
et extrêmement sale, cache à moitié, et pourtant embellit encore
la plus vilaine physionomie que puissent offrir des traits de
sauvages. La chevelure des femmes est plus longue, moins
inculte, et, à coup sûr, plus propre que celle des hommes. On
la peigne avec une mâchoire de marsouin, mais elle n'est ni
tressée ni nouée, et on la laisse pousser en toute liberté, sauf
au-dessus des yeux, où on la coupe. Les femmes sont petites,
elles ont le corps trop large pour leur taille ; leur visage, surtout quand elles sont vieilles, est presque aussi désagréable
que celui des hommes est repoussant. Quatre pieds et quelques
pouces, voilà la taille de ces naturelles de la Terre de Feu.
Elles ne se tiennent jamais droites en marchant ; une attitude
courbée, une démarche gauche : voilà leur allure naturelle.
Elles peuvent être les dignes compagnes d'êtres si grossiers,
mais pour des gens civilisés leur aspect est repoussant... La
fumée des feux de bois, emprisonnée dans de petits wigwams,
leur fait tant de mal aux yeux, qu'ils en sont rouges et

(1) *Loc. cit.*, p. 103.
(2) Byron, *Perle du Wager*, p. 132.
(3) Fitzroy, *Voyages de l'Adventure et du Beagle,* vol. II, p. 137.

humides. Leur habitude de s'huiler ou de se graisser, pour se
frotter ensuite le corps avec de l'ocre, de la boue ou du charbon de terre, leur infâme nourriture, quelquefois pourrie, et
d'autres usages abjects, ont des effets qu'on peut facilement
imaginer (1) ». Leurs incisives, en s'usant, deviennent plates (2),
comme celles des Esquimaux et de beaucoup de races anciennes.

« Les hommes se procurent le gibier et le poisson de grosse
espèce, comme le veau marin, la loutre, le marsouin, etc. ; ils
cassent ou coupent le bois et l'écorce nécessaires pour faire le
feu et pour construire les wigwams et les canots. Ce sont eux
qui sortent la nuit pour prendre des oiseaux ; qui *dressent les
chiens*, et qui naturellement entreprennent toutes les excursions de chasse ou de guerre. Les femmes nourrissent leurs
enfants, veillent au feu, qu'elles entretiennent avec du bois
mort plutôt qu'avec du bois vert, à cause de la fumée ; fabriquent des paniers et des baquets pour mettre l'eau, ainsi que
des lignes de pêche et des colliers ; sortent dans leurs canots
pour prendre le petit poisson, recueillent les crustacés, plongent à la recherche des œufs de mer ; prennent soin de leurs
canots ; rament ordinairement pour leurs maîtres, tandis que
ceux-ci se reposent et font toutes les autres corvées (3) ».

La natation est le délassement favori, pendant l'été, des habitants de la Terre de Feu, mais les malheureuses femmes
sont obligées d'entrer assez profondément dans l'eau, et de
plonger à la recherche des œufs de mer, au cœur de l'hiver
aussi bien qu'en été. Hommes, femmes et enfants sont excellents nageurs, mais ils nagent tous à la manière des chiens.

Quand ils en ont le temps, les naturels font cuire leurs crustacés, et rôtissent à demi les autres aliments de nature solide ;
mais lorsqu'ils sont pressés, ils mangent cru le poisson aussi
bien que la viande... C'est dans leurs canots et avec la lance
qu'ils tuent le veau marin et le marsouin. Une fois frappé, le
poisson a coutume de s'enfoncer dans le cailloutis, entraînant
la lance qui flotte sur l'eau, attachée par une petite corde à
un crochet mobile : les hommes suivent alors avec leur canot.

(1) *Loc. cit.*, p. 139.
(2) Fitzroy, *Appendice*, p. 144.
(3) Id., *loc. cit.*, p. 185.

saisissent la lance et s'en servent pour remorquer leur proie, jusqu'à ce que celle-ci soit morte. Pour eux, la prise d'un veau marin ou d'un marsouin est une affaire aussi importante que l'est pour nos compatriotes la capture d'une baleine. La nuit, au clair de la lune, on prend les oiseaux quand ils sont perchés. Les hommes sont aidés dans cette chasse par les chiens qu'on envoie saisir les oiseaux endormis sur les rochers ou sur la plage. Ces chiens sont si bien dressés, qu'ils rapportent fidèlement à leurs maîtres tout ce qu'ils prennent, sans faire le moindre bruit, et se remettent ensuite en quête de butin. Souvent aussi, pour tuer les oiseaux, ils se servent de la flèche et de la fronde, avec une sûreté infaillible. Les naturels recherchent beaucoup les œufs. Je puis dire, en un mot, que tout ce qui est mangeable, ils le mangent, sans s'inquiéter de l'état de fraîcheur de leurs comestibles et sans se soucier de les cuire (1) ».

D'après Byron, les chiens des Indiens Chonos sont employés à la pêche comme à la chasse aux oiseaux. « Ce sont, dit-il, des animaux assez laids, mais qui sont très intelligents, et qu'on dresse aisément à cette besogne... Le filet est tenu par deux Indiens qui entrent dans l'eau ; alors les chiens, décrivant un large circuit, plongent à la poursuite du poisson et le poussent dans le filet ; mais ce n'est que dans certains endroits que la pêche a lieu de cette façon ». Il ajoute que « les chiens y prennent beaucoup de plaisir, et expriment leur ardeur par des aboiements, chaque fois qu'ils élèvent la tête au-dessus de l'eau pour respirer (2). »

« L'hiver, quand la neige est épaisse, les gens de Tekeenica se rassemblent en vue de chasser le guanaco, qui descend alors des hautes terres pour chercher sa nourriture près de la mer. Les longues pattes de l'animal s'enfoncent profondément dans la neige, et dans la terre molle et vaseuse, ce qui ne lui permet pas de s'échapper lorsque les indigènes et leurs chiens l'entourent de tous côtés. Aussi devient-il promptement leur proie... A d'autres époques de l'année, ils se mettent quelquefois à l'affût et le percent de flèches ; ou bien ils montent sur un

---

(1) Fitzroy, *loc. cit.*, p. 184.
(2) Byron, *Perte du Wager*. — Kerr, *Voyages et excursions*, vol. XVII, pp. 339, 368, 463.

arbre placé au bord de son chemin et le tuent à coups de
lance quand il passe sous les branches. On

Fig. 226.

montra à Low une flèche teinte de sang aux
deux tiers de sa longueur : elle avait blessé un
guanaco, qui avait été ensuite pris par les chiens.
Low étendit sa jaquette, faisant entendre que la
flèche ne la traverserait pas; sur quoi l'indigène
le visa à l'œil (1). » La figure 226 représente la
pointe d'un harpon de la Terre de Feu, laquelle
ressemble exactement au spécimen du harpon
des anciens Danois, dont nous avons donné la figure à la page 102 du tome Ier.

En fait d'aliments végétaux, ils ont très peu de
chose : quelques baies, des canneberges, des ar-
bouses et une sorte de champignon qui pousse
sur le hêtre, telles sont les seules espèces qu'ils
connaissent. Les misérables insulaires de la
Terre de Feu sont souvent très éprouvés par la
famine. Dans une occasion où les Chonos souf-
fraient beaucoup de la disette, une petite troupe
se mit en route, et les naturels dirent qu'au bout
de quatre jours elle reviendrait avec des vivres.
Le cinquième jour, les voyageurs étaient de retour, presque morts de fatigue; « chaque homme
avait deux ou trois gros morceaux de graisse de
baleine suspendus à ses épaules en forme de poncho, avec un trou au milieu. La graisse était à
moitié pourrie, et l'on eût dit qu'elle avait été
enfouie sous terre ». Néanmoins on la coupa par
tranches, on la grilla et on la mangea. Un autre
jour, on trouva des masses de graisse dans le
sable, où, sans doute, elles avaient été mises en
réserve pour un cas de disette. Leur principale
nourriture se compose toutefois de patelles, de
moules et autres crustacés.

Harpon en os.

L'amiral Fitzroy ne doute pas que les naturels
de la Terre de Feu soient cannibales. « Presque (2) toujours

en guerre avec les tribus voisines, il est rare qu'ils se rencontrent sans qu'il en résulte une bataille, et les vaincus, s'ils ne sont pas déjà morts, sont tués et mangés par les vainqueurs. Les femmes dévorent les bras et la poitrine; les hommes se nourrissent des jambes, et le tronc est jeté à la mer. » En outre, dans les hivers rigoureux, quand ils ne peuvent se procurer d'autre nourriture, « ils prennent la plus vieille femme de la troupe, lui tiennent la tête au-dessus d'une épaisse fumée qui provient d'un feu de bois vert et l'étranglent en lui serrant la gorge. Ils dévorent ensuite sa chair, morceau par morceau, sans en excepter le tronc, comme dans le cas précédent ». Si on leur demande pourquoi ils ne tuent pas plutôt les chiens, ils répondent : « Le chien prend l'*iappo*, » c'est-à-dire la loutre.

Comme Decker, l'amiral Fitzroy n'a « jamais assisté à aucun acte d'un caractère positivement religieux, et n'a jamais entendu parler d'aucun (1) ». Pourtant plusieurs naturels supposent « qu'il y a dans les bois un grand homme noir qui connaît tout, à qui on ne peut échapper, et qui fait le beau et le mauvais temps, suivant la conduite que tiennent les hommes ». Quand quelqu'un meurt, ils emportent le corps fort avant dans les forêts (2), « le déposent sur des branches cassées ou sur des morceaux de bois solide, puis entassent des branchages en grande quantité sur le cadavre ».

Leurs canots sont faits de larges fragments d'écorce cousus ensemble. Dans le fond, ils disposent un foyer avec de l'argile, car ils tiennent toujours un feu allumé, quoique, au moyen de pyrites de fer, il leur soit facile de se procurer des étincelles en cas d'accident. Les Indiens Chonos, qui, sous tant de rapports, ressemblent aux indigènes de la Terre de Feu, ont des canots beaucoup mieux faits. Ces derniers se composent de planches, généralement au nombre de cinq : deux de chaque côté, et une au fond. Le long des bords de chaque planche il y a des petits trous, à environ un pouce de distance les uns des autres. Les planches sont assujetties avec des lianes, et les trous comblés avec une sorte d'écorce réduite par le battement à l'état d'étoupe. Byron observe justement que, faute d'instru-

---

(1) Voyez aussi Weddell, *Voyage au pôle sud,* p. 179. — *The Voice of pity,* vol. VI, p. 92, etc.
(2) *Loc. cit.,* p. 181.

ments en métal, « ce doit être un rude travail que de tailler
une seule planche dans un grand arbre, à l'aide d'écailles et
de silex, lors même qu'on a recours au feu. »

Les habitants de la Terre de Feu n'ont point de poterie, mais,
comme les Indiens de l'Amérique du Nord, ils se servent de
vases faits de verges de bouleau, ou plutôt d'écorce de hêtre.
Sur la côte orientale, beaucoup de naturels ont des peaux de
guanaco, et sur la côte occidentale plusieurs portent des peaux
de veau marin. « Chez les tribus du centre, les hommes ont
généralement pour vêtement une peau de loutre ou un méchant haillon de la largeur d'un mouchoir de poche, qui n'est
guère suffisant qu'à couvrir le dos jusqu'aux reins. Il se lace
sur la poitrine, et se porte d'un côté ou de l'autre selon que
souffle le vent (1). » Beaucoup, toutefois, même parmi les
femmes, vont tout à fait sans vêtements. Pourtant, comme a
soin de le remarquer le capitaine Cook, « quoiqu'ils soient
satisfaits de la nudité, ils ont de grandes prétentions à l'élégance », car ils ornent leur corps de raies rouges, noires et
blanches, et les deux sexes portent aux bras et aux chevilles
des anneaux d'os et de coquillages. Le docteur Hooker nous
apprend qu'à l'extrême sud de la Terre de Feu, il a souvent
vu, au milieu de l'hiver, les hommes endormis dans leurs
wigwams sans le moindre vêtement, tandis que les femmes,
nues, et plusieurs avec des enfants sur le sein, étaient debout
dans l'eau jusqu'à mi-corps, occupées à recueillir des patelles
et autres crustacés, pendant que la neige tombait à gros flo-
cons sur elles et sur leurs enfants également nus. Il ne semble
pas, en réalité, que le feu leur soit nécessaire, et ils ne s'en
servent point pour échauffer l'air de leurs huttes, comme nous
le faisons dans nos maisons, quoique, par une sorte de raffinement, ils en profitent quelquefois pour approcher de la
flamme leurs mains et leurs pieds. Sans doute pourtant, s'ils
étaient privés de cette source de chaleur, ils mourraient de
dénûment plus fréquemment que ce n'est aujourd'hui le
cas.

S'ils ne sont pas au dernier rang, les naturels de ce pays
paraissent, à coup sûr, être un des plus misérables échantil-

---

(1) Darwin, *Voyage d'un naturaliste autour du monde*, p. 234.

lons de l'espèce humaine, et leurs habitudes offrent un intérêt spécial à cause de la ressemblance probable qu'elles ont avec celles des anciens Danois qui ont formé les amas de coquilles. Ceux-ci étaient néanmoins, à certains égards, un peu plus avancés, car ils connaissaient la fabrication de la poterie.

CHAPITRE XV

LES SAUVAGES MODERNES (CONCLUSION)

Il est impossible de ne point admirer l'habileté avec laquelle
les sauvages se servent de leurs armes et de leurs grossiers
instruments, leur ingéniosité à la chasse et à la pêche, et leur
puissance extraordinaire d'observation. Quelques sauvages
reconnaissent même les individus à la trace de leurs pas. Ainsi
M. Laing (1) raconte qu'un jour, voyageant dans le voisinage
de Moreton Bay en Australie, il aperçut la trace d'un pas et
demanda quel individu avait passé là. Le guide regarda sans
arrêter son cheval et répondit immédiatement : « L'homme
blanc l'appelle le Tigre. » Cela était parfaitement exact, et, ce
qu'il y avait de plus remarquable, c'est que les deux hommes
appartenaient à des tribus différentes et ne s'étaient pas vus
depuis deux ans. Burckhart (2) affirme que, chez les Arabes, il
y a des hommes qui reconnaissent chaque individu de la tribu
à la trace de ses pas. « En outre, chaque Arabe reconnaît les
traces de ses chameaux et de ceux de ses voisins les plus proches. Il voit de suite, à la profondeur de l'empreinte, si le cha-
meau portait ou non un fardeau, s'il était monté par une ou
plusieurs personnes et si son fardeau était pesant. » L'Indien de
l'Amérique du Nord traverse de part en part avec une flèche,
un cheval et même un buffle. Le sauvage africain tue l'éléphant,
et le Chinook ne craint même pas d'attaquer la baleine. Le capitaine Grey nous dit qu'il a vu souvent les Australiens tuer un

(1) *Aborigines of Australia.* p. 24.
(2) *Bedouins and Wahabys.* p. 374.

pigeon avec un javelot, à une distance de trente pas (1). Beechey
dit qu'un jour, chez les Esquimaux de l'île Chamisso, il vit un
plongeon nager à une distance de 30 mètres de la côte, et qu'il
offrit une récompense à un indigène s'il le tuait. Celui-ci effraya
l'animal qui plongea immédiatement, et dès qu'il reparut il le
perça d'une flèche (2). Parlant des Australiens, M. Stanbridge
assure que « sur le Murray, un de leurs exploits favoris consiste à plonger dans la rivière, la lance à la main, et à reparaître en tenant un poisson au bout (3) ». Woodes Rogers dit
que les Indiens de la Californie avaient coutume de plonger et
de frapper le poisson sous l'eau, avec des lances en bois (4);
Falkner (5) nous affirme que plusieurs tribus de la Patagonie
se nourrissent principalement de poissons; « on le prend soit
en plongeant, soit en le frappant avec des traits ». Tertre a vu
la même chose chez les Caraïbes (6), et Wallace chez les Indiens
du Brésil (7). Les insulaires des mers du Sud ont une remarquable activité dans l'eau. Ils plongent à la recherche du poisson
qui « se réfugie sous les rochers de corail; le plongeur l'y
poursuit, et le ramène à la surface, avec un doigt dans chaque
œil (8) ». Ils sont même plus forts que le requin, qu'ils ne craignent pas d'attaquer avec un couteau. S'ils sont sans armes,
« ils l'entourent tous ensemble et le poussent à terre, pour peu
qu'ils parviennent à l'attirer dans le ressac »; mais lors même
qu'il s'échappe, ils continuent de se baigner sans la moindre
crainte (9). Ellis, plus réservé, se contente de dire « qu'étant
armés, on les a vus quelquefois attaquer un requin dans la
mer (10) ». On dit aussi que les insulaires des îles Andaman
plongent et vont saisir le poisson sous l'eau (11); Rutherford
s'exprime de même sur le compte des Néo-Zélandais. Dobritz-

(1) Grey, *loc. cit.*, vol. II, p. 285.
(2) Beechey, *Narrative.* vol. II, p. 574.
(3) *Des aborigènes de Victoria (Transactions de la Société ethnologique*,
nouv. série, vol. I, p. 293).
(4) *Voyages de Callander*, vol. III, p. 331.
(5) *Patagonie*, p. 111.
(6) *Histoire des îles Caraïbes*, p. 305.
(7) *Voyages sur l'Amazone*. p. 448.
(8) Wilson, *loc. cit.*, p. 385.
(9) Wilson, *loc. cit.*, p. 368.
(10) *Recherches polynésiennes*, vol. I, p. 178.
(11) Mouat, *loc. cit.*, p. 310, 333.

hoffer (1) dit que les Payajuas et les Vilelas se nourrissent
principalement de poisson ; ils plongent un petit filet à la main,
« et s'ils aperçoivent quelque poisson, ils le poursuivent à la
nage et le prennent dans leur filet ». L'Esquimau sur son kayak
exécute dans l'eau des sauts périlleux. Skyring (2) vit un habitant de la Terre de Feu qui « lançait des pierres de chaque
main avec une force et une adresse étonnantes. Sa première
pierre frappa un maître d'équipage, brisa une poire à poudre
qu'il portait au cou, et faillit le renverser sur le dos. » Dans sa
description des Hottentots, Kolben dit (3) que leur habileté à
lancer « le *hassagaye* et le *rackum-stick* frappe de la plus grande
admiration tous ceux qui en sont témoins... si un Hottentot,
chassant un lièvre, un daim ou un bouc sauvage, arrive seulement à 30 ou 40 mètres de sa proie, le rackum-stick vole, et
l'animal tombe, ordinairement le corps percé d'outre en outre ».
La mort de Goliath est un exemple bien connu de l'habileté
avec laquelle on peut se servir de la fronde et l'on nous dit
aussi qu'il y avait, dans la tribu de Benjamin, un corps choisi
« de sept cents gauchers, dont chacun atteignaient sûrement
avec la fronde un but de l'épaisseur d'un cheveu (4) ». Les Indiens du Brésil tuent les tortues à coups de flèches ; mais s'ils
visaient directement l'animal, l'arme ne ferait qu'effleurer
l'écaille dure et polie : aussi décochent-ils leur flèche en l'air,
de façon qu'elle tombe presque verticalement sur la carapace
de la tortue et puisse ainsi la traverser (5).

Quelle longue pratique ne faut-il point pour acquérir une
telle adresse ! Que de précision aussi doivent avoir les armes !
Il est de toute évidence, en effet, que pour tous les instruments
en pierre, chaque espèce distincte devait avoir une destination
spéciale. Ainsi les différentes variétés de pointes de flèche, de
harpons et de haches en pierre ne peuvent pas avoir servi aux
mêmes usages. Chez les Indiens de l'Amérique du Nord, les
flèches de chasse étaient faites de façon que lorsqu'on retirait
le bois de la blessure, la pointe en sortait en même temps,

(1) *History of the Abipones*, vol. I, p. 343.
(2) Fitzroy, *loc. cit.*, vol. I, p. 398.
(3) Kolben, *loc. cit.*, vol. I, p. 243.
(4) *Juges*, xx, 16.
(5) Wallace, *l'Amazone*, p. 466.

tandis que dans les flèches de guerre le bois allait s'amincissant
à l'extrémité, si bien que lorsqu'on le retirait, la pointe restait
dans la plaie. Les diverses formes de harpons s'expliquent encore par les lances barbelées et non barbelées des Esquimaux
(p. 177). Malheureusement nous n'avons que peu de renseignements de ce genre; les voyageurs ont, en général, cru inutile
d'observer ou de rapporter ces détails en apparence insignifiants. Ce qui prouve combien la connaissance que nous avons
des ustensiles en pierre est encore incomplète, c'est la discussion qui s'est élevée entre les professeurs Steenstrup et Worsaæ,
pour savoir si les prétendues « haches » des amas de coquilles
étaient réellement des haches ou si elles n'étaient pas plutôt
des engins de pêche.

Nous pouvons espérer toutefois qu'à l'avenir ceux qui auront
l'occasion d'observer des instruments en pierre chez les sauvages modernes nous donneront des informations plus détail-
lées, tant sur la manière précise dont on en fait usage que sur
la façon dont on les fabrique; nous espérons qu'ils ne recueil-
leront pas seulement des armes d'un beau travail, mais encore
et surtout les modestes ustensiles de la vie journalière.

Plusieurs archéologues ont prétendu que les habitants des
amas de coquilles du Danemark avaient dû posséder des armes
plus redoutables qu'aucune de celles trouvées jusqu'ici chez
eux. Au dire de ces savants, il leur eût été impossible, en effet,
d'abattre le gros gibier, comme par exemple, le taureau et le
veau marin, avec les simples armes en os et en pierre qui seules
ont été découvertes jusqu'à ce jour. Le professeur Worsaæ,
dans l'ouvrage bien connu intitulé : *Des antiquités primitives
du Danemark*(1), ne craint même pas de dire ce qui suit: « Contre
les oiseaux et les autres petits animaux, ces flèches en pierre
pouvaient être efficaces, mais contre les espèces plus grosses,
telles que l'aurochs, l'élan, le renne, le cerf et le sanglier, elles
étaient évidemment insuffisantes, d'autant plus que ces animaux, à peine frappés, deviennent souvent furieux. » Il est
clair qu'en formulant cette supposition, le professeur Worsaæ
a commis une erreur complète; car nous savons que les sauvages modernes tuent le plus gros gibier avec des flèches et

(1) Page 18.

des lances armées de pointes en pierre. Les couteaux en pierre
sont aussi beaucoup meilleurs qu'on ne le penserait tout d'abord
et bien des tribus sauvages découpent aisément la chair avec
des morceaux d'écaille ou de bois durci.

Il est très remarquable de voir avec quelle perfection savent
coudre les Hottentots, les Esquimaux, les Indiens de l'Amérique
du Nord, etc., alors que leurs alênes et leurs nerfs remplace-
raient fort mal, entre nos mains, nos aiguilles et le fil. Comme
nous l'avons déjà dit page 286 (t. Ier), certains archéologues ti-
morés hésitaient à attribuer à l'âge de la pierre des cavernes de
rennes de la Dordogne, à cause des aiguilles en os et des œuvres
d'art qu'on y trouve. Les trous des aiguilles surtout ne pouvaient avoir été faits, pensaient-ils, qu'avec des instruments
métalliques. Le professeur Lartet leva ingénieusement ces
doutes en fabriquant lui-même une aiguille semblable avec un
caillou; mais il aurait pu invoquer le fait rapporté par Cook (1)
dans son premier voyage, à savoir, que les Nouveaux-Zélandais réussirent à percer de part en part un morceau de verre
qu'il leur avait donné, en s'aidant dans ce travail, à ce qu'il
suppose, d'un fragment de jaspe.

Les Brésiliens portent aussi des ornements de quartz impar-
faitement cristallisé, d'une longueur de 4 à 8 pouces, et d'un
diamètre d'un pouce environ. Si dure que soit cette substance,
ils parviennent à la percer d'une extrémité à l'autre, en se servant pour ce travail de la feuille pointue du grand bananier
sauvage, avec un peu de sable et d'eau. Le trou est ordinairement transversal, mais les ornements que portent les chefs
sont percés dans le sens de la longueur, ce qui, selon M. Wallace, doit exiger des années entières (2).

Les œuvres d'art trouvées dans les cavernes de la Dordogne
ne sont guère plus grossières que celles des Esquimaux ou des
Indiens de l'Amérique du Nord. En un mot, il faut regarder les
œuvres d'art plutôt comme caractérisant la race que comme
indiquant un degré particulier de civilisation. Nous voyons en
outre que, dans beaucoup de cas, une certaine connaissance
de l'agriculture a précédé l'usage des métaux, et les fortifications

(1) Vol. III, p. 464.
(2) *Voyages sur l'Amazone*, p. 278.

de la Nouvelle-Zélande, aussi bien que les vastes moraïs des îles de la mer du Sud, viennent à l'appui de la théorie qui attribue plusieurs de nos camps, de nos grands tumuli et autres restes druidiques, à la dernière période de l'âge de la pierre. Nous avons déjà décrit le grand moraï d'Oberea, à Taïti (page 158). De plus, les célèbres statues de l'île de Pâques sont réellement colossales. L'une d'elles, qui s'est écroulée, mesure vingt-sept pieds de haut, et d'autres paraissent plus grandes encore. Les maisons des îles des Larrons sont aussi fort remarquables. Les plus grandes étaient supportées par de fortes pyramides de pierres. Celles-ci étaient, suivant Freycinet (1), d'une seule pièce, faites de craie, de sable ou de grosses pierres, reliés par une espèce de ciment. On les trouvait en grand nombre : dans un endroit, elles formaient une rangée de pierre longue de 400 mètres. Anson, qui le premier les a décrites, en a vu beaucoup ayant 13 pieds de haut, et l'une de celles qu'observa Freycinet ne mesurait pas moins de 20 pieds. Elles étaient carrées à la base et reposaient sur le sol. Chaque pilier supportait un hémisphère dont le côté plat était tourné en haut. Les insulaires de la mer du Sud fournissent des exemples étonnants de ce qu'on peut exécuter avec des instruments en pierre. Leurs maisons sont grandes, souvent bien bâties, et leurs canots ont excité l'admiration de tous ceux qui les ont vus.

Donc, bien qu'on puisse considérer l'usage de la pierre en tant que matière première des instruments et des armes, comme le propre d'un état primitif de civilisation, il est évident toutefois que cet état comporte lui-même beaucoup de nuances. Par exemple, le Mincopie ou l'Australien n'est pas à comparer un seul instant avec le naturel demi-civilisé des îles de la Société. Pendant l'ancien âge de la pierre en Europe, nous trouvons également la preuve de nombreuses variétés. Les sauvages habitants des cavernes du sud de la France n'avaient, selon MM. Christy et Lartet, aucun animal domestique, et ne connaissaient ni la poterie, ni l'agriculture. Les habitants des amas de coquillages trouvés dans le Danemark avaient le chien ; les habitants des lacs de la Suisse possédaient

(1) Vol. II, p. 318.

aussi cet animal, ainsi que le bœuf, le mouton, le porc, et
peut-être même le cheval; ils avaient une certaine connaissance de l'agriculture, et n'ignoraient pas l'art de tisser. Ainsi,
lors même que nous sommes convaincus que certains restes
appartiennent à l'âge de la pierre, nous ne sommes encore
qu'au seuil de nos investigations.

Les voyageurs et les naturalistes sont fort divisés sur la question de savoir quelle est la race de sauvages qui doit prétendre
à l'honneur peu enviable d'occuper le dernier degré dans
l'échelle de la civilisation. Cook, Darwin, Fitzroy et Wallis
penchent décidément, si l'on peut ainsi parler, en faveur des
habitants de la Terre de Feu. Burchell revendique le dernier
rang pour les Boschimans; d'Urville opine pour les Australiens et les Tasmaniens. Dampier regarde les Australiens
comme « le peuple le plus misérable du monde ». Forster dit
du peuple de Mallicollo « qu'il est le plus proche voisin de la
tribu des singes ». Owen incline du côté des insulaires des
Andaman; d'autres ont donné la préférence aux déterreurs de
racines de l'Amérique septentrionale, et un écrivain français
va jusqu'à insinuer que les singes sont plus rapprochés de
l'homme que les Lapons.

En outre, il n'y a pas seulement, dans la civilisation de l'âge
de la pierre, des différences de degré; il y a aussi des différences de forme, car elle varie selon le climat, la végétation,
la nourriture, etc.; d'où il suit évidemment, au moins pour
tous ceux qui croient à l'unité de l'espèce humaine, que les
habitudes actuelles des races sauvages ne doivent point être
regardées comme dépendant directement de celles qui carac-
térisaient les premiers hommes, mais, au contraire, qu'elles
sont nées de circonstances extérieures, et qu'elles ont été
influencées jusqu'à un certain point par le caractère national,
lequel n'est autre chose, après tout, que la résultante de conditions extérieures agissant longuement sur les générations.

Si nous examinons quelques-unes des choses les plus généralement utiles dans la vie sauvage, et en même temps les plus
faciles à acquérir, comme, par exemple, les arcs et les flèches,
les frondes, les bâtons de trait, les animaux domestiques, la
poterie ou la connaissance de l'agriculture, nous pourrions
croire à priori que leur acquisition a suivi une succession

régulière. Le tableau que nous annexons page suivante, et auquel nous croyons qu'on trouvera quelque intérêt, montre pourtant qu'il n'en a pas été ainsi. Il donne une idée du progrès réalisé par divers peuples sauvages, au moment où les Européens les visitèrent pour la première fois.

Plusieurs des différences indiquées sur cette table peuvent aisément s'expliquer. Le sol glacé et la température arctique du pays qu'habitent les Esquimaux n'encourageaient, ne permettaient même pas l'agriculture. D'un autre côté, l'absence de porcs dans la Nouvelle-Zélande, de chiens dans les îles des Amis, et de toute espèce de mammifères dans l'île de Pâques, tient probablement à ce que les colons primitifs ne possédaient pas ces animaux, et que leur isolement les empêcha toujours, dans la suite, de se les procurer. Il faut aussi se souvenir qu'en général, le sauvage le plus arriéré ne peut se servir que d'une ou de deux armes. Il est limité à celles qu'il peut emporter avec lui, et naturellement il préfère celles qui offrent l'utilité la plus générale (1). Toutefois cette explication ne rend pas compte de tous les faits. Dans la Colombie, en Australie, au Cap de Bonne-Espérance et ailleurs, l'agriculture était inconnue avant l'arrivée des Européens. L'île de Pâques, au contraire, renfermait de vastes plantations de patates douces, d'ignames, de bananiers, de cannes à sucre, etc. Pourtant les Chinooks de la Colombie avaient des arcs et des flèches, des hameçons et des filets; les Australiens avaient des bâtons de trait, des boomerangs, des hameçons, et des filets; les Hottentots avaient des arcs et des filets, des hameçons, de la poterie, et même une certaine connaissance du fer : toutes choses qui semblent avoir été inconnues aux habitants de l'île de Pâques, qui leur auraient rendu de grands services, et que, à l'exception du fer, ils auraient pu inventer et mettre en usage.

Si l'exemple de l'île de Pâques était le seul, l'absence d'arcs et de flèches s'expliquerait peut-être d'une façon plausible par le manque de gibier, la rareté des oiseaux et l'isolement de la petite île, qui en écartait presque tout risque de guerre. Mais

---

(1) Les armes de guerre, dépendant beaucoup du caprice des chefs, sont probablement plus sujettes au changement que celles de chasse.

	Arcs et flèches	Frondes	Bâtons de trait	Boomerangs	Bolas	Poterie	Canots	Agriculture	Fortifications	Hameçons	Filets	Chiens	Porcs (domestiques)
INSULAIRES DES ÎLES DES AMIS	Faibles.	?					Très bons.	Oui.	Oui.	Écaille.	Oui.		
INSULAIRES DES ÎLES DE LA SOCIÉTÉ	Faibles.	Oui.					Très bons.	Oui.		Os et écaille.	Grands.	Pour l'alimentation.	Beaucoup.
FIDIENS	Bons.	Oui.				Oui.	Très bons.	Oui.	Oui.	Os et écaille.	Oui.	Pour l'alimentation.	Quelques-uns.
NOUVEAUX-ZÉLANDAIS							Très bons.	Oui.	Nombreuses.	Os et écaille.	Grands.	Pour l'alimentation.	
INDIENS DE L'AMÉRIQUE DU NORD — EST	Bons.	Oui.					Oui.	Moyens.	Mais.	Oui.	Oui.	Pour la chasse.	
INDIENS DE L'AMÉRIQUE DU NORD — OUEST	Bons.	Oui.					Mauvais.			Oui.	Oui.	Pour la laine et la chasse.	
ESQUIMAUX — NORD		?			?					Pour prendre des oiseaux.	Pour le trait.	Pour le trait.	
ESQUIMAUX — SUD	Bons.	Oui.	Oui.		Oui.		Bons.			En os.	Petits.	Pour le trait.	
AUSTRALIENS — OUEST		Oui.	Oui.				Mauvais.			Bien faits.	Bien faits.	Pour la chasse.	
AUSTRALIENS — NORD-EST		Oui.	Oui.									Pour la chasse.	
INSULAIRES DES ANDAMAN	Bons.						Bons.			?	Bons.		
HOTTENTOTS	Faibles.	Faibles.					Oui.			En fer.	Oui.	Pour la chasse.	
BOSCHIMANS	Faibles.											Pour la chasse.	
HABITANTS DE LA TERRE DE FEU	Faibles.	Oui.				Mauvais.				En pierre.		Pour la chasse.	
HABITANTS DE L'ÎLE DE PÂQUES						Mauvais.							

un tel argument ne peut s'appliquer aux autres cas qui sont spécifiés dans le tableau. Comparons, par exemple, les tribus atlantiques des Indiens de l'Amérique du Nord, les Australiens, les Cafres, les Boschimans, les Nouveaux-Zélandais et les insulaires de la Société. Tous ces peuples étaient constamment en guerre, et les deux premiers vivaient en grande partie du produit de leur chasse. Ils avaient donc au moins des besoins analogues. Pourtant, les seules armes qui leur fussent communes étaient la lance, et peut-être la massue. Les Américains du Nord avait de bons arcs et de bonnes flèches, les insulaires de la Société et les Boschimans en avaient de mauvais (ceux des premiers étaient, en effet, si faibles, qu'ils ne pouvaient être employés à la guerre); les Australiens, les Cafres et les Nouveaux-Zélandais n'en avaient pas. D'autre part, les Australiens possédaient le bâton de trait et le boomerang; les insulaires de la Société se servaient de la fronde; enfin, les Nouveaux-Zélandais, outre de puissantes massues, avaient de nombreuses et vastes fortifications. C'est une chose très singulière, à coup sûr, que des peuples aussi belliqueux et, à bien des égards, aussi avancés que l'étaient les Maories et les Cafres, n'aient point connu l'arc et la flèche, arme dont se servaient plusieurs races très inférieures, tels que les naturels de la Terre de Feu, les Chinooks, les insulaires des Andaman et les Boschimans. Cela est d'autant plus étonnant, qu'on ne peut douter que les Nouveaux-Zélandais au moins n'eussent trouvé l'arc fort utile, et que celle de leurs tribus qui l'aurait inventé, n'en eût retiré un immense avantage « dans la lutte pour l'existence ». D'autres contrastes semblables frapperont quiconque examinera le tableau : mais peut-être est-il permis de dire que plusieurs de ces cas sont explicables par l'influence de voisins plus civilisés; que, par exemple, la comparaison ci-dessus pourrait manquer de justesse, en ce sens que les Nouveaux-Zélandais étaient une race isolée, tandis qu'il se pourrait que les Chinooks eussent emprunté la connaissance des arcs et des flèches aux tribus orientales, lesquelles à leur tour auraient appris des nations demi-civilisées du sud l'art de faire la poterie. On ne saurait nier qu'en plus d'un cas cela ne soit vrai, car nous savons qu'à l'heure présente, la plupart des sauvages possèdent des hachettes, des couteaux, des grains de collier, qu'ils ont reçus des marchands, et qu'ils ne peuvent encore fabriquer par eux-mêmes.

Certainement il se peut que les Chinooks aient reçu de leurs voisins du nord la connaissance de l'arc, mais nous ne pouvons guère supposer qu'ils la tiennent des Indiens rouges de l'est, parce que, dans ce cas, il est difficile de comprendre pourquoi ils n'auraient pas également appris de ce peuple l'art, beaucoup plus simple et presque aussi utile, de fabriquer la poterie. Il y a, d'ailleurs, des cas où une telle explication ne peut même être mise en avant : ainsi, le bâton de trait est en usage chez les Esquimaux, les Australiens et certaines tribus brésiliennes ; la bola, chez les Esquimaux et les Patagons ; le boomerang est particulier aux Australiens (1). Le *sumpitan*, ou tube des Malais, se rencontre aussi dans la vallée des Amazones. De plus, les diverses races sauvages n'ont entre elles que peu de relations pacifiques. Elles sont presque toujours en guerre. Si leurs habitudes sont semblables, ce sont de mortelles rivales, car elles luttent pour les meilleures pêcheries ou les meilleurs territoires de chasse ; si leurs besoins sont différents, elles combattent pour avoir des esclaves, des femmes, des ornements, ou, si elles ne s'en soucient point, c'est alors pour le pur plaisir de se battre, pour obtenir des chevelures, des têtes, et autres emblèmes considérés comme glorieux. Dans de telles conditions de société, chaque tribu vit soit à l'état d'isolement, soit à l'état d'hostilité avec ses voisins. *Delenda est Carthago* est la devise universelle, et les sauvages ne peuvent vivre en paix que quand ils ont un petit monde à eux. Tantôt une vaste mer, ou une haute chaîne de montagnes, tantôt une longue « marche » ou territoire neutre, remplissent les conditions nécessaires, et les tiennent séparés. Ils ne se rencontrent que pour se battre, et ne peuvent pas, par conséquent, apprendre grand'chose les uns des autres. Du reste, il arrive que certaines tribus ont des armes absolument inconnues de leurs voisins. Ainsi, chez les tribus du Brésil, nous trouvons l'arc et la flèche, le tube, le lasso, et le bâton de trait. La première de ces armes est la plus usitée ; mais les Barhados ne se servent que du tube, les Moxos

---

(1) Toutefois les nègres du Niam-Niam ont des croissants de fer qui ressemblent au boomerang, et qu'ils lancent à la guerre.

ont abandonné l'arc et la flèche pour le lasso, et les Purupurus se distinguent de tous leurs voisins, en ce qu'ils font usage, non de l'arc et de la flèche, mais du *palheta*, ou bâton de trait. Autres exemples : les Cafres n'ont pas adopté généralement les arcs et les flèches des Boschimans; l'art de fabriquer la poterie n'a pas été transmis aux Esquimaux par les Indiens de l'Amérique du Nord, ni aux tribus méridionales de la Colombie par les Mexicains, leurs voisins septentrionaux.

En outre, beaucoup d'arts peu compliqués, comme par exemple la manufacture de la poterie et des arcs, sont si utiles et en même temps, quoique la conception en soit ingénieuse, si simples d'exécution, qu'on ne peut guère supposer qu'une fois acquis, ils puissent jamais se perdre. Nous l'avons vu, cependant, les Nouveaux-Zélandais et les Cafres n'avaient point d'arcs, et aucun peuple polynésien ne connaissait la poterie, quoiqu'il soit évident, d'après leur habileté à fabriquer d'autres objets, et leur état général de civilisation, qu'ils n'y auraient éprouvé aucune difficulté, pour qu'ils en eussent une fois trouvé le moyen. La *bola* est une arme très efficace, et qui n'est certainement pas difficile à fabriquer; cependant les Patagons et les Esquimaux seuls semblent la connaître. On ne peut douter que l'art de la poterie ne se soit souvent communiqué d'une race à l'autre. Néanmoins il y a des cas, même parmi les races existantes (1), où l'on semble trouver l'indice d'une découverte indépendante, ou tout au moins des cas où l'art apparaît à un degré rudimentaire.

Donc, en résumé, d'après l'examen de tous ces faits et d'autres semblables que nous aurions pu mentionner, l'opinion qui nous paraît la plus probable, est que la plupart des armes, des ustensiles, etc., les plus simples, ont été inventés isolément par diverses tribus sauvages, quoiqu'il y ait sans doute aussi des cas où une tribu les a empruntés à une autre.

L'opinion contraire a été adoptée par beaucoup d'écrivains, à cause de la similitude incontestable qui existe entre les armes employées par les sauvages, dans des régions fort différentes les unes des autres. Mais, si paradoxale que puisse paraître cette assertion, malgré la ressemblance frappante que

(1) Voyez, par exemple, page 168.

présentent les instruments et les armes des sauvages, les différences n'en sont pas moins en même temps très curieuses. Sans doute, les nécessités de la vie sont simples, et se ressemblent sur toute la surface du globe. Les matériaux que l'homme a à mettre en œuvre sont aussi, à très peu de chose près, les mêmes: le bois, l'os et jusqu'à un certain point la pierre, ont partout les mêmes propriétés. Les éclats d'obsidienne des Aztèques ressemblent aux éclats de silex de nos ancêtres, moins parce que les anciens Bretons ressemblaient aux Aztèques que parce que la cassure du silex est la même que celle de l'obsidienne. De même les os pointus employés comme poinçons sont nécessairement semblables dans tout l'univers. En réalité, la similitude existe plutôt dans la matière brute que dans l'objet manufacturé, et plusieurs des instruments en pierre, même les plus simples, sont très différents chez les différentes races. Les hachettes en forme de doloires des insulaires de la mer du Sud ne sont pas les mêmes que celles des Australiens ou que celles des anciens Bretons; ces dernières, à leur tour, diffèrent beaucoup du type qui caractérise la période du diluvium ou archéolithique.

Il n'y a pas non plus, en réalité, de très grands rapports entre les mœurs et les habitudes des sauvages. Beaucoup de différences dont on a dû être frappé en lisant ce qui précède, proviennent évidemment et directement des conditions extérieures dans lesquelles sont placées les diverses races. Il est impossible que les habitudes de l'Esquimau et celles du Hottentot se ressemblent. Mais prenons un acte commun à plusieurs races et susceptible d'être accompli de plusieurs manières. Par exemple, la plupart des sauvages vivent en partie de la chair des oiseaux : comment les attrapent-ils? Généralement avec l'arc et la flèche; mais, tandis que les Australiens prennent les oiseaux à la main ou bien les tuent avec le simple javelot ou le boomerang, tandis que les naturels de la Terre de Feu ont à la fois la fronde et l'arc, les Esquimaux se servent d'un javelot complexe, projectile qui consiste en un certain nombre de dents de morse attachées ensemble par de petits morceaux de ficelle, et formant ainsi une espèce de bola. Les tribus septentrionales visitées par Kane employaient une autre méthode : elles prenaient de grandes quantités d'oiseaux, — surtout des petits macareux,

— dans des petits filets qui ressemblaient à nos filets de pêche,
et qui étaient munis de longs manches en ivoire. Et pourtant
ce même peuple n'avait aucune connaissance de la pêche (1).

Prenons encore pour exemple l'usage que l'on fait du chien.
D'abord, probablement, le chien et l'homme chassaient ensemble; l'intelligence de l'un secondait la célérité de l'autre,
et ils partageaient le produit de leurs communs efforts. Peu à
peu, l'esprit affirma sa supériorité sur la matière, et l'homme
devint le maître. Le chien fut employé de diverses autres manières, moins en rapport avec sa nature. L'Esquimau le força à
s'atteler au traîneau; le Chinook l'éleva pour avoir sa fourrure;
les insulaires de la mer du Sud, n'ayant pas de gibier eurent
des chiens pour les manger; les Indiens Chonos leur apprirent
à pêcher; là où les tribus devenaient pastorales, les chiens devenaient bergers. Enfin, Pline rapporte que, dans les temps anciens, on dressait des troupes de chiens pour la guerre. Le
bœuf lui-même, quoique moins éducable que le chien, a reçu
aussi une destination cynégétique et militaire.

D'autre part, pour obtenir du feu, on suit deux méthodes
absolument différentes. Certains sauvages, tels que les habitants de la Terre de Feu, emploient la percussion, tandis que
d'autres, comme les insulaires de la mer du Sud, frottent deux
morceaux de bois l'un contre l'autre. On est partagé sur la
question de savoir si nous connaissons réellement un peuple
incapable de se procurer du feu. Nous avons déjà dit (pages
122, 127) que plusieurs tribus en Australie et en Tasmanie, bien
que connaissant le feu, ignoraient le moyen de l'obtenir. Dans
son *Histoire de l'archipel des Larrons*, le père Gobien assure que
le feu, « cet élément d'une utilité si universelle, leur était profondément inconnu, jusqu'à ce que Magellan, provoqué par
leurs vols incessants, eût brûlé un de leurs villages. Quand ils
virent flamber leurs maisons de bois, leur première pensée fut
que le feu était une bête qui se nourrissait de bois, et plusieurs
d'entre eux qui s'étaient trop approchés de l'incendie, ayant été
brûlés, les autres se tinrent à distance, craignant d'être dévo-
rés ou empoisonnés par le souffle violent de ce terrible animal.
« Ce fait n'est pas mentionné dans la relation originale du

---

(1) Kane, *Explorations arctiques*, vol. II, p. 203, 243.

voyage de Magellan. Freycinet croit que l'assertion du père
Gobien est entièrement dénuée de fondement. Le langage des
habitants, dit-il, contient les mots équivalents à « feu, incendie,
charbon de terre, four, action de griller et de faire bouillir »,
etc.; et, avant même l'arrivée des Européens, ils connaissaient
la poterie (1). Il est difficile, toutefois, de rejeter le témoignage
contraire de Gobien, d'autant plus qu'il est appuyé par des
renseignements semblables émanant d'autres voyageurs. Ainsi,
Alvaro de Saavedra dit que les habitants de certaines petites
îles du Pacifique, qu'il appelle « los Jardines », mais qu'il est
impossible de déterminer aujourd'hui d'une manière satisfaisante, éprouvaient de la terreur en face du feu, parce qu'ils
n'en avaient jamais vu (2). Wilkes nous dit encore (3) que,
dans l'île de Fakaafo, qu'il appelle Bowditch, « il n'y avait pas
trace d'emplacement pour faire la cuisine, et nulle apparence
de feu ». Les naturels étaient aussi fort alarmés quand ils
voyaient des étincelles jaillir d'un caillou battu avec un bri-
quet. Ici, du moins, on pourrait croire que le cas est hors de
doute et ne saurait soulever d'objection : il est presque impossible que la présence du feu échappe à l'observation, car les
traces qu'il laisse sont bien visibles. Si l'on ne peut ajouter foi
à de telles informations, fournies par un officier de la marine
des États-Unis, dans le compte rendu officiel d'une mission
dont le but était spécialement scientifique, il y a de quoi se
décourager et perdre toute confiance dans les investigations
ethnologiques. Cependant les assertions de Wilkes sont con-
testées, et non sans une grande apparence de raison, par
M. Tylor (4). Dans l'*Ethnographie de la mission d'exploration
des États-Unis*, Hale donne une liste de mots de Fakaafo, où
nous trouvons *afi* pour « feu ». C'est évidemment le même mot
que le nouveau-zélandais *ahi*; mais comme il signifie lumière
et chaleur, aussi bien que feu, on peut supposer que c'est
ainsi qu'il est entré dans le vocabulaire de Fakaafo. Cet argument n'a donc pas, à mes yeux, toute la force qu'il a aux yeux
de M. Tylor. Il est évident, néanmoins, que le capitaine Wilkes

(1) *Loc. cit.*, vol. II, p. 166.
(2) Hackluyt, *Soc.*, 1862, p. 178.
(3) Wilkes, *Voyage d'exploration dans les États-Unis*, vol. V, p. 18.
(4) Tylor, *Histoire primitive de l'humanité*, p. 230.

ne s'est pas aperçu de l'importance de l'observation; autrement il eût, à coup sûr, essayé de résoudre la question, et puisque Hale, dans un ouvrage spécial sur l'ethnologie de l'expédition, ne dit pas un mot à ce sujet, il est clair qu'il n'imaginait point chez les habitants de Fakaafo une anomalie aussi curieuse. Le fait, s'il était établi, aurait beaucoup d'importance, mais on ne peut admettre comme suffisamment prouvé, ni qu'il existe actuellement, ni qu'il y ait eu, à une époque historique, une race d'hommes ne connaissant pas le feu. Ce qui est certain, c'est qu'en remontant aux plus anciens villages lacustres de la Suisse, et aux amas de coquillages du Danemark, on trouve que l'usage du feu était bien connu en Europe.

Autre exemple. On imaginerait à peine un traitement applicable aux morts qui n'ait pas été adopté dans quelque partie du monde. Chez beaucoup de peuples, on se borne à enterrer le cadavre; d'autres le brûlent. Quelques tribus indiennes de l'Amérique du Nord exposent leurs morts sur des branches d'arbres. Certaines tribus les déposent dans des rivières sacrées, d'autres dans la mer. Chez les Dyaks maritimes, le chef défunt est placé dans son canot de guerre avec ses armes favorites et les principaux objets qui lui ont appartenu : dans cet état, il est abandonné à la dérive. D'autres tribus laissaient leurs morts devenir la pâture des bêtes sauvages, d'autres encore préféraient s'en nourrir elles-mêmes. Certaines tribus du Brésil *boivent* leurs morts (1). « Les Tarianas, les Tucanos et quelques autres peuples, un mois environ après les funérailles, exhument le cadavre, dont la décomposition est alors fort avancée, et le mettent sur le feu dans une grande poêle ou dans un four, jusqu'à ce que toutes les parties volatiles se soient évaporées en exhalant l'odeur la plus infecte, et en ne laissant qu'une masse noire et carbonisée. Celle-ci est réduite en une fine poussière, mêlée dans plusieurs larges conques de caxiri, et bue par toute la compagnie assemblée. » On est pleinement convaincu que les vertus du défunt passent de la sorte à ceux qui le boivent. Les Cobeus absorbent aussi les cendres des morts de la même manière.

(1) Wallace, *Voyage sur l'Amazone*, p. 498.

S'il y a. en un mot, deux façons possibles de faire une chose, on peut être sûr que certains peuples préféreront celle-ci, et certains autres celle-là. Nous trouvons naturel que la généalogie suive la ligne masculine. mais il y a un très grand nombre de nations qui la font remonter à la mère et non au père. Le mari ou le père nous paraît être le chef naturel de la famille. A Taïti. c'est le contraire : le fils entre immédiatement en possession des biens et titres de son père, qui, dès lors, ne les détient plus que comme gardien ou dépositaire, de sorte que, chez ce peuple étrange, ce n'est pas le père, mais le fils qui est en réalité le chef de la famille. En Australie, ce n'est pas le fils qui prend le nom de son père, c'est le père qui adopte le nom qu'il a donné à son fils. Au cap York et dans les îles voisines, le plus jeune fils a droit à une double part dans l'héritage paternel (1). Chez les Nouveaux-Zélandais. M. Brown nous assure que le *plus jeune* fils hérite de la fortune paternelle (2). Chez les Wanyamenzi, le patrimoine passe non pas aux enfants légitimes, mais aux enfants illégitimes (3). Dans beaucoup de pays, les parents à de certains degrés ne peuvent causer entre eux : coutume extraordinaire qui, comme nous l'avons vu (page 137), domine surtout parmi les insulaires de Fiji.

Il nous paraît naturel qu'après l'accouchement, la femme garde le lit, et qu'autant que possible son mari la soulage momentanément des fatigues et des soins de la vie. Sur ce point. au moins, il était permis de penser que toutes les nations seraient d'accord. Pourtant il n'en est pas ainsi. Chez les Caraïbes. le père, à la naissance d'un enfant, se couchait dans son hamac, et se mettait entre les mains du médecin, tandis que la mère vaquait à ses occupations, comme d'habitude. Un usage semblable a été observé sur le continent de l'Amérique méridionale, chez les Arawaks de Surinam, ainsi qu'en Chine, dans la province du Yunnan occidental; chez les Dyaks de Bornéo et chez les Esquimaux du Groenland. Strabon mentionne cet usage comme existant de son temps chez les Ibères, et on le trouve encore aujourd'hui chez les Basques, où l'on nous dit que, dans certaines vallées, les femmes se lèvent

(1) M. C. Gillivray, *Voyage of the Rattlesnake*, vol. II, p. 28.
(2) Brown, *la Nouvelle-Zélande et ses aborigènes*, p. 26.
(3) Burton, *Lake regions of Africa*, p. 198.

immédiatement après l'accouchement, et vaquent aux occupations du ménage, pendant que le mari garde le lit, ayant le nouveau-né avec lui, et recevant ainsi les compliments des voisins ». La même coutume a été observée aussi dans le sud de la France. Selon Diodore de Sicile, elle régnait de son temps en Corse. Enfin, « on dit qu'elle existe encore dans quelques cantons du Béarn, où cela s'appelle faire la couvade ».

L'amour de la vie, la crainte de la mort, comptent parmi les plus forts de nos sentiments. « Tout ce qu'un homme a, il le donnera en échange de sa vie. » Mais cet instinct n'est nullement universel. Selon Azara, les Indiens du Paraguay ont une grande indifférence pour la mort, et nous avons déjà vu qu'il en est de même chez les Fijiens. Chez les Chinois, un homme condamné au dernier supplice, s'il en obtient la permission, peut toujours, dit-on, trouver un remplaçant moyennant une somme modique.

En outre, les sons qui constituent le langage diffèrent extrêmement dans les diverses parties du monde. Les gutturales des Hottentots en sont un frappant exemple. D'après M. de Lamanon (1), les Indiens de Port-au-Français, dans la Colombie, ne font point usage des consonnes *b*, *f*, *x*, *j*, *d*, *p* et *v*. La langue péruvienne ne possédait pas les lettres *b*, *d*, *f*, *g*, *s* et *x* (2). La plupart des tribus nègres n'ont pas la lettre *r*. Les Australiens n'ont point le son représenté par notre lettre *s* (3). Les Fijiens ne se servent point de la lettre *c*; le *k* manque dans le dialecte de Somo-Somo; le *t*, dans celui de Raki-Raki et autres lieux (4). Les insulaires des îles de la Société excluent l's et le *c* (5). En figurant la langue de la Nouvelle-Zélande, les missionnaires pouvaient écarter treize de nos lettres, savoir *b*, *c*, *d*, *f*, *j*, *l*, *q*, *s*, *v*, *x*, *y* et *z* (6). Selon Shotland, les Nouveaux-Zélandais ne savaient pas siffler (7).

Les signes mêmes destinés à manifester les sentiments dif-

(1) *Voyage de la Pérouse*, vol. II, p. 211.
(2) Garcilasso de la Vega, traduction de M. Markham, préface de l'auteur, p. 10.
(3) Freycinet, vol. II, p. 757. — D'Urville, vol. I, pp. 188, 199, 481.
(4) *Fiji et les Fijiens*, vol. I, p. v, 257.
(5) *Recherches polynésiennes*, vol. I, p. 77.
(6) Brown, *la Nouvelle-Zélande et ses aborigènes*, p. 100.
(7) *Traditions of the New Zelanders*, p. 134.

fèrent beaucoup chez les différentes races. Le baiser nous
semble l'expression naturelle de l'affection; pourtant il était
entièrement inconnu des Taïtiens, des Nouveaux-Zélandais (1),
des Papous (2) et des aborigènes de l'Australie; il n'était pas non
plus en usage chez les Somals (3) ni chez les Esquimaux (4).
Les tribus des collines de Chittagong ne disent pas : « Embrasse-
moi », mais « Sens-moi (5). « Les Malais (6), les Fijiens (7),
les Tongans et beaucoup d'autres Polynésiens s'asseyent toujours pour parler à un supérieur; les habitants de Mallicollo
« témoignent leur admiration en sifflant comme des oies » (8),
ce son ressemble peut-être à notre « chut » pour réclamer le
silence, et il devient un signe d'intérêt; les Todas des collines
de Neilgherry prouvent leur respect en portant leur main droite
à la figure de leur interlocuteur et en posant leur pouce sur
son nez; à Vatavalu, le respect exige qu'on tourne le dos à un
supérieur, surtout quand on s'adresse à lui (9). La même coutume existe au Congo (10). Denham l'observa aussi dans
l'Afrique centrale (11) et Speke chez les Wahuma dans l'Afrique
orientale (12). Suivant Freycinet, les larmes étaient considérées, dans les îles Sandwich, comme un signe de joie (13); et
tirer le nez était, chez certains Esquimaux, une marque de respect (14). Spix et Martius assurent que les Indiens du Brésil ne
savaient pas ce que c'était que rougir, et que ce fut seulement
à la suite de longs rapports avec les Européens, qu'un changement de couleur devint chez eux l'indice d'une émotion de
l'âme (15).

Le costume présente aussi les différences les plus étonnantes.

---

(1) D'Urville, vol. II, p. 564. — Voyage of the Novara, vol. III, p. 106.
(2) Freycinet, vol. II, p. 56.
(3) Burton, First footsteps in Africa, p. 123.
(4) Journal de Lyon, p. 353.
(5) Lewin, Hill tribes of Chittagong, p. 46.
(6) Memoirs of a Malayan family, Marsden, p. 37.
(7) Williams, Figi and the Figians, vol. I, p. 38.
(8) Cook, Second Voyage, vol. II, p. 36.
(9) Williams, loc. cit., vol. I, p. 154.
(10) Astley, Voyage and Travels, vol. III, p. 72.
(11) Travels and Dicoveries in Africa, vol. II, p. 27; vol. III, p. 15.
(12) Discovery of the Source of the Nile, p. 206.
(13) Freycinet, loc. cit., vol. II, pp. 542, 589.
(14) Ross, Baie de Baffin, p. 118.
(15) Vol. I, p. 376.

Les Turcs pensent qu'il est très inconvenant qu'une femme se montre le visage à découvert. Les sculptures que l'on voit sur les plus anciens temples de l'Inde prouvent qu'une race peut arriver à un degré considérable de civilisation sans comprendre qu'il soit nécessaire de se vêtir. Ainsi, les femmes qui écoutent Bouddha prêcher sont absolument nues, et on représente ordinairement de la même façon la femme de Bouddha et Maya sa mère (1). M. Fergusson n'hésite même pas à dire « qu'avant la conquête musulmane la nudité n'entrainait avec elle aucune idée d'indécence ».

L'idée qu'on se fait de la vertu est sujette également à une foule de variations. Ni la foi, ni l'espérance, ni la charité, ne figurent parmi les vertus d'un sauvage. La langue Sichuana ne contient pas d'expression pour remercier; l'Algonquin n'avait pas de mot pour « amour »; le Tinnè n'en avait pas pour « bien-aimé ». La pitié était pour les Indiens de l'Amérique du Nord une duperie, et la paix un mal; le vol, dit Catlin, « ils l'appellent capture »; l'humilité est une idée qu'ils ne pouvaient comprendre. Chez les Koupouees, le plus grand crime dont on puisse se rendre coupable, dit le major Mac Culloch, « est de pardonner à un ennemi, la première vertu est la vengeance (2) ».

Ne voyons-nous pas, d'après Homère, que ce que les anciens Grecs admiraient le plus chez Ulysse, c'était la ruse?

« Faut-il qu'un homme meure de faim », disait avec indignation un Africain au capitaine Burton, « alors que sa sœur a des enfants à vendre? » Ce sentiment parait tout d'abord le comble de l'égoïsme, mais cette impression serait peut-être injuste. Marsden raconte avoir entendu dire à un Malais de Sumatra, plongé dans l'admiration devant une montre européenne : « N'est-il pas bien que nous soyons les esclaves de gens qui ont l'adresse d'inventer et l'habileté de construire une machine si étonnante (3)? »

La chasteté avant le mariage n'était regardée comme une

---

(1) Voir, par exemple, Fergusson, *Tree and serpent worship*, pl. LXXIV et passim.
(2) *Selection from the records of the government of India*, par le major W. Mac Culloch, p. 75.
(3) *History of Sumatra*, p. 205.

vertu ni par les Nouveaux-Zélandais (1) ni par les Indiens Cree (2); elle était blâmée, mais pour des raisons très différentes, par certaines tribus brésiliennes, par les habitants des îles des Larrons, et par ceux des îles Andaman. D'un autre côté, les Australiens auraient été scandalisés de voir un homme épouser une femme dont le nom de famille eût été le même que le sien. Chez les Abidones, c'était un péché que de prononcer son propre nom. Les Taïtiens trouvaient très mauvais qu'on mangeât en compagnie, et ils furent saisis d'horreur en voyant un matelot anglais qui portait des vivres dans un panier placé sur sa tête. Ce préjugé était aussi celui des Nouveaux-Zélandais (3); tandis que les Fijiens, qui avaient l'habitude du cannibalisme, qui considéraient la pitié comme une vertu, étaient persuadés qu'une femme qui n'était pas tatouée d'une manière orthodoxe pendant sa vie, n'avait pas de bonheur à espérer après la mort. Cette idée curieuse se rencontre aussi chez les Esquimaux. Hall nous dit qu'ils se tatouent « par principe, croyant que les lignes faites de la sorte passeront, dans l'autre monde, pour un signe d'honnêteté (4) ». Aux yeux des Veddahs, c'est la chose la plus naturelle du monde, qu'un homme épouse sa jeune sœur, mais le mariage avec une sœur aînée leur répugne autant qu'à nous. Dans les îles des Amis, le grand prêtre était jugé trop saint pour se marier, mais il avait le droit de prendre autant de concubines que cela lui plaisait, et les chefs mêmes n'osaient pas lui refuser leurs filles. Dans l'Afrique occidentale, les femmes des familles régnantes peuvent prendre autant d'amants qu'elles le veulent, mais il leur est défendu de se dégrader en se mariant. Chez les naturels de la Nouvelle-Galles du Sud, quoique les femmes mariées ne portent point de vêtements, on trouve indécent que les jeunes filles aillent toutes nues (5).

Bien des races sauvages considèrent comme un crime chez une femme de donner le jour à des jumeaux. Chez les Ibos de

(1) Brown, *la Nouvelle-Zélande et ses aborigènes*, p. 35.
(2) Franklin, *Journeys to the polar Seas*, vol. I, p. 132; Dunn, *Oregon Territory*, p. 92.
(3) D'Urville, vol. II, p. 533.
(4) Hall, *Séjour chez les Esquimaux*, vol. II, p. 315.
(5) D'Urville, vol. I, p. 471; *Voyage of the Rattlesnake*, vol. I, p. 49.

l'Afrique orientale, par exemple, quand ce cas arrivait, on exposait les enfants en pâture aux bêtes sauvages et la mère était chassée de la tribu (1). Là aussi on pense qu'il est néfaste de couper les dents supérieures avant les dents inférieures, et l'expression : « vous coupez vos dents supérieures les premières » est chez eux la plus grave de toutes les insultes. Je ne puis, en un mot, m'empêcher de penser qu'il y a plus de différences encore que de ressemblances à observer entre les peuples sauvages.

En essayant d'apprécier le caractère moral des sauvages, il faut se souvenir non seulement que, chez eux, la règle du bien et du mal était, et est encore, en beaucoup de cas, fort éloignée de la nôtre, mais aussi que, suivant les renseignements des voyageurs, — et ici j'avoue que je suis fort indécis, — plusieurs d'entre eux peuvent à peine être regardés comme des êtres responsables, et ne possèdent aucune notion, même défectueuse et vague, de rectitude morale (2). Mais là où existent des notions de ce genre, elles diffèrent, comme nous l'avons vu, profondément des nôtres, et ce serait élargir outre mesure la question, que de rechercher si, dans tous les cas, notre règle est la bonne.

Quand on s'occupe du commerce des femmes sauvages ou demi-sauvages avec les Européens, on doit se rappeler que les sauvages considéraient les blancs comme des êtres d'un ordre supérieur à eux-mêmes. Ainsi M. Du Chaillu nous apprend que certains sauvages de l'Afrique le regardaient comme un être supérieur, et les insulaires de la mer du Sud vénéraient le capitaine Cook comme une divinité. Même après l'avoir tué et coupé en petits morceaux, les habitants d'Owhyhee s'attendaient pleinement à le voir reparaître, et se demandaient souvent « comment il les traiterait à son retour (3) ». Si absurde et si extravagante qu'une telle croyance puisse sembler au premier abord, il faut reconnaître qu'elle est à bien des égards très naturelle.

(1) Burton, *Lake regions of Africa*, p. 90. Voir pour d'autres exemples mes *Origines de la civilisation*, p. 29.
(2) Voir, par exemple, Burchell, vol. I, p. 461.
(3) Cook, *Voyage dans l'océan Pacifique*, par le capitaine King, F. R. S., vol. III, p. 69.

L'esprit des sauvages ne peut s'élever qu'à la conception d'un être supérieur de quelques degrés seulement à eux-mêmes, et le capitaine Cook était plus puissant, plus sage, et nous pouvons ajouter plus vertueux que la plupart de leurs prétendus dieux. Ces circonstances étant données, et quoiqu'il faille admettre que la chasteté des femmes n'est pas généralement fort en honneur parmi les sauvages, nous ne devons pas les condamner trop sévèrement à cet égard. Il n'y a donc pas lieu de s'étonner si un commerce avec les blancs est plutôt un motif de considération que de honte ; les Européens occupaient en réalité, dans l'opinion publique, à peu près la même position qu'autrefois les divinités galantes de l'ancienne mythologie.

En outre, pour les sauvages comme pour les enfants, le *temps* paraît plus long qu'il ne nous le semble ; aussi un mariage temporaire est-il aussi naturel et aussi honorable qu'un mariage permanent. De plus, l'hospitalité est souvent poussée si loin, qu'on se reprocherait de priver un hôte de quoi que ce soit qui pût contribuer à son bien-être : en conséquence, il est temporairement pourvu d'une femme pendant la durée de son séjour. On retrouve cette coutume dans toute l'Amérique septentrionale et dans les îles du Pacifique, chez les Abyssiniens, les Bédouins, les Cafres, les Patagons et d'autres peuples sauvages. Les Esquimaux considèrent comme une grande marque d'amitié entre deux hommes, d'échanger leurs femmes pour un jour ou deux. Nous avons déjà dit que l'idée de n'avoir qu'une femme scandalisait au plus haut point un chef kandyan cité par M. Bayley. C'était, disait-il, « exactement comme les singes ». Quand le capitaine Cook était dans la Nouvelle-Zélande, ses compagnons contractèrent plusieurs mariages momentanés avec les femmes maories. Ces unions, conclues décemment et en bonne forme, étaient regardées par les Nouveaux-Zélandais comme de tout point régulières et honnêtes (1). Regnard (2) assure que les Lapons préféraient épouser une jeune fille qui avait eu un enfant d'un blanc, « pensant que si un homme qu'ils croyaient doué d'un meilleur goût qu'eux-mêmes avait voulu donner des

(1) Cook, *Premier Voyage.* vol. III, p. 450.
(2) Pinkerton, *Voyage en Laponie.* vol. I, p. 166.

marques de son amour à une jeune fille de leur pays, c'était qu'elle devait posséder quelque mérite secret ». Encore aujourd'hui, lady Duff Gordon dit ce qui suit dans son journal du Cap (1) : « Ce qu'on appelle les mœurs n'existe pas chez les noirs, et comment ou pourquoi cela existerait-il ? C'est un honneur pour une jeune fille de cette race d'avoir un enfant d'un blanc. » Si l'on prend tous ces faits en considération, on trouvera, je pense, que les rapports qui se sont établis entre des Européens et des femmes de nations inférieures ne doivent pas être trop sévèrement condamnés, ou plutôt que le blâme en doit rejaillir sur nous et non sur elles. Mais, entre sauvages mêmes, il faut reconnaître qu'on n'attache souvent que peu d'importance à la vertu des femmes ; d'ailleurs cela est naturel, là où les femmes ne sont guère plus considérées que des animaux domestiques. Chez beaucoup de peuples, par exemple chez les Esquimaux et les insulaires de la mer du Sud, les danses indécentes sont non seulement communes, mais encore exécutées par les femmes du plus haut rang, qui ne semblent pas se douter qu'il y ait là rien de mal ni d'inconvenant. Selon Ulloa (2), les Brésiliens n'approuvent pas la chasteté dans une femme non mariée, parce qu'ils la regardent comme une preuve que sa personne n'a aucun attrait. Les habitants des îles des Larrons (3) et des îles Andaman (4) arrivent à la même conclusion, les derniers, toutefois, par une raison différente ; ils considèrent la chasteté comme une marque d'égoïsme et d'orgueil. Jugés d'après nos idées, ces faits sont abominables ; mais il ne faut pas oublier qu'ils n'avaient pas chez les sauvages d'aussi fatales conséquences que chez nous, et avant de les condamner trop sévèrement, rappelons-nous notre propre littérature et notre propre moralité, ne fût-ce qu'au dernier siècle.

La manière dure, pour ne pas dire cruelle, dont presque tous les sauvages traitent leurs femmes, est une des taches qui déshonorent le plus leur caractère. A leurs yeux, le sexe faible ne se compose que d'êtres d'un ordre inférieur, destinés à être de purs esclaves domestiques. Un travail pénible, un régime

(1) Duff Gordon, *Vacation Tourists*, 1863, p. 178.
(2) Pinkerton, vol. XIV, p. 321.
(3) Freycinet, vol. II, p. 370.
(4) *Transactions de la Société ethnologique*, nouv. série, vol. II, p. 35.

rude, voilà leur lot. Et ni ces fatigues, ni ces souffrances, ne sont compensées par une grande affection de la part de ceux pour qui les malheureuses s'épuisent. Nous avons déjà vu que les Algonquins n'avaient point de mot dans leur langue pour exprimer « amour », et que les Indiens Tinné n'avaient pas l'équivalent de « cher » ni de « bien-aimé ». « J'essayai, dit le capitaine Lefroy (1), de le faire comprendre à Nannette, en supposant une expression telle que « ma chère femme, ma chère fille ». Quand à la fin elle eut compris, elle répondit avec beaucoup d'emphase : « I' disent jamais ça, i' disent ma femme, ma fille. » Spix et Martius (2) nous apprennent que chez certains tribus du Brésil le père n'a presque aucune affection pour son enfant, et la mère n'a qu'une affection instinctive. On ne saurait douter que la cruauté ne soit la règle presque universelle parmi les sauvages, et les seuls arguments que nous puissions alléguer à leur décharge, c'est qu'ils sont moins sensibles à la douleur que les peuples qui vivent la plupart du temps renfermés dans des maisons, et qu'en beaucoup de cas, ils n'hésitent pas à s'infliger à eux-mêmes les plus horribles tortures.

On a souvent comparé les sauvages à des enfants, et la comparaison est non seulement correcte, mais aussi fort instructive. Beaucoup de naturalistes considèrent que les premières années de l'individu représentent assez exactement la condition primitive d'une race et que la meilleure pierre de touche des affinités d'une espèce sont les développements successifs par lesquels elle passe. Il en est de même pour l'homme ; la vie de chaque individu est un résumé de l'histoire de la race, et le développement graduel de l'enfant représente celui de l'espèce. De là l'importance de la ressemblance entre les sauvages et les enfants. Comme les enfants, les sauvages n'ont point de constance dans les résolutions. « Nous savons par expérience, dit Richardson (3) à propos des Indiens Dogrib, que quelque récompense qu'ils attendissent en arrivant au lieu où on les avait envoyés, on ne pouvait pas compter sur eux pour porter une lettre. Un léger obstacle, la perspective d'un repas de gibier,

(1) Richardson, *Expédition arctique*, vol. II, p. 24.
(2) *Reise*, vol. I, p. 381.
(3) Richardson, *Expédition arctique*, vol. II, p. 23.]

ou l'envie soudaine d'aller voir un ami suffisait pour les dé-
tourner de leur route pendant en temps indéfini. » Même chez
les insulaires de la mer du Sud, qui étaient comparativement
civilisés, il était très facile d'observer ce caractère enfantin :
« Leurs larmes, comme celles des enfants (1), étaient toujours
prêtes à exprimer tout sentiment fortement éveillé en eux, et,
comme les enfants aussi, à peine les avaient-ils versées, qu'ils
semblaient les avoir oubliées. » D'Urville rapporte également
qu'un chef Maori, Taiwanga, se mit à crier comme un enfant,
parce que les matelots lui avaient gâté son manteau favori en
le saupoudrant de farine (2). « Il n'est pas plus étonnant, en
effet, dit Cook, que les chagrins de ces peuples naïfs sont peu
durables, que de voir leurs passions se traduire avec soudai-
neté et violence. Ce qu'ils sentent, on ne leur a jamais appris
à le dissimuler, ni à l'étouffer, et comme ils n'ont point l'habitude de penser, ce qui rappelle sans cesse le passé et anticipe
sur l'avenir, ils se livrent à toutes les impressions de l'heure
présente et réfléchissent la couleur du temps avec toutes ses
variations. Ils n'ont point de ces projets que l'on poursuit de
jour en jour, qui sont une cause d'anxiété et de sollicitude
constante, dont l'idée vous obsède le matin dès votre réveil
pour ne vous quitter que la dernière, à l'heure du sommeil.
Cependant, si nous admettons qu'ils sont en général plus heureux que nous, il faudra bien avouer que l'enfant est plus heureux que l'homme, et que nous ne faisons que perdre à perfec-
tionner notre nature, à accroître nos connaissances et à élargir
nos vues. »

On sait quelle difficulté les enfants ont à prononcer certains
sons : par exemple, ils confondent constamment *r* et *l*. C'est ce
qui a lieu aussi chez les insulaires des îles Sandwich; chez
ceux des îles des Larrons, suivant Freycinet (3); à Vanikoro (4),
chez les Dammaras (5), et dans les îles Tonga (6). M. Darwin a
observé que les naturels de la Terre de Feu comprenaient très

---

(1) Cook, *Premier Voyage*, p. 103.
(2) D'Urville, vol. II, p. 398. — Voyez aussi Burton, *Région des lacs de l'Afrique centrale*, p. 332.
(3) Freycinet, vol. II, pp. 260, 519.
(4) *Id.*, vol. V, p. 218.
(5) Galton, *l'Afrique tropicale*, p. 181.
(6) Mariner, *les Iles Tonga*, vol. I, p. 30.

difficilement une alternative, et tout le monde a pu constater
la tendance des sauvages à former des mots par redoublement.
C'est aussi un trait caractéristique de l'enfance chez les races
civilisées.

D'ailleurs, plusieurs des actes les plus brutaux qu'on a fait
valoir contre eux peuvent être regardés moins comme des
exemples de cruauté réfléchie que comme le fait de l'étour-
derie et de la spontanéité enfantine. Nous en avons une preuve
frappante rapportée par Byron dans son récit de la perte de
Wager. Un cacique de Cohnos, qui était chrétien de nom, était
sorti avec sa femme pour chercher des œufs de mer, et n'ayant
eu que peu de succès, s'en revenait de mauvaise humeur.
« Un de leurs petits enfants, âgé d'environ trois ans, qu'ils
paraissaient aimer beaucoup, attendant le retour de son père
et de sa mère, courut à leur rencontre sur le ressac. Le père
lui tendit un panier d'œufs, mais comme il était trop pesant,
l'enfant le laissa tomber. Le père alors sauta hors du canot, et
saisissant son fils, le jeta avec la plus grande violence contre
les pierres. Le pauvre petit être resta étendu inanimé et san-
glant, et ce fut dans cet état que sa mère le releva, mais il
mourut bientôt après (1). »

Bref, on peut à peu près résumer en quelques mots cette
partie de la question, en disant que la conclusion la plus générale à laquelle il soit possible d'arriver est celle-ci : les sauvages
ont le caractère des enfants, avec les passions et la force qui
appartiennent aux hommes. Sans doute, le caractère diffère
beaucoup, suivant les différentes races. Un Esquimau et un
insulaire de Fiji, par exemple, ont peu de traits en commun.
Mais, avec toute l'indulgence possible pour les sauvages, il
faut, je crois, admettre qu'ils sont inférieurs moralement,
comme sous d'autres rapports, aux races plus civilisées. Il n'y
a pas, à la vérité, de crime atroce ni de vice mentionné par un
voyageur qui ne puisse trouver ses analogues en Europe : mais
ce qui, chez nous, est l'exception, chez eux est la règle ; ce
qui, chez nous, est condamné par le verdict général de la
société, et n'est que le propre des gens vicieux et sans éducation, passe presque sans condamnation chez les sauvages, et

(1) Byron. *Perte du Wager.* — Kerr, *Voyages,* vol. XVII, p. 374.

souvent est considéré comme chose toute naturelle. Pour les
indigènes de Fiji, par exemple, le parricide est un usage, non
un crime; et l'on a déjà mentionné d'autres faits du même
genre.

Si, maintenant, nous examinons les différences intellectuelles
qui existent entre les races civilisées et celles qui ne le sont
pas, nous les trouverons très marquées. En parlant d'une tribu
de Boschimans, Burchell observe que « ces individus n'ont
jamais montré s'ils sont capables ou non de réflexion (1) ». Le
révérend T. Dove dépeint les Tasmaniens comme se distin-
guant « par une absence complète d'idées et d'impressions
morales. Toute idée relative à notre origine et à notre destinée
d'êtres raisonnables semble effacée de leurs cœurs (2) ». On
remplirait aisément un volume avec les témoignages de stupi-
dité excessive rapportés par différents voyageurs. Peut-être
croira-t-on qu'il faut y avoir moins l'indication du niveau général d'un peuple que des cas d'abrutissement individuel, mais
la nature et la richesse de la langue permettent d'apprécier et
de mesurer une nation dans ses esprits les plus élevés. Malheureusement, toutefois, les voyageurs ont eu assez de difficultés à se procurer les vocabulaires des mots en usage, et
quant à ce qui est des mots pour lesquels les sauvages n'ont
pas d'équivalents, ou des idées qu'ils ne possèdent pas, nous
sommes souvent privés d'informations. J'ai pourtant déjà mentionné la pauvreté de plusieurs idiomes de l'Amérique septentrionale en ce qui concerne les termes de tendresse. Ce fait
montre sous un triste jour les relations domestiques, mais on
peut encore le citer ici comme la preuve d'un état intellectuel
aussi bas que l'état moral. Ce que Spix et Martius disent des
tribus brésiliennes (3) paraît aussi être vrai pour beaucoup,
sinon pour la plupart des races sauvages. Leur vocabulaire est
riche, et ils ont des noms distincts pour les diverses parties du
corps, pour les différents animaux et les différentes plantes
qu'ils connaissent; bref, pour tout ce qu'ils peuvent voir et
toucher. Pourtant, ils manquent absolument de termes pour

(1) Burchell, *loc. cit.*, vol. I, p. 461.
(2) Révérend T. Dove, *Journ. de la science nat. en Tasmanie*, vol. I, p. 249.
(3) Spix et Martius, *Reise in Brazilien*, vol. I, p. 385.

rendre les idées abstraites ; ils n'ont pas d'expressions pour dire
« couleur, ton, sexe, genre, esprit », etc.

Les Albipones n'ont pas de termes pour exprimer des idées
telles que homme, corps, place, temps, jamais, toujours, etc. ;
le verbe « être » n'existe pas non plus dans leur langue. Ils ne
peuvent dire « je *suis* Abipone », mais seulement « moi Abipone (1) ». Selon Crawford, le langage malais ne contient pas
non plus de termes abstraits. Il contient un mot pour exprimer
chaque couleur, mais aucun terme pour l'idée de couleur en
elle-même. La Société biblique de Saint-Pétersbourg essaya, il
y a quelques années, de traduire en langue Tschuktschi le
« Pater Noster » et les dix commandements, « mais cette traduction fut complètement inintelligible, et parce qu'il n'y avait
dans cette langue aucun terme pour exprimer les idées abstraites, et parce qu'il n'y avait pas de lettres pour représenter
les sens extraordinaires dont se compose ce langage (2) ».

De même aussi, les Tasmaniens n'avaient pas de mots pour
« arbre », quoique chaque espèce eût un nom. Ils ne pouvaient
pas non plus exprimer « les qualités, telles que : « dur, doux,
chaud, froid, long, court, rond », etc. : pour « dur », ils
disaient « comme une pierre »; pour « long », ils disaient
jambes », etc. ; pour « rond », ils disaient « comme une boule,
comme la lune », et ainsi du reste (3). D'après les missionnaires (4), les habitants de la Terre de Feu « n'ont pas de
termes abstraits pour traduire les vérités de notre religion »;
et, dans les langues de l'Amérique du Nord, c'est une exception que de rencontrer un terme assez général pour signifier
un « chêne » (5). Les habitants de Taïti eux-mêmes, bien que
comparativement civilisés, manquaient, selon Forster, « de
mots propres à exprimer les idées abstraites (6) ».

Les noms de nombre sont toutefois, chez les races inférieures, la vérification la meilleure, ou du moins la plus facile
de la condition intellectuelle. Nous avons vu que les Esqui-

(1) Dobritzhoffer, vol. II, p. 183.
(2) Wrangell, *Siberia and polar Sea*, p. 121.
(3) Milligan, *Proc. Roy. Society Tasmania*, vol. III, p. 281.
(4) *The Voice of pity*, vol. X, p. 152.
(5) Latham, *Variétés de l'espèce humaine*, p. 375.
(6) Forster, *loc. cit.*, p. 403.

maux ne peuvent que difficilement compter jusqu'à dix, et que
certains individus ne peuvent aller au delà de cinq. Les
Abipones n'ont de termes que jusqu'à trois (1). « Quelques
termes que puisse posséder leur langue, les Dammaras, dans
la pratique, ne vont certainement pas plus loin que trois dans
la numération. Quand ils veulent exprimer quatre, ils ont
recours à leurs doigts, qui sont pour eux des instruments de
calcul aussi terribles qu'une équerre à tiroir pour un écolier
anglais. Ils sont très embarrassés après cinq, parce qu'il ne leur
reste plus de main pour prendre et assujettir les doigts destinés à figurer les unités (2). » M. Crawfurd, à qui nous devons un
mémoire intéressant sur ce sujet (3), n'a pas examiné moins de
trente dialectes australiens, et il paraît qu'aucune des tribus
de ce vaste continent ne peut compter plus loin que quatre.
Suivant M. Scott Nind, en effet, les nombres usités par les
naturels du détroit du Roi-George atteignent à cinq, mais le
dernier se réduit au mot « beaucoup ». Les Indiens du Brésil
ne comptent que jusqu'à trois; pour tous les nombres supérieurs, ils emploient le mot « beaucoup » (4). C'est à peine si
l'on peut dire que les habitants du cap York (Australie) dépassent le nombre deux. Voici leur numération :

Un.	*Netat.*
Deux.	*Naes.*
Trois	*Naes-netat.*
Quatre	*Naes-naes.*
Cinq	*Naes-naes-netat.*
Six	*Naes-naes-naes.*

En outre, l'état des conceptions religieuses des sauvages, ou
plutôt l'absence de conceptions religieuses fournit une nouvelle
preuve de leur extrême infériorité intellectuelle. On a répété
mainte et mainte fois qu'il n'y a point de race d'hommes assez
dégradée pour être entièrement dépourvue de religion, privée
de toute idée de la Divinité. La conclusion à laquelle il faut en
arriver dépend beaucoup, il me semble, de la signification

(1) Dobritzhoffer, vol. II, p. 169.
(2) Galton, *l'Afrique tropicale*, p. 133.
(3) *Transactions de la Société ethnologique*, nouv. série, vol. II, p. 84.
(4) Spix et Martius, vol. I, p. 387.

qu'on attribue au mot « religion ». Si la simple crainte de l'inconnu, si une croyance plus ou moins vague de la sorcellerie, constitue une religion, il serait, je crois, difficile de dire qu'il y a un peuple qui n'en possède pas une. Mais si, par religion, on entend quelque chose de plus élevé, c'est le contraire qui est la vérité. Suivant le témoignage de la presque universalité des voyageurs, telle est la situation de beaucoup, pour ne pas dire de toutes les races sauvages.

Selon Spix et Martius, Bates et Wallace, plusieurs tribus brésiliennes n'avaient aucune religion, Burmeister confirme cette opinion et, dans la liste des principales tribus des Amazones, publiée par la société Hakluyt, on ajoute que les Chunchos « n'ont aucune espèce de religion » et que les Curetus « n'ont aucune idée d'un être suprême » (1). Les Topinambous du Brésil n'avaient pas de religion. Au dire des missionnaires, les Indiens du Grand Chaco, dans l'Amérique méridionale, « n'ont aucune croyance religieuse ou idolâtrique ; ils ne possèdent nulle idée d'un Dieu ni d'un être suprême. Ne faisant point de distinction entre le bien et le mal, ils sont, par conséquent, sans crainte de châtiment et sans espoir de récompense dans le présent ou dans l'avenir. Il n'y a pas non plus chez eux la crainte mystérieuse d'un pouvoir surnaturel, qu'on puisse chercher à apaiser par des sacrifices ou des cérémonies superstitieuses (2). » Bates (3) nous dit « qu'aucune des tribus de l'Amazone supérieur n'a l'idée d'un être suprême ; il n'y a par conséquent aucun terme pour exprimer cette pensée dans leur langage. » Azara nous raconte la même chose en parlant de la plupart des tribus de l'Amérique méridionale qu'il a visitées (4).

Le père Baegert, qui a vécu dix-sept ans comme missionnaire au milieu des Indiens de la Californie affirme « qu'ils ne connaissent ni idoles, ni temples, ni cérémonies religieuses, ni culte, et qu'ils ne croient ni à Dieu ni à de fausses divinités (5) » ; M. de la Pérouze confirme cette observation en di-

(1) *Reise in Brasilien*, vol. I, p. 379.

(2) *Voice of pity*, vol. IX. p. 220.

(3) *Life in the Amazons*, vol. II, p. 162.

(4) *Voyages dans l'Amér. méridionale*, vol. II, pp. 3, 14, 33, 51, 60, 76, 80, 81, 84, 90, 138, 160, 164, 166.

(5) Voir la traduction de M. Rau. *Smithsonian contributions*, 1863-64, p. 390.

sant « qu'ils ne croyaient ni à Dieu ni à une vie future ». Colden, si bien placé pour se faire une opinion correcte, nous affirme que les cinq nations célèbres du Canada n'avaient ni culte public, ni mot dans leur langue pour exprimer l'idée de Dieu, et Hearne, qui a vécu pendant des années au milieu des Indiens de l'Amérique du Nord et qui connaissait parfaitement leurs habitudes et leur langage, fait la même observation à propos de quelques tribus de la baie d'Hudson.

On rapporte dans la relation du voyage de l'*Astrolabe* que les indigènes des îles Samoa et Salomon, dans le Pacifique, n'avaient pas de religion, et, dans la relation du voyage la *Novara*, on s'exprime de la même façon, sur le compte des insulaires des Carolines. Les Samoans n'ont ni moraï, ni temples, ni autels, ils ne font pas de sacrifices humains comme dans les autres groupes d'îles. Aussi les considère-t-on comme une race impie. Leur impiété devint même proverbiale pour les habitants de Rarotonga, et quand on voulait reprocher à une personne de négliger ses devoirs religieux, on l'appelait « impie comme un Samoan (1). » Jukes n'a pu trouver « aucune trace de croyances religieuses, aucune trace de culte dans l'île Damood, située entre l'Australie et la Nouvelle-Guinée (2) ». Duradawan, un cipaye qui vécut quelque temps avec les insulaires des îles Andaman, affirme qu'ils n'ont aucune religion, et le D\ Mouatt croit que cette affirmation est correcte (3). Quelques tribus australiennes n'ont aucune religion (4). Dans les îles Pellew, Wilson ne trouva ni édifices consacrés au culte, ni trace de religion.

M. Wallace, qui a eu d'excellentes occasions de se faire une opinion et dont personne ne contestera le mérite comme observateur, nous dit que chez les peuples de Wanumbai, dans les îles Aru, il n'a pu découvrir aucune trace de religion (5); il ajoute, il est vrai, qu'il a séjourné peu de temps au milieu de ces tribus.

Les Yenadies et les Villees, suivant le D\ Shortt, ne croient

(1) *Missionary Enterprises*, p. 464.
(2) Jukes, *Voyage of the Fly*, vol. I, p. 164.
(3) *Trans. Ethn. Soc.*, vol. II, p. 45.
(4) Collins, *English colony in New South Wales*, p. 354.
(5) *The Malayan Archipelago*, vol. II, p. 280.

nullement à une vie future (1). Le capitaine Grant ne put trouver « de forme religieuse distincte » chez plusieurs tribus comparativement civilisées qu'il visita (2). Suivant Burchell, les Bachapins (Cafres) n'avaient aucune espèce de religion ni de culte (3). » D'après eux, tout se faisait soi-même, les arbres et les herbes poussaient par leur propre volonté. » Ils ne croyaient point à une bonne Divinité, mais ils avaient quelque vague idée d'un être méchant. Effectivement, la première notion qu'on a d'un Dieu est presque toujours celle d'un esprit méchant.

En parlant des Foulahs de Wassoulo, dans l'Afrique centrale, Caillié dit : « J'essayai de découvrir s'ils avaient une religion à eux, s'ils adoraient des fétiches, le soleil, la lune ou les étoiles ; mais je ne pus découvrir chez eux aucune cérémonie religieuse (4). » Il dit, en outre, en parlant des Bambaras que, « comme le peuple de Wassoulo, ils n'ont aucune religion (5) » : il ajoute cependant qu'ils ont une grande foi aux charmes.

Burton dit aussi que quelques tribus de la région des lacs dans l'Afrique centrale « ne croient ni à Dieu, ni aux anges, ni au diable (6) ». En parlant des Hottentots, Le Vaillant dit (7) : « Je n'y ai vu aucune trace de religion, rien qui approche même de l'idée d'un être vengeur et rémunérateur. J'ai vécu assez longtemps avec eux, chez eux, au sein de leurs déserts paisibles : j'ai fait avec ces braves humains des voyages dans des régions fort éloignées ; nulle part je n'ai rencontré rien qui ressemble à la religion. » Livingstone raconte qu'une fois, après avoir causé pendant quelque temps de Dieu, supposait-il, avec un Boschiman, il s'aperçut que le sauvage pensait qu'il parlait de Sekomi, le chef principal du pays.

Ross dit en parlant des Esquimaux : « Ervick étant le plus âgé de ceux qui vinrent à bord, je pensai que c'était à lui que je devais m'adresser pour avoir des détails sur leur religion.

---

(1) *Proceedings of Madras government, Revenue departement,* may 1867.
(2) *A Walk across Africa,* p. 145.
(3) *Travels in south Africa,* vol. II, p. 550.
(4) *Travels to Timbuctoo,* vol. I, p. 303.
(5) *Loc. cit.,* p. 375.
(6) *Trans. Ethn. soc.,* nouvelle série, vol. I, p. 323.
(7) *Voyages dans l'Afrique,* vol. I, p. 93.

J'ordonnai à Sacheuse de lui demander s'il avait quelque idée
d'un être suprême; mais, après avoir essayé tous les mots de
sa langue pour exprimer cette pensée, il ne put parvenir à se
faire comprendre de lui. Il fut prouvé qu'il n'adorait ni le
soleil, ni la lune, ni les étoiles, aucune idole, aucune créature
vivante. Quand on lui demanda à quoi servaient la lune et le
soleil, il répondit à donner de la lumière. Il n'avait aucune
idée d'une création ou d'une vie future et il dit que quand il
mourrait on l'enterrerait. Parfaitement certain qu'il n'avait
aucune idée d'un être suprême bienfaisant, je lui demandai
par l'intermédiaire de Sacheuse s'il croyait à un esprit malfai-
sant; mais on ne put lui faire comprendre ce que cela voulait
dire (1). »

Dans quelques cas, les voyageurs en sont arrivés à ces conclusions, à leur grand étonnement. Ainsi, le père Dobritzhoffer
dit : « Les théologiens sont d'accord pour affirmer qu'un
homme en possession de sa raison ne peut, sans crime, ignorer l'existence de Dieu. J'ai chaudement soutenu cette opinion
à l'université de Cordoue où j'ai fini mes études de théologie
commencées à Gratz en Styrie. Mais quel ne fût pas mon
étonnement, en arrivant chez les Abipones, de m'apercevoir
que le langage de ces sauvages ne contenait pas un seul mot
qui exprime l'idée de Dieu ou de la divinité! Pour leur ensei-
gner la religion, il fut nécessaire d'emprunter à l'espagnol un
mot signifiant Dieu et de s'en servir dans le catéchisme : « Dios
ecnam caogerik », « Dieu créateur de toutes choses ».

Nous avons déjà observé un cas de ce genre chez Kolben,
qui, malgré les dénégations des naturels eux-mêmes, était intimement persuadé que certaines danses devaient avoir un
caratère religieux, « quoi qu'en disent les Hottentots, » ajoute-
t-il. M. Matthews, qui alla remplir les fonctions de missionnaire chez les habitants de la Terre de Feu, mais qui fut
bientôt obligé de renoncer à une tâche impossible, n'observa
qu'un acte « auquel il pût attribuer une signification religieuse ». « Plusieurs fois, dit-il, j'ai entendu des hurlements
bruyants ou des lamentations, le matin, vers le lever du soleil, et comme je demandais à Jemmy Button la cause de ces

(1) Ross, *Voyage of discovery to the Arctic Regions*, p. 127.

cris, je ne pus obtenir de réponse satisfaisante, l'enfant se bornant à dire : Eux très tristes, crier beaucoup. » Cette explication paraît si naturelle et si suffisante que, je dois l'avouer, je
ne saurais voir comment on peut attribuer à ces cris « une
signification religieuse ». Autre exemple : le docteur Hooker
dit que la tribu indienne des Khasias n'a pas de religion. Le
colonel Yule (1), au contraire, soutient qu'ils en ont une, mais
il reconnaît « que la principale pratique de leur culte consiste
à casser des œufs de poule ». Toutefois, si la plupart des voyageurs s'attendaient à trouver une religion partout, et s'ils ont
été convaincus, presque malgré eux, du contraire, il est fort
possible que d'autres se soient trop pressés de nier l'existence
d'une religion chez les peuplades qu'ils ont visitées. Quoi qu'il
en soit, ceux qui soutiennent que les sauvages, même les plus
dégradés, croient à une divinité, affirment une chose en con-
tradiction absolue avec l'évidence. Le témoignage direct des
voyageurs sur ce point est indirectement confirmé par d'autres
renseignements qu'ils nous donnent. Comment, par exemple,
un peuple incapable de compter ses propres doigts, pourrait-il
élever son esprit jusqu'à enfanter les premiers éléments d'une
religion (2) ? Le fétichisme, qui est si répandu en Afrique,
peut à peine s'appeler une religion, et les insulaires de la mer
du Sud, eux-mêmes, qui étaient à beaucoup d'égards si
avancés en civilisation, se fâchaient, dit-on, sérieusement
contre leur divinité, s'ils pensaient qu'elle les traitait avec une
sévérité imméritée, ou sans les égards convenables. Selon
Kotzebue, les habitants du Kamtschatka adoraient leurs dieux
« quand leurs souhaits étaient exaucés, et les insultaient quand
leurs affaires allaient mal (3) ». Lorsque les missionnaires
apportèrent à Fiji une presse à imprimer, « les insulaires dé-
clarèrent aussitôt que c'était un dieu (4) ».

Presque tous les sauvages croient à la sorcellerie. Confon-
dant les relations du subjectif et de l'objectif, ils sont en proie
à de continuelles terreurs. Les nations les plus civilisées elles-
mêmes n'ont pas non plus rejeté complètement la croyance

---

(1) Yule, Des collines et de la population du Khasia, p. 18.
(2) Voir, par exemple, Grey, Creed of Christendom, p. 212.
(3) Kotzebue, Nouveau Voyage autour du monde, vol. II, p. 13.
(4) Fiji et les Fijiens, vol. II, p. 222.

aux sorciers. Jacques Ier pensait que, lorsque l'on fait fondre
de petites images de cire, « les gens dont elles portent le nom
sont sujets à être consumés par une fièvre lente et continue ».
Quant aux portraits, les idées les plus bizarres existent très
généralement parmi les sauvages ; ils répugnent à laisser faire
leur portrait, dans la pensée que, par là, l'artiste acquiert
quelque puissance mystérieuse sur eux. Kane, un jour, se
débarrassa de plusieurs Indiens qui l'importunaient, en menaçant de faire leur portrait s'ils ne se retiraient pas. J'ai déjà
rappelé (p. 201) le danger où Catlin se trouva pour avoir esquissé
un chef de profil, et l'avoir ainsi, dans l'opinion des Indiens,
privé de la moitié de son visage. On suppose aussi qu'une relation mystérieuse existe entre une boucle de cheveux coupée,
et la personne à laquelle elle appartient. Dans divers pays du
monde, le sorcier se procure des rognures de cheveux ou des
ongles de son ennemi, des restes de la nourriture que celui-ci
a mangée, persuadé que le mal fait à ces objets réagit sur leur
précédent propriétaire. Un morceau du vêtement de la personne, ou la terre sur laquelle elle a marché, remplit le même
but, et chez quelques peuples, on suppose que la simple connaissance du nom de quelqu'un donne sur lui un pouvoir mystérieux. Les Indiens de la Colombie anglaise redoutent horriblement de dire leurs noms. Chez les Algonquins, le véritable
nom d'un individu n'est confié qu'à ses plus proches parents
et à ses plus chers amis. Les étrangers, en lui parlant, ne le
désignent que sous une sorte de sobriquet. Ainsi le vrai nom
de la Belle Sauvage n'était pas Pocahontas, mais Matokes, nom
que l'on craignait de laisser savoir aux Anglais. Ailleurs, ces
superstitions relatives au nom revêtent une forme différente.
Suivant Ward, c'est un crime impardonnable à une femme
hindoue que de révéler le nom de son mari. Le même usage
règne parmi les Cafres, ainsi que chez plusieurs peuples de
l'Afrique orientale. En beaucoup de pays, on évite avec une
horreur superstitieuse de prononcer le nom des morts. C'est ce
qui a lieu dans une grande partie des deux Amériques, en Sibérie, chez les Papous, chez les Australiens, et même dans les
îles Shetland, où, dit-on, les veuves répugnent fort à nommer
leurs maris défunts.

Dans toute l'Australie, chez plusieurs tribus du Brésil, dans quelques parties de l'Afrique, et dans diverses autres contrées, on regarde la mort naturelle comme une impossibilité. Aux Nouvelles-Hébrides, « quand un homme tombait malade, il croyait qu'un sorcier brûlait ses ordures, et le son des conques marines qu'on pouvait entendre à plusieurs milles de distance, avertissait les sorciers de s'arrêter et d'attendre les présents qu'il allait leur envoyer le lendemain matin. Chaque nuit, M. Turner avait coutume d'entendre la lugubre musique, invitant les enchanteurs à cesser de tourmenter leurs victimes (1) ». Les sauvages ne savent jamais s'ils ne s'exposent pas à se placer sous la dépendance de ces terribles ennemis (2). Ce n'est donc pas aller trop loin que de dire que l'horrible frayeur d'un mal inconnu plane, comme un épais nuage, sur la vie sauvage, et en empoisonne tous les plaisirs. Les souffrances et les privations qu'ils endurent de la sorte, les tortures horribles qu'ils s'infligent quelquefois à eux-mêmes, et les crimes qu'ils sont amenés à commettre, donnent matière aux plus douloureuses réflexions.

Peut-être croira-t-on que, dans le chapitre précédent, j'ai choisi à dessein, dans divers ouvrages, tous les passages les plus défavorables aux sauvages, et que j'ai chargé leur portrait. En réalité, c'est tout le contraire. Leur vraie condition est pire encore, et plus abjecte que je n'ai essayé de la peindre. J'ai eu soin de ne citer que des auteurs dignes de foi, mais, parmi les détails rapportés par eux, il y en a beaucoup que je n'ai pas osé reproduire, et il y a d'autres faits que les voyageurs eux-mêmes rougissent de publier.

(1) Tylor, *loc. cit.*, p. 129. — Turner, *Polynésie*, pp. 18, 89, 424.
(2) Voir Brown, *la Nouvelle-Zélande et ses aborigènes*, p. 80.

CHAPITRE XVI

DERNIÈRES REMARQUES

J'ai déjà exprimé l'opinion que les arts et les instruments les plus simples ont été inventés séparément par divers peuples et dans des parties du monde très différentes. Aujourd'hui, nous pouvons, je crois, nous faire une idée de la manière dont ils ont été ou dont ils ont pu être inventés. Certains singes se servent, dit-on, de massues, et jettent des bâtons ou des pierres à ceux qui les dérangent. Nous savons qu'ils emploient des pierres rondes pour briser les coquilles de noix ; de là à faire usage d'une pierre tranchante pour couper, il n'y a assurément pas loin. Quand le tranchant s'est émoussé, on jette la pierre et l'on en choisit une autre ; mais, au bout de quelque temps le hasard, sinon la réflexion, montre qu'une pierre ronde brise d'autres pierres aussi bien que des noix, et ainsi le sauvage apprend à aiguiser des pierres pour son usage. D'abord, comme nous le voyons dans les spécimens du *diluvium*, elles sont rudes et grossières, mais peu à peu les morceaux rognés deviennent plus petits, les coups sont portés avec plus de précaution et de soin, et à la fin on trouve que la besogne peut être mieux faite par la pression que par la percussion. De la pression au poli il n'y a encore qu'un pas. Lorsqu'on travaille la pierrre, il se produit des étincelles ; lorsqu'on la polit, on ne manque pas d'observer qu'elle s'échauffe : il est aisé de voir par là comment les deux procédés pour se procurer du feu ont pu prendre naissance.

Le chimpanzé se bâtit une maison ou un abri qui ne le cède guère à celui de certains sauvages. Nos ancêtres primitifs

peuvent donc avoir possédé cet art, mais en admettant qu'ils
ne l'aient pas eu, quand ils s'adonnèrent à la chasse, ils durent
suppléer, comme le font tous les peuples chasseurs, à l'impuissance de leurs armes, par une connaissance approfondie
des mœurs et des coutumes des animaux dont ils faisaient leur
proie; ils ne manquèrent donc point, sans doute, d'observer,
et peut-être de copier les demeures que construisent diverses
espèces d'animaux.

Les Esquimaux n'ont pas de poterie : chez eux, des pierres
creuses en tiennent lieu, mais nous avons vu comment il les
perfectionnent quelquefois en y ajoutant un bord en argile.
Étendre ce bord, diminuer la pierre pour arriver, à la fin, à
s'en passer, c'est là une opération toute naturelle. Dans les
contrées plus chaudes on se sert, pour conserver les liquides,
de vases en bois ou en écorces de fruits, tels que les noix de
coco et les gourdes. Cette vaisselle, naturellement, ne va point
au feu, mais on l'y rend propre en garnissant l'extérieur d'argile. On a des preuves que ce facile perfectionnement a été
imaginé par plusieurs peuples distincts, même dans les temps
modernes. Il y aurait à citer beaucoup d'autres cas semblables
des progrès importants obtenus par des procédés très simples
et insignifiants en apparence. Ces découvertes une fois faites,
il semble fort peu probable qu'on puisse les perdre. Il n'y a
pas d'exemple, dit M. Tylor (1), « qu'un peuple ait abandonné
l'usage du fuseau pour tordre le fil à la main, ou qu'ayant l'habitude de se procurer le feu avec un lacet faisant tourner le
bois, il en soit revenu à la coutume primitive , on a même de
la peine à imaginer que cela puisse arriver ». Que conclure de
cet argument? Évidemment que les races les plus infimes,
parmi les sauvages modernes, doivent, toujours en supposant
l'unité de l'espèce humaine, être au moins si avancées que l'é-
taient nos ancêtres quand ils se répandirent sur la surface de
la terre.

Quel a donc dû être leur état ? Ils n'avaient pas de poteries,
car les Esquimaux, les Polynésiens, les Australiens, plusieurs
peuples des deux Amériques, et bien d'autres races sauvages
n'en ont pas encore aujourd'hui, ou du moins n'en avaient pas

(1) *Loc. cit.*, p. 364.

jusqu'à ces derniers temps. Ils ne possédaient ni arcs ni flèches, car ces armes étaient inconnues aux Australiens et aux Nouveaux-Zélandais; pour la même raison, leurs bateaux devaient être aussi grossièrement faits que possible; ils étaient nus et ignoraient l'art de filer; ils ne connaissaient pas l'agriculture et n'avaient probablement d'autre animal domestique que le chien. Ici, pourtant, l'argument est moins solide, vu que l'expérience acquise est le bien plus facile à transporter. Ce qui toutefois est, selon moi, le plus probable, c'est que le chien fut longtemps le seul animal domestique. Quant aux armes d'un emploi plus rare, telles que le boomerang, le tube, la bola, etc.. ils en étaient certainement dépourvus. La fronde et le bâton de trait étaient inconnus, et même, selon toute apparence, le bouclier n'était pas inventé. La lance qui n'est qu'un prolongement du couteau, et la massue qui n'est qu'un long marteau, voilà les seules armes que laisse subsister ce genre d'argumentation. Ce sont, en effet, les seules qui paraissent être d'un usage naturel et commun à tous les hommes.

On serait disposé à s'étonner que l'homme ait pu, dès l'abord, tuer du gibier, mais il ne faut pas oublier que si l'homme n'était pas adroit, les animaux n'étaient pas défiants. L'humeur familière des oiseaux, dans les îles inhabitées, est bien connue; la défiance des animaux et l'habileté de l'homme ont dû suivre une marche à peu près parallèle.

La même argumentation peut s'appliquer à la condition intellectuelle des sauvages. Il est fort peu probable que nos ancêtres primitifs aient été capables de compter jusqu'à dix, lorsqu'on songe que tant de races, actuellement existantes, ne peuvent aller au delà de quatre. D'un autre côté, il n'est nullement probable non plus qu'il ait pu exister pour l'homme un état inférieur à celui qu'indique ce rapprochement. Tant qu'il est resté, en effet, confiné dans les tropiques, il a pu trouver une succession continuelle de fruits, et vivre comme le font maintenant les singes. S'il faut en croire Bates, tel est effectivement le cas pour plusieurs Indiens du Brésil. « Les singes, dit-il, amènent en réalité une vie semblable à celle des Indiens Pararauates ». Toutefois, aussitôt que nos ancêtres vinrent habiter les climats tempérés, ce genre de vie devint impossible, et ils furent obligés de demander leur nourriture, au moins en partie, au règne animal. Alors, sinon avant, le couteau et le marteau se modifièrent pour se transformer en lance et en massue.

On a trop souvent supposé que le monde avait été peuplé par une série de « migrations ». Mais ce qu'on appelle proprement migrations n'est compatible qu'avec un degré d'organisation relativement élevé. En outre, il a été constaté que la distribution géographique des diverses races humaines coïncide d'une façon curieuse avec celle des autres races d'animaux, et l'on ne peut douter que l'homme, à son origine, ne se soit répandu sur la surface de la terre, peu à peu, année par année, absolument comme on voit aujourd'hui, par exemple, les mauvaises herbes de l'Europe couvrir lentement, mais sûrement, la surface de l'Australie.

Il va sans dire que l'argument précédent suppose l'unité de l'espèce humaine. Je ne puis, toutefois, finir ce volume sans ajouter quelques mots sur cette question. On doit reconnaître que les principales variétés du genre humain remontent à une haute antiquité. Nous trouvons, sur les plus anciens monuments de l'Égypte, dont plusieurs sont certainement antérieurs de 2 400 ans à J.-C., deux grands types distincts, l'Arabe à l'est et à l'ouest de l'Égypte, et le Nègre au sud ; le type égyptien occupe entre les deux une place intermédiaire. Ces figures représentées sur les monuments sont tellement caractéristiques, quoique de convention, qu'il est tout à fait impossible de s'y méprendre. Ces types distincts prédominent encore en Égypte et dans les contrées voisines. Ainsi donc, dit M. Poole, durant cet immense espace de temps, nous ne trouvons pas « que le moindre changement se soit opéré dans le Nègre ni dans l'Arabe, et le type, qui semble intermédiaire entre eux, est resté virtuellement le même. Ceux qui pensent que le temps peut, à la longue, modifier un type humain, feront bien de remarquer ce fait, que trois mille ans ne fournissent aucune preuve à l'appui de leur opinion (1) ». Je ne sache pas, cependant, qu'aucune école d'ethnologistes suppose « que le temps » seul, abstraction faite de tout changement

(1) Poole, *Transactions de la Société ethnologique*, nouv. série, vol. II. p. 261.

dans les conditions extérieures, amène une altération du type. Passons maintenant aux exemples sur lesquels se fonde M. Crawfurd (1). « Les millions de nègres africains, dit-il, qui, pendant trois siècles, ont été transportés sur le continent et sur les îles de l'Amérique, ont la même couleur que les habitants actuels du pays qui fut la mère patrie de leurs ancêtres. Les créoles espagnols qui, depuis au moins aussi longtemps, se sont établis dans l'Amérique tropicale, sont aussi blancs de peau que les Aragonais et les Andalous ; leurs cheveux et leurs yeux ont la même nuance que ceux de leurs aïeux. Les colons hollandais pur sang du Cap de Bonne-Espérance, après avoir séjourné deux siècles au milieu des Cafres, qui sont noirs, et des Hottentots, qui sont jaunes, ont conservé le même teint que le peuple de la Hollande. » Ici, au contraire de l'exemple précédent, nous avons un grand changement de circonstances extérieures, mais un laps de temps très insuffisant, et, en fait, il n'y a pas de cas bien constaté où ces deux conditions se trouvent réunies. Toutefois M. Crawfurd va trop loin quand il nie absolument toute modification du type. Malgré le temps relativement court qui s'est écoulé, malgré l'arrivée continuelle de nouveaux émigrants, il y a déjà une différence marquée entre les Anglais de l'Europe et ceux de l'Amérique, et il serait intéressant de s'informer si les nègres du nouveau monde croient eux-mêmes ressembler exactement à ceux de l'Afrique.

Mais il y a des raisons qui permettent de croire que les changements des conditions extérieures, ou pour mieux dire de pays, produisent moins d'effet aujourd'hui qu'autrefois. A présent, quand des hommes émigrent, ils emportent avec eux les usages et les habitudes de la vie civilisée. Ils construisent des maisons plus ou moins semblables à celles auxquelles ils étaient accoutumés, ils emmènent des troupeaux, et acclimatent, dans leur nouvelle patrie, les principales plantes qui servaient à leur nourriture dans l'ancienne. S'il fait froid dans leur nouveau séjour, ils se couvrent davantage ; s'il fait chaud, ils portent moins de vêtements. Par ces moyens et mille autres

(1) Crawfurd, *Transactions de la Société ethnologique*, nouv. série, vol. II, p. 252.

du même genre, l'influence du déplacement ne se fait sentir que beaucoup plus tardivement.

Mais, comme nous l'avons vu, il n'en a pas toujours été ainsi. Quand l'homme se répandit sur la terre, il n'avait pas d'animaux domestiques, pas même le chien peut-être, il ne connaissait point l'agriculture, ses armes étaient des plus grossières et ses demeures à peine dignes de ce nom. Son alimentation, ses habitudes et tout l'ensemble de sa vie variant donc nécessairement, à mesure qu'il passait d'un pays dans un autre, il a dû être bien plus soumis à l'action des circonstances extérieures, et selon toute probabilité, bien plus susceptible de changement. De plus, on peut supposer raisonnablement que le type humain, aujourd'hui fixé par une répétition qui dure depuis de longs âges, a été lui-même plus modifiable autrefois qu'il ne l'est aujourd'hui.

S'il y a quelque vérité dans cette manière d'envisager la question, il s'ensuivra, nécessairement, que les principales variétés de l'homme appartiennent à une haute antiquité, et, en réalité, remontent presque à l'origine même de la race humaine. On cessera donc de s'étonner que les figures primitives représentées sur les tombeaux égyptiens se rapportent si exactement à plusieurs variétés actuellement existantes dans ces contrées, et que le crâne d'Engis, probablement le plus ancien qu'on ait encore trouvé en Europe, offre une telle ressemblance avec ceux qui se peuvent voir encore en grand nombre à l'heure présente.

M. Wallace a poussé plus loin cet argument dans un admirable mémoire *Sur l'origine des races humaines et l'antiquité de l'homme déduites de la théorie de la sélection naturelle* (1). Il a essayé de concilier les deux grandes écoles d'ethnologistes « dont les opinions sont si diamétralement opposées : l'une soutenant positivement que l'homme est une espèce et est essentiellement un, que toutes les différences ne sont que des variétés locales et temporaires produites par les différents milieux physiques et moraux; l'autre soutenant, non moins hardiment, que l'homme est un genre divisé en plusieurs espèces, dont chacune est en fait incapable de se modifier, et qui ont

(1) Wallace, *Revue anthropologique*, mai 1864.

toujours été aussi distinctes, ou même plus distinctes qu'aujourd'hui ». M. Wallace lui-même tient pour la première de ces deux théories, tout en admettant qu'à présent, en apparence, « les meilleurs arguments sont du côté de ceux qui soutiennent la diversité primitive de l'homme ». Il montre que la vraie solution du problème réside dans la théorie de la sélection naturelle, qu'avec sa modestie habituelle, il attribue sans réserve à M. Darwin, bien que lui-même, comme tout le monde le sait, ait trouvé cette idée, et l'ait publiée à la même époque, mais avec moins de développements.

Après avoir expliqué la vraie nature de la théorie qui, il faut l'avouer, reste encore très peu comprise, il montre que, tant que l'homme mena ce qu'on peut appeler une existence animale, il fut soumis aux mêmes lois, et varia de la même manière que les autres créatures, mais qu'à la longue, « par la faculté de se vêtir et de fabriquer des armes et des outils, il a arraché à la nature ce pouvoir qu'elle exerce sur tous les autres animaux, de changer la forme extérieure et la structure... » Du jour donc où les sentiments de sociabilité et de sympathies sont entrés en pleine activité; du jour où les facultés intellectuelles et morales ont atteint un développement suffisant, l'homme a cessé d'être soumis, dans sa force et dans sa structure physique, à l'influence de la sélection naturelle. En tant qu'animal, il reste presque stationnaire; il n'est plus modifié, comme d'autres parties du monde organisé, par les changements de l'univers qui l'entoure. Mais, au moment où son corps est devenu stationnaire, son esprit est affecté par ces mêmes influences auxquelles son être matériel vient d'échapper; chaque léger changement qui, en survenant, dans sa nature intellectuelle et morale, lui permet de mieux garantir sa sécurité, de mieux assurer, de concert avec ses semblables, le bien-être et la protection mutuels, constitue un progrès qui se conserve et s'accumule. Les spécimens les meilleurs et les plus élevés de notre race tendent donc à augmenter et à se répandre, tandis que les plus bas et les plus brutaux leur cèdent la place, et disparaissent graduellement. Ainsi c'est grâce au rapide avancement de l'organisation intellectuelle, que se sont élevées si haut au-dessus des bêtes, des races d'hommes, originellement très infimes, et qui différaient si peu de plusieurs d'entre

elles sous le rapport de la structure physique. Ainsi s'est développée, tandis que la forme subissait des modifications à peine
sensibles, l'intelligence merveilleuse des races germani-
ques (1).

Il me semble toutefois que M. Wallace pousse son argument
un peu trop loin quand il dit que l'homme n'est plus affecté
par la sélection naturelle, et que son corps est devenu stationnaire. Des changements lents et graduels ont encore lieu, bien
que, depuis longtemps, « la structure purement corporelle »
de l'homme le cède en importance « à cette force subtile que
nous appelons l'intelligence ». « Le corps de l'homme, comme
dit éloquemment M. Wallace, était nu et sans protection; c'est
l'intelligence qui l'a pourvu d'un vêtement contre les diverses
intempéries des saisons. L'homme n'aurait pu lutter de rapidité avec le daim, et de force avec le taureau sauvage; c'est
l'intelligence qui lui a donné des armes pour prendre ou dompter
ces deux animaux. L'homme était moins capable que la plupart
des autres animaux, de se nourrir des herbes et des fruits que
la nature fournit spontanément; c'est cette admirable faculté
qui lui a appris à gouverner la nature, à la diriger à ses fins, à
lui faire produire des aliments, quand et où il l'entend. Dès le
moment où la première peau de bête a été employée comme
vêtement, où la première lance grossière a été faite pour servir
à la chasse, la première semence semée, et la première pousse
d'arbre plantée, dès ce moment une grande révolution a été
accomplie dans la nature, une révolution qui n'avait pas eu
sa pareille dans tous les âges précédents du monde, car dès
lors existait un être qui n'était plus nécessairement sujet à
changer avec les changements de l'univers, un être qui était,
dans un certain degré, supérieur à la nature, puisqu'il possédait les moyens de contrôler et de régler son action, et pouvait
se maintenir en harmonie avec elle, non en modifiant sa forme
corporelle, mais en perfectionnant son intelligence.

« C'est donc ici que nous voyons la vraie grandeur et la vraie
dignité de l'homme. En raison de ses attributs spéciaux, nous
pouvons admettre que ceux mêmes qui revendiquent pour lui

---

(1) M. Lartet a essayé de prouver que, même chez les animaux, on peut
constater un agrandissement graduel du cerveau si on le compare au reste
du corps. *Comptes rendus*, 1868, p. 118.

une place particulière dans la création, un ordre distinct, une classe ou un sous-règne, n'ont pas tout à fait tort. C'est, en effet, un être à part, puisqu'il n'est pas influencé par les grandes lois qui modifient d'une manière irrésistible tous les autres êtres organisés. Je dis plus : cette victoire, par laquelle il s'est affranchi lui-même, lui donne une influence dirigeante sur d'autres existences. L'homme n'a pas seulement échappé, en ce qui le concerne, à la « sélection naturelle », mais il peut réellement s'approprier une partie de ce pouvoir, qu'avant son apparition, la nature exerçait sur l'univers entier. On peut prévoir le temps où la terre ne produira plus que des plantes cultivées et des animaux domestiques, où la sélection par l'homme aura supplanté la « sélection naturelle », où l'Océan sera le seul domaine sur lequel puisse s'exercer dorénavant cette puissance qui, depuis d'innombrables cycles d'âges, règne en arbitre suprême sur la terre ».

Ainsi donc, le grand principe de la sélection naturelle, qui est à la biologie ce que la loi de la gravitation est à l'astronomie, non seulement jette sur le passé une lumière inattendue, mais encore illumine l'avenir d'espérances ; et je ne puis m'empêcher d'être surpris qu'une théorie qui nous enseigne l'humilité pour le passé, la foi pour le présent, et l'espérance pour l'avenir, ait été regardée comme contraire aux principes du christianisme, ou aux intérêts de la vraie religion.

Mais, quand même la théorie de la « sélection naturelle » serait par hasard reconnue fausse, quand même ceux-là auraient raison, qui croient que ni notre intelligence, ni notre corps ne sont susceptibles d'un changement considérable, d'une amélioration importante, nous n'en serions pas moins, selon moi, fondés à croire que le bonheur de l'homme est en progrès. Il est généralement admis que, si une espèce animale s'accroît, ce doit être parce que les conditions lui deviennent plus favorables, en d'autres termes parce qu'elle est plus heureuse et plus à l'aise. Maintenant, comment appliquerons-nous cette loi à l'homme ? Schoolcraft estime (1) que, pour une population qui vit du produit de la chasse, chaque chasseur a besoin en moyenne de 50 000 acres, ou 78 milles carrés, pour son entre-

(1) Schoolcraft, *Tribus indiennes*, vol. I, 433.

tien. Il nous dit aussi (1) que, sans compter le territoire du Michigan, à l'ouest du lac Michigan, et au nord de l'Illinois, il y avait aux États-Unis, en 1825, environ 97000 Indiens, occupant 77 millions d'acres ou 120312 milles carrés. Cela donne un habitant pour chaque 1 1/4 mille carré. En ce cas, toutefois, les Indiens vivaient en partie des subsides que le gouvernement leur fournissait comme indemnité pour leur territoire, et la population était, par conséquent, plus nombreuse qu'elle ne l'eût été si elle avait dû tirer sa subsistance uniquement de la chasse. Il en est de même, quoique dans une moindre mesure, des Indiens qui habitent le territoire de la baie d'Hudson. Sir Georges Simpson, dernier gouverneur des territoires appartenant à la compagnie de la baie d'Hudson, dans son rapport présenté au comité de la Chambre des communes, en 1857, estimait ces tribus à 139000 habitants, répartis sur une étendue que l'on suppose être de plus de 1400000 milles carrés, auxquels il faut en ajouter 13000 pour l'île de Vancouver, ce qui fait un total de plus de 900000000 d'acres : soit environ 6500 acres, ou 10 milles carrés pour chaque individu. D'un autre côté, l'amiral Fitzroy évalue à moins de 4000 le nombre des habitants de la Patagonie, au sud du 40ᵉ degré, sans compter Chiloe et la Terre de Feu : or le nombre des acres s'élève à 176640000; ce qui donne plus de 44000 acres et de 68 milles carrés par personne. Toutefois un écrivain, dans *The Voice of Pity*, pense que le chiffre de la population pourrait bien atteindre à 14000 ou 15000 (2). Il serait difficile de faire le recensement des aborigènes de l'Australie : M. Oldfield conjecture qu'il y a un naturel par 50 milles carrés (3); mais il est évident que, depuis l'introduction de la civilisation, la population totale de ce continent s'est beaucoup accrue.

En effet, la population s'accroît invariablement avec la civilisation. Le Paraguay, avec 100000 milles carrés, a de 300000 à 500000 habitants, c'est-à-dire, environ 4 par mille carré. Les parties sauvages du Mexique contiennent 374000 habitants, répartis sur un espace de 675000 milles carrés, tandis que le

---

(1) Schoolcraft, *loc. cit.*, vol. III, p. 575.
(2) *Loc. cit.*, vol. II, p. 93.
(3) Oldfield, *Transactions de la Société ethnologique*, nouv. série, vol. III, p. 220.

Mexique propre, avec 833600 milles carrés, a 6691000 habitants. Le royaume de Naples a plus de 183 habitants par mille carré ; la Vénétie, plus de 200 ; la Lombardie, 280 ; l'Angleterre, 280 ; la Belgique, 320.

En dernier lieu, nous ne pouvons nous empêcher d'observer que, sous le régime de la civilisation, les moyens d'existence se multiplient plus rapidement encore que la population. Loin de souffrir du manque d'aliments, les pays les plus peuplés sont précisément ceux où la nourriture est, je ne dis pas absolument, mais même relativement, le plus abondante. On dit que quiconque fait pousser deux brins d'herbe là où il n'en poussait qu'un auparavant, est un bienfaiteur de l'humanité : que dirons-nous donc de ce qui permet à un millier d'hommes de vivre dans l'abondance, là où un sauvage trouverait à peine de quoi subsister d'une façon misérable et précaire ?

Il y a, à la vérité, beaucoup de gens qui doutent que la civilisation ajoute au bonheur, et qui vantent le sauvage libre et noble. Mais le vrai sauvage n'est ni libre, ni noble ; il est l'esclave de ses besoins, de ses passions ; faiblement protégé contre les intempéries de l'air, la nuit il souffre du froid, le jour il souffre de la chaleur du soleil, ignorant l'agriculture, vivant de la chasse, imprévoyant dans la prospérité, il est toujours sous la menace de la faim, qui souvent le réduit à la terrible alternative de manger son semblable ou de mourir.

Les animaux sauvages courent toujours des dangers. M. Galton, si compétent pour formuler une opinion, croit que la vie de tous les animaux à l'état sauvage est une succession d'inquiétudes ; « que l'antilope, dans le sud de l'Afrique, doit, à la lettre, chercher son salut dans la fuite une fois tous les jours, ou tous les deux jours en moyenne, et que plusieurs fois en 24 heures elle détale et s'enfuit sous l'influence d'une fausse alerte (1) ». Il en est de même du sauvage : il est toujours méfiant, toujours en danger, toujours sur ses gardes. Il ne peut compter sur personne, et personne ne peut compter sur lui. Il n'attend rien de son voisin, et il fait aux autres ce qu'il croit que les autres lui feraient. Aussi, sa vie n'est qu'une longue sé-

---

(1) Galton, *Transactions de la Société ethnologique*, nouv. série, vol. III, p. 133.

rie d'égoïsme et de craintes. Dans sa religion même, s'il en a
une, il se crée une nouvelle source de frayeurs, et il peuple
le monde d'ennemis invisibles. La position de la femme sauvage est plus misérable encore que celle de son maître. Non
seulement elle en partage les souffrances, mais elle a encore à
en supporter la mauvaise humeur et les mauvais procédés. On
peut dire, en vérité, qu'il ne la traite guère mieux que son
chien, qu'il ne l'aime guère mieux que son cheval. En Australie, M. Oldfield ne vit jamais une tombe de femme: il croit que
les naturels ne prennent pas la peine de les enterrer. Il pense
même que « bien peu d'entre elles sont assez heureuses pour
mourir de mort naturelle : on les tue ordinairement avant
qu'elles ne deviennent vieilles et maigres, de peur de laisser
perdre tant de bonne nourriture..... Bref, on y attache tellement peu d'importance, soit avant, soit après la mort, qu'il
est permis de se demander si l'homme ne met pas son chien
absolument sur la même ligne que sa femme, et s'il pense plus
souvent et plus tendrement à l'une qu'à l'autre, après qu'il les
a mangés tous deux (1).»

Non contents, toutefois, de ces maux inhérents à leur genre
de vie, les sauvages semblent prendre un triste plaisir à s'infliger des souffrances. Outre l'habitude très générale du tatouage,
ils emploient les moyens les plus extraordinaires pour se défigurer et pour se torturer eux-mêmes. Les uns se coupent le
petit doigt, les autres pratiquent un trou énorme dans leur
lèvre inférieure, ou se percent le cartilage du nez. Les habitants de l'île de Pâques allongent leurs oreilles jusqu'à ce
qu'elles pendent sur leurs épaules. Les Chinooks et beaucoup
d'autres tribus américaines se déforment le crâne; les Chinois,
les pieds. Plusieurs peuplades de l'Afrique se *cassent* les dents
de différentes manières, chaque tribu ayant son procédé à elle.
Les Nyambanas, peuplade cafre, se distinguent par une rangée
de boutons ou de verrues obtenus artificiellement; ces verrues
ont environ la grosseur d'un pois et s'étendent de la partie supérieure du front à l'extrémité du nez. « C'est de quoi ils tirent
vanité (2). » Ceux des Bachapins qui se sont signalés dans les

_____

(1) *Loc. cit.*, p. 248.
(2) *Voyage d'exploration dans les États-Unis*, vol. I, p. 63.

combats ont le droit « de se faire à la cuisse une longue cicatrice » rendue indélébile et de couleur bleuâtre au moyen de
cendres de bois dont on frotte la plaie toute fraîche (1). » En
Australie, le capitaine King vit un indigène orné de cicatrices
horizontales qui lui traversaient la partie supérieure de la poitrine. Elles avaient au moins un pouce de diamètre, et le bour-
relet produit par la cicatrice surmontait la peau d'un demi-
pouce (2). Dans certaines parties de l'Australie et de la Tasmanie,
tous les hommes s'extraient une dent, et cela, par un procédé
aussi barbare que douloureux (3). « Les habitants de Tanna
ont sur le bras et le ventre des cicatrices faisant saillie, qui représentent des plantes, des fleurs, des étoiles et divers autres
objets. On les fait en coupant d'abord la peau avec un roseau
de bambou aiguisé, puis en appliquant sur la blessure une certaine plante qui fait lever la cicatrice au-dessus du reste du
corps. Les naturels de Tazavan, ou Formosa, par une opération très cruelle, impriment sur leur peau des figures variées
d'arbres, de fleurs et d'animaux. Les chefs, en Guinée, ont, en
quelque sorte, la peau damasquinée, et dans le Décan, les
femmes ont également des fleurs gravées sur le front, les bras
et le sein : les cicatrices qu'on a fait lever sont mises en couleur, ce qui donne à leur peau l'air d'un damas à fleurs (4).
Les femmes de la Nouvelle-Galles du Sud avaient coutume de
de lier étroitement le petit doigt avec un cordon qu'elles portaient jusqu'à ce que le doigt tombât en pourriture. Il en était
peu qui échappassent à cette cruelle opération (5). Les Indiens
de l'Amérique du Nord s'infligeaient aussi les plus horribles
tourments. Ces pratiques, et bien d'autres aussi curieuses,
n'en sont pas moins douloureuses, pour être volontaires.

Si nous examinons maintenant le beau côté de la question,
toute l'analogie de la nature nous autorise à conclure que les
plaisirs de l'homme civilisé l'emportent sur ceux du sauvage.
A mesure que nous descendons plus bas dans l'échelle des

---

(1) Burchell, loc. cit., vol. II, pp. 478, 535.
(2) King, Récit d'une exploration sur les côtes intertropicales et occidentales de l'Australie, p. 42.
(3) Freycinet, vol. II, p. 705.
(4) Forster, loc. cit., p. 588.
(5) D'Urville, vol. I, p. 406.

êtres organisés, nous trouvons que les animaux, par leurs traits
caractéristiques, se rapprochent de plus en plus de l'existence
végétative. Ils sont moins sensibles au bonheur. On peut même
se demander si plusieurs de ces êtres, que leur anatomie nous
force à classer dans le règne animal, ont plus conscience de
leur existence qu'un arbre ou une algue marine. Mais chez les
animaux mêmes qui possèdent un système nerveux clairement
défini, il faut reconnaître des degrés de sensibilité très différents. L'étude des organes sensitifs, chez les animaux inférieurs, offre de grandes difficultés, mais nous savons du moins
qu'ils sont, la plupart du temps, peu nombreux et capables
seulement de communiquer des impressions générales. Tout
le monde admettra que l'acquisition d'un sens, ou le développement d'un sens ancien peut devenir une source de bonheur;
mais en quoi, dira-t-on, cela touche-t-il à la question? Il n'y a
pas lieu d'espérer que l'homme soit jamais doué d'un sixième
sens et, bien loin de songer à modifier l'organisation de l'œil
ou de l'oreille, nous ne pouvons pas même rendre un de nos
cheveux blanc ou noir, ni ajouter une coudée à notre taille.
L'invention du télescope et du microscope équivaut pourtant,
quant aux résultats, à un immense développement de l'œil et
découvre à notre vue des mondes nouveaux, sources fécondes
d'intérêt et de bonheur. Nous ne pouvons pas non plus changer
la structure physique de l'oreille, mais nous pouvons faire
l'éducation de cet organe : nous pouvons inventer de nouveaux
instruments de musique, composer de nouvelles mélodies. La
musique des sauvages est rude et triste. Ainsi, quoique
l'oreille humaine ne puisse pas subir de modification appréciable, le plaisir que nous pouvons en retirer est immensé-
ment augmenté. De plus, le sauvage est comme l'enfant qui ne
voit et n'entend que ce qui affecte directement ses sens. Au
contraire, l'homme civilisé questionne la nature, et, par les
divers procédés de la chimie, par l'électricité et le magnétisme,
par mille inventions ingénieuses, il l'oblige à lui révéler ses
mystères; il découvre des forces cachées et des beautés inattendues, tout comme s'il était doué d'un organe absolument
nouveau.

L'amour des voyages est un sentiment inné dans le cœur
humain; c'est un plaisir immense que de visiter d'autres con-

trées et de voir de nouvelles races d'hommes. En outre, la découverte de l'imprimerie met quiconque le veut en communion avec les plus grands esprits. Les pensées d'un Shakspeare ou d'un Tennyson, les découvertes d'un Newton ou d'un Darwin deviennent immédiatement le patrimoine commun de l'humanité. Déjà, les résultats de cette invention si simple, mais si puissante, ont été équivalents à une immense augmentation de nos facultés intellectuelles, et chaque jour, à mesure que les livres deviennent moins coûteux, que des écoles s'établissent et que l'éducation fait de nouveaux progrès, les effets s'en font de plus en plus sentir.

Le proverbe bien connu : « à cheval donné on ne regarde pas la bouche » ne s'applique pas aux dons de la nature; ils supportent l'examen le plus approfondi, et plus nous les observons, plus nous trouvons à les admirer. Ces nouvelles sources de jouissances ne sont pas accompagnées d'une nouvelle aptitude à souffrir : au contraire, tandis que nos plaisirs augmentent, nos souffrances diminuent. Nous pouvons, de mille manières, éviter ou adoucir des maux dont nos ancêtres supportaient tous les poids, et auxquels ils ne pouvaient se soustraire. Que de douleurs, par exemple, ont été épargnées à la race humaine rien que par la découverte du chloroforme! L'aptitude à souffrir, en tant qu'elle peut servir d'avertissement, a gardé toute sa force, mais l'obligation de souffrir a beaucoup diminué. En même temps que grandira la connaissance des lois de la santé, et qu'on s'en occupera davantage, les maladies deviendront plus rares. Les prédispositions héréditaires que nous tenons de nos ancêtres disparaîtront peu à peu, et, si l'on ne sème point de nouveaux germes, le bienfait de la santé pourra un jour appartenir à notre race.

Ainsi donc, avec l'influence croissante de la science, nous pouvons hardiment compter sur une grande amélioration dans la condition de l'homme. Mais on peut dire que nos souffrances et nos chagrins proviennent principalement du péché, et que tout perfectionnement moral doit découler de la religion, et non de la science. Cette séparation des deux agents essentiels au progrès est le grand malheur de l'humanité, et a, plus que toute autre chose, contribué à retarder la marche de la civilisation. Mais, quand même nous admettrions un instant que la science ne nous rend pas plus vertueux, elle doit assurément nous rendre moins criminels. Sur 129 000 personnes que renfermaient les prisons de l'Angleterre et du pays de Galles, pendant l'année 1863, 4829 seulement étaient en état de bien lire et de bien écrire. En réalité, notre population criminelle se compose de purs sauvages, dont les crimes ne sont, en grande partie, que des efforts insensés et désespérés pour agir en sauvages, au milieu et aux dépens d'une société civilisée.

Les hommes ne pèchent point pour pécher; ils cèdent à la tentation. La plupart de nos maux viennent de ce que nous nous trompons dans la poursuite du plaisir, que nous nous méprenons sur ce qui constitue le vrai bonheur. Les hommes font mal, soit par ignorance, soit dans l'espoir secret d'échapper au châtiment du péché, tout en jouissant du plaisir que procure le mal. Sous ce rapport, on ne saurait douter que l'enseignement religieux ne donne lieu ici à un sérieux malentendu. Le repentir est trop souvent considéré comme l'équivalent de la punition. On croit, en effet, que le péché exige l'un ou l'autre. Toutefois, dans ce monde tout au moins, il s'en faut de beaucoup qu'il en soit ainsi. Le repentir peut mettre un homme en état d'éviter, à l'avenir, le châtiment, mais il n'a aucun effet pour empêcher les conséquences du passé. Les lois de la nature sont justes et salutaires, mais elles sont aussi inexorables. Tout le monde admet que « la mort est le châtiment du péché », mais on semble croire que c'est là une règle générale qui souffre beaucoup d'exceptions, et que certains péchés peuvent contribuer au bonheur : comme s'il pouvait y avoir des broussailles qui portent du raisin, et des chardons qui produisent des figues. La souffrance est la conséquence inévitable de la faute, aussi sûrement que la nuit suit le jour : voilà le sévère, mais utile enseignement de la science. Et, à coup sûr, si cette leçon était profondément gravée dans nos esprits, si nous croyions réellement que la punition est certaine, que le péché ne peut nous rendre heureux, la tentation, qui est la cause même du crime, disparaîtrait, et l'humanité gagnerait nécessairement en innocence.

Ne pouvons-nous pas, cependant, aller plus loin encore, et dire que la science nous rendra aussi plus vertueux? « Passer son temps, dit lord Brougham (1), à étudier les sciences, à apprendre ce que d'autres ont découvert, et à reculer les bornes des connaissances humaines, c'est ce qui, à toutes les époques, a été considéré comme la plus noble et la plus agréable des occupations humaines... Aucun homme, avant d'avoir étudié la philosophie, ne peut se faire une juste idée des grandes choses pour lesquelles la Providence a organisé son intelligence, pas plus que de la disproportion extraordinaire qui existe entre sa force physique et les facultés de son esprit, et la puissance qu'il tire de celles-ci. » Enfin, il conclut en disant que la science « rend la vie non seulement plus agréable, mais plus utile, et qu'un être raisonnable est obligé, par tous les motifs d'intérêt et de devoir, de diriger son esprit vers des recherches qui se trouvent conduire aussi sûrement à la vertu qu'au bonheur. »

En réalité, nous ne sommes qu'au seuil de la civilisation. Loin de montrer, par quelque symptôme, qu'elle est épuisée, la tendance au progrès semble dernièrement s'être accusée par un redoublement d'audace et une accélération de vitesse. Pourquoi donc supposerions-nous qu'elle doive maintenant cesser? L'homme n'a certainement pas atteint la limite de son développement intellectuel, et il est positif qu'il n'a pas épuisé les capacités infinies de la nature. Il y a bien des objets auxquels notre philosophie n'a pas encore songé, bien des découvertes destinées à immortaliser ceux qui les feront, et à procurer à la race humaine des avantages que nous ne sommes pas encore peut-être en état d'apprécier. Nous pouvons dire encore, avec notre illustre compatriote, Sir Isaac Newton, que nous n'avons été jusqu'ici que comme des enfants, jouant sur le rivage de la mer, et ramassant çà et là un caillou plus lisse ou un coquillage plus joli que les autres, tandis que le grand océan de la vérité s'étend mystérieux devant nous.

Ainsi donc, toute l'expérience du passé justifie les plus hardies espérances pour l'avenir. Il n'est certainement pas raisonnable de supposer qu'un mouvement qui s'est continué pendant tant de milliers d'années va maintenant s'arrêter tout d'un coup, et il faudrait être aveugle pour s'imaginer que

(1) Brougham, *Objets, avantages et plaisirs de la science*, p. 39.

notre civilisation n'est pas susceptible de progrès, ou que nous
avons atteint l'état le plus élevé auquel l'homme puisse parvenir.

Si nous passons de l'expérience à la théorie, la même conclusion s'impose à nous. Le grand principe de la sélection
naturelle, qui, chez les animaux, affecte le corps et semble
n'avoir que peu d'influence sur l'esprit, affecte chez l'homme
l'esprit et n'a que peu d'influence sur le corps. Chez les premiers, il tend surtout à la conservation de la vie; chez le
second, à l'avancement de l'intelligence, et, par conséquent, à
l'augmentation du bonheur. Il détermine, suivant les expressions de M. Herbert Spencer, « un progrès constant vers un
degré plus élevé d'habileté, d'intelligence et de moralité, —
une meilleure coordination de nos actions, — une vie plus
complète (1) ». Toutefois, ceux mêmes que ne satisfait point
le raisonnement de M. Darwin, ceux qui croient que ni notre
organisation intellectuelle ni notre organisation matérielle ne
sont susceptibles d'un changement considérable, ceux-là peuvent encore regarder l'avenir avec confiance. Les découvertes
et les progrès récents tendent moins à effectuer des changements rapides chez l'homme lui-même qu'à le mettre en
harmonie avec la nature; ils ont moins pour objet de lui con-
férer de nouvelles facultés que de lui apprendre à appliquer
les anciennes.

On admettra, je pense, que presque tous les maux dont nous
souffrons peuvent être attribués à l'ignorance ou au péché. Que
l'ignorance diminue par le progrès de la science, cela est évident
de soi; qu'il en soit de même du péché, cela ne paraît guère
moins certain. Ainsi la théorie et l'expérience aboutissent donc
à la même conclusion. Le bonheur futur de notre race, que les
poètes se hasardaient à peine à espérer, la science le pro-
phétise hardiment. L'utopie considérée si longtemps comme
synonyme d'impossibilité notoire, regardée avec ingratitude
comme « trop belle pour être vraie », l'utopie revient, au contraire, à être la conséquence nécessaire des lois naturelles, et
une fois de plus nous voyons que la simple vérité dépasse les
plus brillantes fantaisies de l'imagination.

(1) Herbert Spencer, *Théorie de la population, déduite de la loi générale
de la fécondité animale*, p. 34.

Dans notre temps même, nous pouvons nous flatter d'assister à quelques progrès, mais un esprit désintéressé trouvera sa plus haute satisfaction à croire que, quoi qu'il en soit de la génération actuelle, nos descendants comprendront beaucoup de choses dont nous n'avons pas le sens aujourd'hui, apprécieront mieux la beauté du monde où nous vivons, éviteront beaucoup de souffrances auxquelles nous sommes soumis, jouiront de beaucoup de bonheur dont nous ne sommes pas encore dignes, et échapperont à une foule de tentations que nous déplorons, mais auxquelles nous ne pouvons résister tout à fait.

APPENDICE

PAGE 11, TOME I.

Nous ne savons pas encore à quelle époque l'usage des runes a pu commencer. Les exemples trouvés à Thorsbjerg et à Nydam les reportent au second ou au troisième siècle, mais ils ont pu être employés beaucoup plus tôt. On les employait encore dans des districts écartés de la Scandinavie, jusqu'à la fin du siècle dernier. Les monuments runiques se retrouvent en Norvège, en Suède, en Danemark, en Angleterre et rarement en Irlande. Mais c'est plutôt en Suède qu'on les rencontre. Le professeur Stephens (1) constate qu'ils sont trois fois aussi nombreux en Suède que dans tous les autres pays du Nord pris ensemble, et il estime le nombre total à au moins deux mille.

L'alphabet rune ou futhorc est ainsi que suit :

F. U. th. O. R. K. H. N. I. A. S. T. B. L. M. (Œ.Y).

Il y a toutefois plusieurs variétés : ainsi ᚠ s'emploie quelquefois pour *o*; ᛏ pour *n*; ᚺ pour *s*; ᛏ pour *t*; ᛏ pour *d* et ᛂ pour *e*. Il y a aussi un système de lettres connues sous le nom de *runes-arbres*, qui ne ressemblent en aucune façon aux autres. Les caractères que nous venons de donner sont ceux gravés sur les pierres dans le grand tumulus connu sous le nom de Maeshowe, près des pierres levées de Stennis, dans les Orkneys (2),

---

(1) *The old Northern Runic monuments of Scandinavia*, p. 134.
(2) *Maeshowe*, par J. Farrar.

et qui sont supposés être l'ouvrage d'un parti de Normands qui pénétrèrent dans le Howe au IXe siècle. Les nombreuses variations dans la forme des caractères et le fait qu'on les lit tantôt

FIG. 227. FIG. 228.

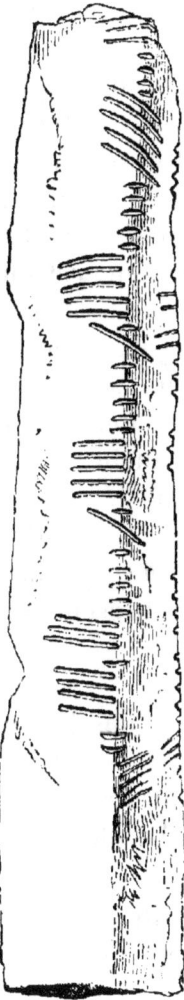 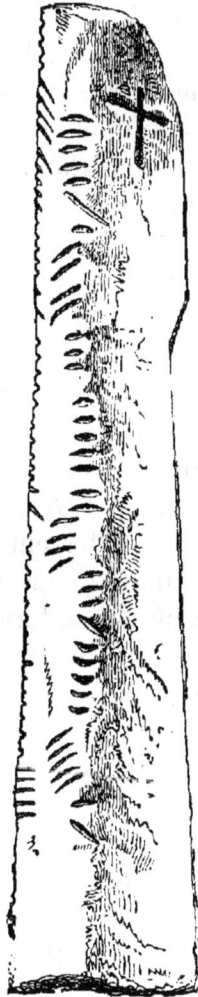

Pierres portant des inscriptions en caractères ogham. — Comté de Kerry.

de gauche à droite et tantôt de droite à gauche, les rend quelquefois difficiles à déchiffrer, mais il se trouve heureusement que nous ne possédons pas moins de 61 futhorcs runiques, de telle sorte que, quand une inscription est tolérablement di-

tincte et ne contient pas trop d'abréviations, on peut la lire
avec certitude de la comprendre.

OGHAMS.

L'origine de l'alphabet ogham est aussi incertaine que celle
de l'alphabet runique. Mais tandis que les runes se trouvent
principalement dans la Scandinavie et ne se rencontrent que
rarement en Grande-Bretagne, les oghams, au contraire, sont
fort nombreux en Irlande, et on en trouve quelques-uns aussi
en Écosse et dans les îles Shetland. On les lit ordinairement de
bas en haut ; les caractères consistent en simples traits droits
arrangés en groupe sur une ligne. Cette ligne est fort souvent
le bord de la pierre, mais quelquefois aussi on en a entaillé
une. Dans d'autres cas, on suppose une ligne imaginaire qui
traverse l'inscription. Les traits courts représentent les voyelles
a, o, u, e, i ; une seule entaille indique *a* ; deux, *o* ; trois, *u* ; et
ainsi de suite. Les entailles longues, à gauche, à la base de la
ligne représentent *b, l, f, s* et *n*, selon qu'elles sont au nombre
de 1, 2, 3, 4 ou 5 ; les entailles à droite de la base de la ligne
représentent de la même façon *h, d, t, c* et *q* ; tandis que celles
qui se trouvent sur la ligne elle-même représentent *m, g, ng,
st* ou *z* et *r*. Il y a quelques autres caractères, mais ils sont
rarement employés.

Presque toutes les inscriptions ogham lues jusqu'à présent
contiennent seulement le nom de la personne en l'honneur de
qui la pierre a été élevée. Ainsi la figure ci-dessus (fig. 227)
représentant une pierre ogham trouvée dans le comté de Kerry
porte l'inscription suivante : « *Nocati maqi maqi ret* (li) ; c'est-
à-dire (la pierre) de Nocat, fils de Macreith. L'inscription de la
figure 228 est *Maqi Mucoi Uddami*, c'est-à-dire (la pierre) de
Uddam, Mac Mucoi.

PAGE 55, TOME I.

Le fort Staigue, dans le comté de Kerry, est « un enclos presque circulaire, dont le diamètre extérieur est de 114 pieds et
qui a, à l'intérieur des murs, 88 pieds de l'est à l'ouest, et 87

du nord au sud. Les pierres sont entassées sans aucune espèce de mortier ni de ciment. Le mur a 13 pieds d'épaisseur à la base, et 5 pieds 2 pouces au sommet, à la partie la plus haute où l'on voit encore quelques-unes des anciennes pierres du faîte, et qui a sur l'intérieur 17 pieds 6 pouces de haut. Ce mur a une porte carrée, au S. S. O., haute de 5 pieds 9 pouces. Cette porte va se rétrécissant vers le sommet; elle a en haut 4 pieds 2 pouces de largeur et 5 pieds à la base. Dans l'épaisseur de cette massive muraille se trouvent, ouvrant sur l'intérieur, deux petites cellules; l'une, du côté ouest, a 12 pieds de long, 4 pieds 9 pouces de large et 7 pieds de haut. Ces cellules faisaient partie du plan original et n'étaient pas, comme d'autres ouvertures qu'on voit dans des bâtiments semblables, des portes murées. Autour du mur à l'intérieur sont disposés dix escaliers... le plus élevé atteint à peu près au sommet de la muraille; les escaliers secondaires vont environ jusqu'à la moitié de la hauteur. Chaque marche a deux pieds de longueur. Ces escaliers conduisent à d'étroites plates-formes de 8 à 13 pieds de longueur. C'est là que se tenaient les gardiens ou les défenseurs du fort. » (*Catalogue de l'Académie royale irlandaise*, p. 120.)

PAGE 56, TOME I.

Voici trois lettres à ce sujet : l'une du Dr Percy, F. R. S., et les deux autres de MM. Jenkins et Lefeaux, les essayeurs si expérimentés de MM. Grenfell et fils.

11 novembre 1868.

Mon cher sir John Lubbock,

Je me suis beaucoup occupé du bronze ancien et toutes mes études à ce sujet me poussent à contredire absolument l'opinion de M. Wibel. La remarquable uniformité de la composition du bronze ancien est suffisante en elle-même pour réfuter cette opinion; quand je dis uniformité, je dois ajouter qu'on remarque quelque variation dans la composition, selon l'usage auquel l'outil en bronze était destiné. Ainsi, quand on voulait une dureté plus grande, on ajoutait plus d'étain. Il est impossible de penser qu'on aurait pu produire quelque chose approchant de cette uniformité, en mélangeant ensemble des minerais de cuivre et d'étain. En outre, on retrouve, dans les ruines d'antiques fonderies de bronze, des blocs de cuivre dont, sans doute, on se servait pour faire l'alliage par la fusion directe des deux métaux. S'il est nécessaire, je vous donnerai de plus amples explications. Mais je termine en disant que, suivant que mes études me permettent de l'affirmer, l'opinion de M. Wibel ne repose sur aucun fait sérieux.

Veuillez agréer, etc.

John PERCY.

Londres, 23 décembre.

Cher Monsieur,

En réponse à la demande de sir John Lubbock, veuillez bien lui dire que je ne crois pas qu'on ait pu, dans la pratique, produire du bronze en fondant ensemble un mélange de minerais de cuivre et de minerais d'étain. Je ne doute pas que, dans le laboratoire, on puisse obtenir ce résultat, mais pas, je pense, sur une grande échelle. Les minerais contenant naturellement à la fois du cuivre et de l'étain sont extrêmement rares.

Veuillez agréer, etc.

John LEFEAUX.

Mr C. S. Grenfell.

Redruth, 14 novembre 1868.

Monsieur,

J'ai reçu votre lettre du 12 courant. En réponse, j'ai l'honneur de vous informer qu'on peut fondre des minerais de la Cornouailles de façon à produire un alliage comprenant seulement du cuivre et de l'étain et en proportion telle qu'il forme du bronze. En outre, en admettant que les minerais contiennent une proportion suffisante d'étain, ils contiennent aussi d'autres métaux qu'il faudrait extraire et il serait, je crois, impossible d'obtenir ce résultat sans extraire aussi l'étain.

J'ai, d'ailleurs, ordonné à mon préparateur de faire quelques essais dans ce sens.

Veuillez agréer, etc.

ALFRED JENKIN.

Mr *C. S. Grenfell.*

Dans une lettre postérieure, M. Jenkin constate que les essais dont il parle ont été faits et qu'ils confirment son opinion.

PAGE 62, TOME I.

Voici le passage d'Avienus :

Quæ Himilco Pœnus mensibus vix quatuor,
Ut ipse semet re probasse retulit
Enavigantem, posse transmitti adscrit :
Sic nulla late flabra propellunt ratem,
Sic segnis humor æquoris pigri stupet.
Adjicit et illud, plurimum inter gurgites
Extare fucum, et sæpe virgulti vice
Retinere puppim dicit hic nihilominus
Non in profundum terga demitti maris,
Parvoque aquarum vix supertexti solum :
Obire semper huc et huc ponti feras,
Navigia lenta et languide repentia
Internatare belluas.

PAGE 68, TOME I.

Rougemont, dans l'*Age du Bronze*, en arrive à la conclusion que, bien que l'on ait pu, dans l'antiquité, se procurer de l'étain en Espagne, les quantités qu'on a pu tirer de ce pays devaient être peu considérables. Don G. Schulz, directeur de l'école des mines de l'Espagne, a toutefois exprimé l'opinion contraire dans la *Descripcion Geognostica de Gallicia*. Il serait fort à désirer que nous ayons des renseignements plus complets sur cette intéressante question.

PAGE 41, TOME II.

On cite, en effet, deux ou trois cas où on affirme avoir trouvé des haches polies dans des dépôts de graviers. Ils reposent, cependant, sur l'autorité seule de paysans sans éducation, dont l'attention ne pouvait être éveillée et qui ne pouvaient apprécier l'importance de ces découvertes. Sans donc leur imputer aucune déshonnêteté, nous pouvons, je crois, conclure soit que ces spécimens exceptionnels provenaient de sépultures, ou bien qu'ils sont tombés de la surface. On peut aussi expliquer de cette façon le cas suivant : « En juin 1867, un paysan nommé Mercer était occupé par MM. Slater, horticulteurs à Malton, à enlever des graviers à une profondeur de 9 pieds et au-dessous d'une couche de craie non remaniée ; il remarqua dans le gravier une pierre de couleur foncée. Cette pierre tenait si bien dans le gravier qu'il fut obligé pour l'extraire de se servir de sa pioche. La forme et la couleur de cette pierre le frappèrent à tel point qu'il la mit de côté, mais il lava les incrustations de chaux qui la couvraient. Cependant, beaucoup de ces incrustations adhèrent encore à la pierre (1869). Après avoir porté cette hache plusieurs jours dans sa poche, il la donna à ses maîtres à la fin de la semaine. » M. B. Slater reconnut immédiatement une petite hache en pierre et après l'avoir montrée à plusieurs amis il finit par la donner à M. W. C. Copperthwaite, à Malton, intendant du comte Fitz William qui l'a encore en sa possession (janvier 1869). M. Monkman, à qui j'emprunte le passage ci-dessus, considère lui-même que la hache n'est pas contemporaine de la couche dans laquelle on l'a trouvée (1).

PAGE 250, TOME II.

La forme de religion la plus infime est sans doute celle des Australiens, laquelle consiste en une simple croyance irréfléchie à l'existence d'êtres mystérieux. L'indigène qui a un cauchemar ou qui fait un rêve, ne met pas en doute la réalité de ce qui se passe et comme ses amis et ses parents ne voient pas les êtres qui le visitent dans son sommeil il pense qu'ils sont invisibles.

Ce sentiment devient plus méthodique dans le fétichisme. Le nègre essaye de faire un esclave de son dieu. Aussi le féti-

---

(1) Monkman, *Yorkshire Archæol. and Topogr. Journal.* Janv. 1869.

chisme est-il presque l'opposé de la religion; en un mot, le
fétichisme est à la religion ce que l'alchimie est à la chimie,
ou l'astrologie à l'astronomie.

La religion fait un pas en avant dès qu'on commence à reconnaître plus complètement la supériorité des divinités plus
élevées. Alors, on se met à tout adorer, animaux, plantes et
même objets inanimés. En essayant d'expliquer le culte des
animaux, nous devons nous rappeler qu'on leur a souvent emprunté leur nom. Les enfants ou les descendants d'un homme
qui s'appelait l'Ours ou le Lion en font le nom de la tribu.
Aussi commence-t-on par respecter l'animal, puis on finit par
l'adorer.

« Le totem, dit Schoolcraft, est un symbole du nom de l'an-
cêtre, ordinairement quelque quadrupède, quelque oiseau ou
quelque autre animal qui devient le nom de la famille. Son
importance significative provient du fait que les individus n'hésitent pas à reconnaître qu'ils descendent de lui. » Toutefois le
totémisme n'existe pas seulement en Amérique, mais se
retrouve aussi dans l'Inde, en Afrique, en un mot dans le
monde entier (1), et fort souvent se trouve relié à des prohibi-
tions matrimoniales.

M. Fergusson a récemment essayé de prouver l'influence supérieure du culte des arbres et du serpent. Il aurait pu, je crois,
accumuler d'aussi fortes preuves pour bien d'autres objets. Il
faut se rappeler que les sauvages expliquent par la vie toutes
les actions et tous les mouvements; selon eux, les objets inanimés ont des esprits aussi bien que les hommes; en conséquence, quand, à la mort d'un homme, on tue les femmes et
les esclaves, on brise aussi les armes dans le tombeau, afin que
les esprits de ces derniers accompagnent leur maître dans
l'autre monde.

Le pouvoir graduellement croissant des chefs et des prêtres
conduisit à l'anthropomorphisme et à l'idolâtrie qu'on ne doit
en aucune façon considérer comme l'état religieux le plus infime. Salomon (2), en effet, a, il y a bien longtemps, fait remarquer qu'il est intimement lié au pouvoir monarchique.

(1) *Trans. Ethn. Soc.,* nouvelle série, vol. VI, p. 36. Lafitau, *Mœurs des
sauvages américains,* vol. I, p. 464.

(2) *Sagesse,* xiv, 17.

Il est important de remarquer que chaque état religieux vient se superposer à l'état précédent et que les croyances disparues continuent à exister chez les enfants et chez les ignorants. Ainsi les ignorants croient encore à la sorcellerie et les enfants adorent les contes de fées.

PAGE 269, TOME II.

Degré d'instruction des personnes emprisonnées en Angleterre et dans le pays de Galles :

STATISTIQUE JUDICIAIRE, 1870.

	Hommes.	Femmes.	
Ne savent ni lire ni écrire	37.234	15,011	151.747
Savent lire; ou écrivent et lisent imparfaitement .	74.240	24,242	
Lisent et écrivent bien	4,286	661	5,198
Ayant une instruction supérieure	233	18	
	116,013	40,932	156,945
Individus dont on ne connait pas le degré d'instruction.	227	51	
Total	116.240	40,983	157,223

FIN DU SECOND VOLUME.

TABLE DES MATIÈRES

DU TOME SECOND

CHAPITRE XII.

DE L'ANCIENNETÉ DE L'HOMME.

CHAPITRE XIII.

LES SAUVAGES MODERNES.

CHAPITRE XIV.

LES SAUVAGES MODERNES (*suite*).

CHAPITRE XV.

LES SAUVAGES MODERNES (*conclusion*).

CHAPITRE XVI.

DERNIÈRES REMARQUES.

EXPLICATION DES FIGURES

DU TOME SECOND

TABLE ALPHABÉTIQUE

(Le nombre II placé devant les folios indique ceux qui se rapportent au tome II.)

Paris. — Typographie G. Chamerot, 19, rue des Saints-Pères. — 22306.

www.ingramcontent.com/pod-product-compliance
Lightning Source LLC
Chambersburg PA
CBHW070741270326
41927CB00010B/2058